全国交通运输职业教育教学指导委员会规划教材
教育部中等职业教育汽车专业技能课教材

Qiche Dingqi Weihu
汽车定期维护

全国交通运输职业教育教学指导委员会　组织编写
中国汽车维修行业协会
陆松波　主　编
胡科迪　翁立东　副主编

人民交通出版社股份有限公司
China Communications Press Co., Ltd.

内容提要

本书是全国交通运输职业教育教学指导委员会规划教材,主要内容为售前检查(PDI)、日常维护、5000km 维护、40000km 维护,共四个项目,26 个学习任务。

本书既可作为中等职业学校汽车专业教材,也可以作为职业技能培训和其他从事相关专业人员的参考书。

图书在版编目(CIP)数据

汽车定期维护／陆松波主编. —北京:人民交通出版社股份有限公司,2017.3

全国交通运输职业教育教学指导委员会规划教材. 教育部中等职业教育汽车专业技能课教材

ISBN 978-7-114-12517-1

Ⅰ.①汽… Ⅱ.①陆… Ⅲ.①汽车—车辆修理—中等专业学校—教材 Ⅳ.①U472

中国版本图书馆 CIP 数据核字(2015)第 232532 号

书　　名:	汽车定期维护
著 作 者:	陆松波
责任编辑:	时　旭
出版发行:	人民交通出版社股份有限公司
地　　址:	(100011)北京市朝阳区安定门外外馆斜街 3 号
网　　址:	http://www.ccpcl.com.cn
销售电话:	(010)59757973
总 经 销:	人民交通出版社股份有限公司发行部
经　　销:	各地新华书店
印　　刷:	北京市密东印刷有限公司
开　　本:	787×1092　1/16
印　　张:	17.25
字　　数:	398 千
版　　次:	2017 年 3 月　第 1 版
印　　次:	2021 年 11 月　第 5 次印刷
书　　号:	ISBN 978-7-114-12517-1
定　　价:	39.00 元

(有印刷、装订质量问题的图书由本公司负责调换)

编审委员会

主　　任：王怡民(浙江交通职业技术学院)
副 主 任：刘建平(广州市交通运输职业学校)　　杨经元(云南交通技师学院)
　　　　　赵　琳(北京交通运输职业学院)　　　张京伟(中国汽车维修行业协会)
　　　　　陈文华(浙江交通职业技术学院)　　　王凯明(中国汽车维修行业协会)
特邀专家：朱　军(中国汽车维修行业协会)　　　魏俊强(北京祥龙博瑞汽车服务有限公司)
　　　　　张小鹏(庞贝捷漆油(上海)有限公司)　刘　亮(麦特汽车服务股份有限公司)
委　　员：(按姓氏笔画排序)
　　　　　毛叔平(上海市南湖职业学校)　　　　王　健(贵阳市交通技工学校)
　　　　　王彦峰(北京交通运输职业学院)　　　王　强(贵州交通职业技术学院)
　　　　　占百春(苏州建设交通高等职业技术学校)刘新江(四川交通运输职业学校)
　　　　　刘宣传(广州市公用事业技师学院)　　齐忠志(广州市交通运输职业学校)
　　　　　吕　琪(成都工业职业技术学院)　　　李　青(四川交通运输职业学校)
　　　　　李雪婷(成都汽车职业技术学校)　　　李春生(广西交通技师学院)
　　　　　李文慧(新疆交通职业技术学院)　　　李　晶(武汉市东西湖职业技术学校)
　　　　　陈　虹(浙江交通技师学院)　　　　　陈文均(贵州交通技师学院)
　　　　　陈社会(无锡汽车工程中等专业学校)　张　炜(青岛交通职业学校)
　　　　　杨永先(广东省交通运输高级技工学校)杨承明(杭州技师学院)
　　　　　杨建良(苏州建设交通高等职业技术学校)杨二杰(四川交通运输职业学校)
　　　　　陆松波(慈溪市锦堂高级职业中学)　　何向东(广东省清远市职业技术学校)
　　　　　邵伟军(杭州技师学院)　　　　　　　周志伟(深圳市宝安职业技术学校)
　　　　　林育彬(宁波市鄞州职业高级中学)　　易建红(武汉市交通学校)
　　　　　林治平(厦门工商旅游学校)　　　　　胡建富(浙江交通技师学院)
　　　　　赵俊山(济南第九职业中等专业学校)　赵　颖(北京交通运输职业学院)
　　　　　荆叶平(上海市交通学校)　　　　　　郭碧宝(广州市交通技师学院)
　　　　　姚秀驰(贵阳市交通技工学校)　　　　崔　丽(北京市丰台区职业教育中心学校)
　　　　　曾　丹(佛山市顺德区中等专业学校)　蒋红梅(重庆市立信职业教育中心)
　　　　　喻　媛(柳州市交通学校)
秘 书 组：李　斌　翁志新　戴慧莉　刘　洋(人民交通出版社股份有限公司)

前言 Preface

为深入贯彻落实全国职业教育工作会议精神和《国务院关于加快发展现代职业教育的决定》，促进职业教育专业教学科学化、标准化、规范化，教育部组织制定了《中等职业学校专业教学标准（试行）》。全国交通运输职业教育教学指导委员会具体承担了汽车运用与维修（专业代码082500）、汽车车身修复（专业代码082600）、汽车美容与装潢（专业代码082700）、汽车整车与配件营销（专业代码082800）4个汽车类专业教学标准的制定工作。

根据教育部《关于中等职业教育专业技能课教材选题立项的函》（教职成司函[2012]95号）文件精神，人民交通出版社申报的上述4个汽车类专业技能课教材选题成功立项。

2014年10月，人民交通出版社联合全国交通运输职业教育教学指导委员会、中国汽车维修行业协会在北京召开了"教育部中等职业教育汽车专业技能课教材编写会"，并成立了由全国交通运输职业教育教学指导委员会领导、中国汽车维修行业协会领导、知名汽车维修专家及院校教师组成的教材编审委员会。会上，确定了4个汽车类专业34本教材的编写团队及编写大纲，正式启动了教材编写。

教材的组织编写，是以教育部组织制定的4个汽车类专业教学标准为基本依据进行的。教材从编写到成稿形成以下特色：

1. "五位一体"的编审团队。从组织编写之初，就本着"高起点、高标准、高要求"的原则，成立了由国内一流的院校、一流的教师、一流的专家、一流的企业、一流的出版社组成的五位一体的编审团队。

2. 精品化的内容。编审团队认真总结了中职院校的优秀教学成果，结合了企业的职业岗位需求，吸收了发达国家的先进职教理念。教材文字精炼、插图丰富，尤其是实操性的内容，配了大量实景照片。

3. 理实一体的编写模式。教材理论内容浅显易懂，实操内容贴合生产一线，将知识传授、技能训练融为一体，体现"做中学、学中做"的职教思想。

4. 覆盖全国的广泛适用性。本套教材充分考虑了全国各地院校的分布和实际情况，涉及的车型和设备具有代表性和普适性，能满足全国绝大多数中职院校的实际需求。

5. 完善的配套。本套教材包含"思考与练习"、"技能考核标准"，并配有电子课件和微视频，以达到巩固知识、强化技能、易教易学的目的。

《汽车定期维护》是本套教材中的一本，分两部分，"汽车定期维护（一）"内容包括售前检查（PDI）、日常维护、5000km 维护；"汽车定期维护（二）"内容包括 40000km 维护。与传统同类教材相比，本书将基础理论和实践应用完美地结合在一起，以富有操作性的图文内容引导学生完成相应的教学任务，以使其掌握汽车维护实际操作的基本技能。本教材力求贴近生产实践，同时兼顾技能大赛二级维护项目要求，以任务为引领，在实施教学过程中循序渐进，逐步深入。每个学习任务后都有评价与反馈表，内容包括自我评价、小组评价和教师评价，最后都有针对该学习任务的技能考核标准。

本书的编写分工为：宁波慈溪锦堂高级职业中学的俞杰编写了项目一，宁波慈溪锦堂高级职业中学的杨同迪编写了项目二，宁波市象山县技工学校的翁立东编写了项目三，宁波慈溪锦堂高级职业中学的胡科迪、叶伟立和南京金陵中等专业学校的张海泉编写了项目四。全书由宁波慈溪锦堂高级职业中学的陆松波担任主编，宁波慈溪锦堂高级职业中学的胡科迪和宁波市象山县技工学校的翁立东担任副主编。

限于编者水平，又是完全按照新的教学标准编写，书中难免有不当之处，敬请广大院校师生提出意见建议，以便再版时完善。

编审委员会
2016 年 3 月

目录 Contents

汽车定期维护（一）

项目一　售前检查（PDI） ··· 3
学习任务1　作业准备 ·· 3
学习任务2　辅助电器、室内设施及随车工具检查 ·· 11
学习任务3　发动机舱检查 ·· 17
学习任务4　车辆最终检查 ·· 23

项目二　日常维护 ··· 29
学习任务5　汽车清洗 ·· 29
学习任务6　汽车漆面维护 ·· 43
学习任务7　车辆仪表指示的认知与空调的使用和检查 ···································· 53

项目三　5000km维护 ··· 63
学习任务8　车辆维护项目准备 ·· 63
学习任务9　发动机项目检查 ·· 69
学习任务10　底盘项目检查 ·· 83
学习任务11　电气设备项目检查 ·· 99
学习任务12　汽车车身项目检查 ·· 113

汽车定期维护（二）

项目四　40000km维护 ··· 127
学习任务13　顶起位置一　预检工作 ·· 127
学习任务14　顶起位置一　车外灯、悬架、加油口盖检查 ································ 141
学习任务15　顶起位置一　灯光检查 ·· 149
学习任务16　顶起位置一　洗涤器、刮水器、制动系统检查 ····························· 158
学习任务17　顶起位置一　发动机舱盖、车门、行李舱盖、备用
　　　　　　　　　　　　轮胎检查 ·· 166

学习任务 18	顶起位置一	喇叭、转向系统、组合仪表、安全带、读取
	故障码检查	…………………………………………… 176
学习任务 19	顶起位置二	底盘检查 …………………………………… 187
学习任务 20	顶起位置二	发动机机油排放、底盘螺栓螺母紧固 ……… 200
学习任务 21	顶起位置三	底盘检查、车轮拆装换位 ………………… 208
学习任务 22	顶起位置三	前轮制动器（盘式）拆装检查
	顶起位置四	盘式制动器调整、盘式制动拖滞检查 ……… 218
学习任务 23	顶起位置三	后轮制动器（鼓式）拆装检查
	顶起位置四	鼓式制动器调整、鼓式制动拖滞检查 ……… 232
学习任务 24	顶起位置五	紧固车轮螺母、更换机油滤清器、清洁
	（更换）空气滤清器芯、加注机油 ……………………………… 242
学习任务 25	顶起位置五	玻璃升降检查、车外后视镜检查、充电
	电压检查、空调的功能检查、尾气排放检测 …………… 253
学习任务 26	顶起位置六	底盘复检
	顶起位置七	发动机舱内复检、清洁整理 …………… 262

参考文献 ………………………………………………………………… 268

（一）汽车定期维护

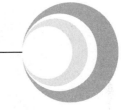

项目一　售前检查(PDI)

学习任务1　作业准备

 学习目标

★ 知识目标

1. 了解售前检查(PDI)的重要性；
2. 了解售前检查所需工具及设备；
3. 了解着装穿戴要求及学会随车附件的安装。

★ 技能目标

1. 掌握相关工具的使用及检查方法；
2. 能熟练使用举升机操作；
3. 熟练掌握轮胎气压计、扭力扳手、万用表等的使用方法。

 建议课时

4课时。

 任务描述

作业准备是整个售前检查(Pre Delivery Inspection,PDI)的重要环节之一。现实中很多维修技术人员不太重视这一环节，导致车辆在使用中，某些设备不能正常工作，所以作业准备是交车时的一个重要环节。

作业准备内容包括：

(1)工具、设备(汽车轮胎气压计、预置式扭力扳手、数字式万用表、举升机)的使用。

（2）安全保护设施（座椅套、翼子板布、转向盘套、地板垫、抹布、车轮挡块、升车垫块、工作装等）的配备。

一 理论知识准备

（1）汽车轮胎气压计俗称胎压表，主要用于乘用车轮胎的充气、放气、测压等方面，它是车辆轮胎安全性的重要识别工具。

（2）扭力扳手又叫力矩扳手、扭矩扳手和扭矩可调扳手，是扳手的一种。一般分为三类：手动扭力扳手、气动扭力扳手和电动扭力扳手。手动扭力扳手现阶段分为机械音响报警式、数显式、指针式（表盘式）、打滑式扭力扳手。机械音响报警式扭力扳手也称预置式扭力扳手，是目前市场上的主流产品，相对于其他三种，它的价格比较便宜。预置式扭力扳手利用杠杆原理，当力矩达到设定力矩时会发出"咔嗒"机械相碰的声音，此后扳手会形成一个死角，如果再用力会出现过力现象。

（3）万用表分指针式和数字式两种。我们现阶段常用的是数字式万用表，车辆在维修过程中常用器件的测量包括：电阻的测量、电压的测量、电流的测量等。

（4）举升机有单柱式举升机、双柱式举升机、四柱式举升机、剪式举升机和地沟式举升机等。剪式举升机有电源开关、上升键、下降键、保险键以及紧急锁止键。电源开关的作用是确保设备能正常工作；上升键、下降键的作用是根据需要来调整合适位置；保险键的作用是确保在安全情况下操作；紧急锁止键的作用是在操作时，防止出现误操作。

（5）车内三件套的名称分别是：座椅套、地板垫、转向盘套。

（6）车外三件套的名称分别是：翼子板布、前格栅布。

（7）车轮挡块的作用是防止车辆由于误操作而产生移动，造成危害。

（8）着装得体和良好的仪表仪态，能给人带来自信和专业自豪感。在汽车维修车间里，严谨的工作态度、整洁的工作服会赢得客户的信赖，也会使客户受到专业气氛的感染。

二 任务实施

1 准备工作

（1）将实训车辆平稳停放在实训区域。

（2）检查实训室的通风及防火系统设备工作是否正常。

（3）准备车内三件套、轮胎气压计、扭力扳手、数字式万用表、举升机、翼子板布和前格栅布、车轮挡块、升车垫块、工作服、工作鞋、工具等教学用具。

2 技术要求与注意事项

（1）在操作开始前，工作服及工作鞋的穿着要规范，同时准备好相应的工具设备。

（2）用轮胎气压计检查轮胎气压时，车辆需停放于平地，务必在冷车时测量轮胎压力。将胎压表的测压嘴对准轮胎上的气门嘴垂直用力压入，压入的速度要迅速，防止轮胎内的空气泄漏。

（3）预置式扭力扳手及工具的选择要正确，不能使用预置式扭力扳手去拆卸螺栓或螺母。应根据需要调节所需的力矩,并确认调节机构处于锁定状态下才可使用,严禁在扭力扳手尾端加接套管延长臂。未使用时,将调节标尺刻线退至力矩最小数值处。

(4)使用数字万用表前,如果无法预先估计被测电压或电流的大小,则应先拨至最高量程挡测量一次,再视情况逐渐把量程减小到合适位置。测量完毕后,应将量程开关拨到最高电压挡,并关闭电源。测量电压时,应将数字万用表与被测电路并联;测量电流时,应与被测电路串联;测量直流时,不必考虑正、负极性。禁止在测量高电压(220V以上)或大电流(2A以上)时换量程,以防止产生电弧,烧毁开关触点。满量程时,最高位显示数字"1",这时应选择更高的量程。

(5)不得随意操作举升机开关,同时车辆举升时升车垫块安放要符合标准。上升下降要平衡,下降时注意周边环境,确认安全齿锁住后,方可进入车底作业。

(6)车内三件套(地板垫、座椅套、转向盘套)和翼子板布、前格栅布的安装方法要正确。

(7)操作车辆前,需先将挡位挂入P挡,然后拉起驻车制动器,再进行车轮挡块及车内三件套的安装。

3 操作步骤

1)工作服及工作鞋

穿着要得体,禁止在操作时佩戴相关饰物,禁止纽扣及金属物品裸露在外面(图1-1)。

2)轮胎气压计

(1)使用前需先清洁,然后检查指示器、测压嘴、开关、气管连接头是否正常。轮胎气压计如图1-2所示。

图1-1 工作装

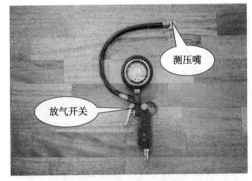

图1-2 轮胎气压计

(2)连接气管,检查气压表是否漏气。检查漏气情况如图1-3所示。

(3)按压充气开关检查胎压表指针活动是否灵活,同时查看指针是否对准零刻度(左手控制住测压嘴,右手按压检查)。图1-4为检查轮胎气压计。

3)扭力扳手

在使用中根据力矩,选择合适的预置式扭力扳手,调整好规定力矩后将其锁止。然后,调整好旋向,在拧紧过程中发出信号"咔嗒"声,表示已达到预设力矩值,停止加力,一次作业完毕,注意操作要正确规范。

图1-3　检查漏气情况

图1-4　检查轮胎气压计

注意：在力矩紧固时，禁止出现冲击现象。图1-5为调整力矩，图1-6为调整旋向。

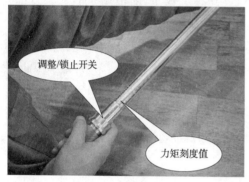

图1-5　调整力矩

图1-6　调整旋向

4）数字式万用表

（1）使用前检查外观是否良好、表笔连接是否正确。图1-7为检查万用表。

提示：测量电压、电阻、二极管等时，红表笔连接"VΩ"孔，黑表笔连接"COM"孔。

（2）使用欧姆挡对万用表进行校零。图1-8为万用表校零。

图1-7　检查万用表

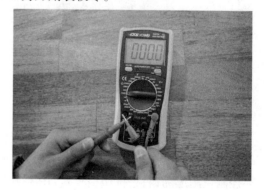

图1-8　万用表校零

提示：一般1Ω以下为正常。

（3）测量时，挡位选择要正确，使用完毕后将万用表挡位关闭（电阻最大挡位）。图1-9为关闭万用表，图示为关闭状态。

项目一 售前检查（PDI）

5）举升机

使用前要确认电源是否接通，如要举升车辆，需要确保车辆及周围安全，进入车辆底部操作时必须保证安全。同时，查看紧急锁止键是否被按下。图1-10为举升机控制台。

图1-9 关闭万用表

图1-10 举升机控制台

提示：电源接通时，指示灯会点亮。

6）安装车内三件套

（1）安装地板垫。

将地板垫铺设在转向盘下方的地板上，要求有字面朝上。图1-11为安装地板垫。

注意：铺设地板垫的目的主要是便于清除维修人员带入驾驶室内的脏物与杂物，保持驾驶室内的清洁。

（2）安装座椅套。

双手捏住座椅套的边角，从座椅头部开始把座椅套按从上到下的顺序装入，然后用座椅套的末端将座椅完全保护起来。图1-12为安装座椅套。

图1-11 安装地板垫

图1-12 安装座椅套

注意：座椅套是由薄塑料制成，极易破损，所以在安装座椅套时，用力要均匀，拉齐端面后再套装，避免因用力过大，端面不齐，导致座椅套损坏。

（3）安装转向盘套。

先安装转向盘的上端，然后把整个转向盘套入保护套中。图1-13为安装转向盘套。

注意：转向盘套是由薄塑料制成，极易破损。安装转向盘时不要硬拉，否则会造成转向盘套的损坏。

7) 安装翼子板布和前格栅布

(1) 安装翼子板布。

要将翼子板布安装牢固,保证磁铁与车身吸住牢固,防止掉落。图1-14为安装翼子板布。

图1-13　安装转向盘套

图1-14　安装翼子板布

注意:翼子板布的下沿有一个半圆形的车轮槽,以防车轮被盖住,影响车轮检查。

(2) 安装前格栅布。

在安装过程中要将前格栅布安装牢固,保证挂钩与车身连接牢固,防止前格栅布掉落。图1-15为安装前格栅布。

注意:有的前格栅布和翼子板布相互有挂钩可以钩住,切不可把挂钩钩在制冷系统高低压管路上。

8) 安装车轮挡块

放置车轮挡块主要是防止因误操作导致车辆移动,而造成事故。安放时前后轮都可以,只要不影响车辆的举升和能保证车辆不会移动就可以。图1-16为安装车轮挡块。

注意:放置挡块时应紧贴轮胎外边缘。

图1-15　安装前格栅布

图1-16　安装车轮挡块

9) 安装尾气管

调整好尾气管的位置,从吊钩处取下尾气管,用双手将尾气管插入到车辆的排气管中。图1-17为安装尾气管。

注意:尾气管的头部有夹箍,插入尾气管需用力插到底,取下时要小心,防止手划伤。

三 学习拓展

(1) 售前检查(PDI)俗称出厂前检查,通常是厂家交付给4S店,4S店将车辆交给客户前的中间环节。

(2) 轮胎气压对车辆的安全行驶是非常重要的,一般乘用车轮胎气压在 2.32×10^5 ~ $3.03 \times 10^5 Pa$。以正常的轮胎为基准,一般条件下,每月气压会减小1000Pa,所以每周测定一次气压是必需的。同时,应经常检查轮胎纹理,如有明显裂纹应及时更换。

图1-17　安装尾气管

(3) 数字式万用表直流电流的测量:

①将黑表笔插入COM插孔。当测量最大值为200mA的电流时,红表笔插入mA插孔;当测量最大值为20A的电流时,红表笔插入20A插孔。

②将功能开关置于直流电流挡(A)量程,并将测试表笔串联接入到待测负载上,电流值显示的同时,将显示红表笔的极性。

注意:

①如果使用前,不知道被测电流范围,将功能开关置于最大量程并逐渐下降。

②如果最大输入电流为200mA以上,需将红表笔插入20A插孔,此量程无熔断丝保护,测量时不能超过15s。

(4) 数字式万用表交流电流的测量方法与直流电流的测量方法相同,不过挡位应该打到交流挡位,电流测量完毕后应将红笔插回"VΩ"孔。若忘记这一步,直接测电压,会导致万用表以及电源的损坏。

(5) 用数字式万用表测量发光二极管和整流二极管时,表笔位置与测量电压时一样。将旋钮旋到"二极管"挡用红表笔接二极管的正极,黑表笔接负极,这时会显示二极管的正向压降。肖特基二极管的压降是0.2V左右,普通硅整流管(1N4000、1N5400系列等)约为0.7V,发光二极管为1.8~2.3V。调换表笔,显示屏显示"1"为正常,因为二极管的反向电阻很大,反之此管已被击穿。

(6) 数字式万用表三极管测量表笔插位同上,其原理同二极管。先假定A脚为基极,用黑表笔与该脚相接,红表笔与其他两脚分别接触。若两次读数均为0.7V左右,然后再用红笔接A脚,黑笔接触其他两脚,若均显示"1",则A脚为基极,否则需要重新测量,且此管为PNP管。对集电极和发射极的判断,我们可以利用"hFE"挡来判断:先将挡位打到"hFE"挡,可以看到挡位旁有一排小插孔,分为PNP和NPN管的测量。前面已经判断出管型,将基极插入对应管型"b"孔,其余两脚分别插入"c""e"孔,此时可以读取数值,即β值;再固定基极,其余两脚对调,比较两次读数,读数较大的管脚位置与表面"c""e"则是相对应的脚。

(7) 电容测试:连接待测电容之前,注意每次转换量程时,复位到0需要一些时间,有漂移读数存在不会影响测试精度。

注意：

①仪器本身已对电容挡设置了保护，故在电容测试过程中不用考虑极性及电容充放电等情况。

②测量电容时，将电容插入专用的电容测试座中。

③测量大电容时稳定读数需要一定的时间。

④电容的单位换算：$1\mu F = 10^6 pF$，$1\mu F = 10^3 nF$。

四 评价与反馈

1 自我评价

（1）通过本学习任务的学习你是否已经知道以下问题：

①PDI 指的是什么？_____

②轮胎气压计如何使用？_____

③扭力扳手和万用表如何正确读数？_____

（2）实训过程完成情况如何？

_____

（3）通过本学习任务的学习，你认为自己的知识和技能还有哪些欠缺？

_____

签名：_____　　　__年__月__日

2 小组评价

小组评价见表 1-1。

小组评价表　　　　　　　　　　表 1-1

序号	评价项目	评价情况
1	着装是否符合要求	
2	是否能合理规范地使用仪器和设备	
3	是否按照安全和规范的流程操作	
4	是否遵守学习、实训场地的规章制度	
5	是否能保持学习、实训场地清洁	
6	团结协作情况	

参与评价的同学签名：_____　　　__年__月__日

3 教师评价

_____

_____

教师签名：_____　　　__年__月__日

五 技能考核标准

技能考核标准见表 1-2。

项目一　售前检查(PDI)

技能考核标准表　　　　　　　　　　　　　　　　　　表1-2

序号	操作内容	规定分	评分标准	得分
1	穿戴工作服及工作鞋	10	着装穿戴不整齐扣2分,金属物漏入扣3分,未穿工作鞋工作服扣5分	
2	使用轮胎气压计	10	使用时未检查漏气扣4分,未检查气压指针扣4分,使用操作不当扣2分	
3	使用扭力扳手	10	选择扭力扳手错误扣3分,使用前力调整错误扣3分,使用出现冲击现象扣2分,使用后未将力矩归为最小扣2分	
4	使用数字万用表	10	使用前未自检扣3分,使用中挡位选择错误扣2分,使用后未关闭挡位扣2分,表笔连接错误扣3分	
5	使用举升机	10	举升机在使用前未确认周围安全情况扣5分,操作错误扣5分	
6	安装地板垫	10	地板垫方向位置装错扣5分,未安装扣5分	
7	安装座椅套	10	铺放不到位未盖满扣2分,撕裂扣3分,未装扣5分	
8	安装转向盘套	10	转向盘套安装不到位扣2分,撕裂扣3分,未装扣5分	
9	安装翼子板布	5	动作位置正确,安放可靠,不影响作业,否则扣5分	
10	安装前格栅布	5	动作位置正确,安放可靠,不影响作业,否则扣5分	
11	安装车轮挡块	5	任意轮前和轮后,要求必须和车轮外边缘平齐,不允许超过车轮,否则扣2分;如其中一个挡块未安装扣5分	
12	安装尾气管	5	未双手安装扣2分,掉落扣2分,未安装扣5分	
	总　　分		100	

学习任务2　辅助电器、室内设施及随车工具检查

 学习目标

 知识目标

1. 了解辅助电器检查的重要性;
2. 了解随车工具的检查方法;
3. 了解室内相关设施的检查方法。

技能目标

1. 熟悉各辅助电器的操作方法;
2. 掌握随车工具的使用方法及作用;
3. 熟悉遮阳板的使用方法。

建议课时

2课时。

任务描述

辅助电器、室内设施及随车工具检查是新车检查的基本操作项目之一。它能提高汽车行驶的娱乐性和舒适性;同时在发生突发事件时,能保证车辆周围的安全。它包括:

(1)辅助电器:警告灯及蜂鸣器、点烟器、音响及时钟调节等检查。

(2)室内相关设施:遮阳板、储物箱、杯架、烟灰缸。

(3)行李舱:行李舱内衬、垫板、千斤顶、工具、三角牌、牵引挂钩等检查。

一 理论知识准备

点火开关共有四个位置:LOCK、ACC、ON 及 START。

(1)LOCK 挡位。只有在此位置,方可插入或拔出钥匙。转动钥匙时,先确认换挡操作杆是否处于 P 挡,后将钥匙稍微推入转动。如果转向盘被锁死,则在转动钥匙的同时,应用力将转向盘打向左边或右边。

(2)ACC 挡位。在此位置时,可以使用音响系统和点烟器。

(3)ON 挡位。开车时钥匙的通常位置。将点火开关由 ACC 的位置切换至 ON 的位置时,仪表盘上的数个指示灯会亮起,然后熄灭,此时为第一次自检状态。

(4)START 挡位。此位置仅用于起动发动机。若松开钥匙,则开关将自动回到 ON 的位置。在起动的同时,仪表盘上的数个指示灯会亮起,然后熄灭,此时为第二次自检状态。

二 任务实施

1 准备工作

(1)将实训车辆平稳停放在实训区域。

(2)检查实训室的通风及防火系统设备工作是否正常。

(3)准备三件套、轮胎气压计、车轮挡块、工具等教学用具。

2 技术要求与注意事项

(1)禁止使用盗版及受损的唱片,防止音响系统的损坏。

(2)禁止在发动机未运行的前提下,使用音响系统。防止蓄电池亏电,导致起动困难。

(3)车辆在熄火后,必须将音响系统及时关闭,防止影响下次正常起动。

(4)该车辆在起动时,挡位必须处于 P 或 N 挡。如果将点火钥匙取出,挡位必须处于 P 挡,同时要确保电压正常。

3 操作步骤

提示:将在后面 5000km 维护中详细介绍照明系统、刮水系统、座椅、安全带、中控门锁、玻璃升降系统等项目的检查。

1)三件套的安放

详见"学习任务 1 作业准备"的相关内容。

2）检查危险警告灯及蜂鸣器

（1）当钥匙取出后,灯光未关闭时,会有"叮咚叮咚"的蜂鸣器的叫声。图2-1为检查蜂鸣器。

（2）关闭车门,按下遥控器上的锁止键,此时,危险警告灯闪烁一次,同时,伴随一声喇叭。按下遥控器上的解锁键,此时,仅危险警告灯闪烁两次。图2-2为检查危险警告灯。

图2-1　检查蜂鸣器　　　　　　　　　图2-2　检查危险警告灯

3）检查发动机的起动性

起动前查看周围是否安全,挡位应处于P挡,拉紧驻车制动器。起动时听起动机是否正常工作,有无异响,是否有打齿声。起动后听发动机运转时是否平稳、有无异响及抖动（此项检查需要有一定经验的人员操作方可）。

提示:在起动过程中,如发现钥匙无法旋转,可能是转向盘锁住。此时一边来回转动方向,一边旋转钥匙即可。

4）检查点烟器

按下点烟器,等待数秒,点烟器能自动弹出,查看点烟芯是否有明显烧红迹象。图2-3为检查点烟器。

5）检查音响及时钟调节

（1）打开音响开关,检查是否能正常操作,音响喇叭音质是否正常,音频声道调节是否正常（将各个功能键操作一遍,确保各功能键工作正常）。图2-4为检查音响。

图2-3　检查点烟器　　　　　　　　　图2-4　检查音响

图2-5 调节时钟

注意:该项目需起动车辆检查。

(2)各功能键检查完毕后,将时间设置到标准时间。图2-5为调节时钟。

6)检查遮阳板、化妆镜

(1)检查遮阳板上下调整是否活动正常。翻下遮阳板,检查化妆镜是否破损。图2-6为检查遮阳板及化妆镜。

(2)取下遮阳板右侧固定端,将其转至左侧。检查遮阳板的左右调整是否正常。同时,检查遮阳板表面是否损坏。图2-7为检查遮阳板左右调整是否正常。

提示:检查副驾驶时遮阳板方向相反。

图2-6 检查遮阳板及化妆镜

图2-7 检查遮阳板左右调整是否正常

7)检查储物箱、杯架、烟灰缸

(1)检查储物箱内外表面是否破损,储物箱开关活动是否灵活。图2-8为检查储物箱。

(2)检查杯架有无损坏,烟灰缸有无缺失。同时,检查烟灰缸内外有无损坏、污染。

注意:烟灰缸只能用于放香烟、雪茄及其他烟类制品的烟灰,切勿放置纸张或其他可燃物。

8)检查随车工具

(1)打开行李舱盖,检查行李舱内饰板是否整洁,安装是否到位。图2-9为检查行李舱。

图2-8 检查储物箱

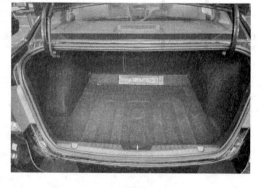

图2-9 检查行李舱

(2)检查千斤顶、工具、三角警示牌及牵引钩是否齐全。图 2-10 为检查千斤顶和工具。图 2-11 为检查三角警示牌。

提示:行李舱盖的打开及检查,此项目参考 5000km 维护。

图 2-10　检查千斤顶和工具

图 2-11　检查三角警示牌

三　学习拓展

(1)三角警示牌:发生意外时(如开车过程中出问题的时候),三角警示牌对于车主来说,起着安全保护的作用。现在市场上的三角警示牌具有反光功能,都以可折叠型为主,方便收纳,不会占用地方。

(2)牵引钩:一般在车辆无法行驶时,与三角警示牌同时使用。拖车时需注意将挡位置于空挡,对于自动变速器车辆,需将两个驱动轮悬空,防止自动变速器的损坏。

(3)千斤顶:一般来说在车辆更换轮胎、初步检查车辆底盘情况的时候会使用到千斤顶。使用中需将千斤顶底座与接触面贴合,避免出现倾斜现象。同时,支持点必须选择正确,支持后必须确保安全。

四　评价与反馈

❶ 自我评价

(1)通过本学习任务的学习你是否已经知道以下问题:

①辅助电器检查的重要性有哪些?＿＿＿＿＿＿＿＿＿＿＿＿＿＿＿＿＿＿＿＿＿＿。

②如何正确使用随车工具?＿＿＿＿＿＿＿＿＿＿＿＿＿＿＿＿＿＿＿＿＿＿＿＿＿。

③遮阳板的使用方法?＿＿＿＿＿＿＿＿＿＿＿＿＿＿＿＿＿＿＿＿＿＿＿＿＿＿＿。

(2)实训过程完成情况如何?

＿＿＿＿＿＿＿＿＿＿＿＿＿＿＿＿＿＿＿＿＿＿＿＿＿＿＿＿＿＿＿＿＿＿＿＿＿。

(3)通过本学习任务的学习,你认为自己的知识和技能还有哪些欠缺?

＿＿＿＿＿＿＿＿＿＿＿＿＿＿＿＿＿＿＿＿＿＿＿＿＿＿＿＿＿＿＿＿＿＿＿＿＿。

签名:＿＿＿＿＿＿＿＿＿＿＿＿年＿＿＿月＿＿＿日

❷ 小组评价

小组评价见表 2-1。

小组评价表　　　　　　　　　　　　　　　表2-1

序号	评价项目	评价情况
1	着装是否符合要求	
2	是否能合理规范地使用仪器和设备	
3	是否按照安全和规范的流程操作	
4	是否遵守学习、实训场地的规章制度	
5	是否能保持学习、实训场地清洁	
6	团结协作情况	

参与评价的同学签名：_____　　_____年____月____日

❸ 教师评价

_____
_____。

　　　　　　　　　教师签名：_____　　_____年____月____日

五 技能考核标准

技能考核标准见表2-2。

技能考核标准表　　　　　　　　　　　　　　表2-2

序号	操作内容	规定分	评分标准	得分
1	检查警告灯及蜂鸣器	10	检查时未锁止车门扣5分，未操作检查扣5分	
2	安装地板垫	10	地板垫方向位置装错扣5分，未安装扣5分	
3	安装座椅套	10	铺放不到位未盖满扣3分，撕裂扣3分，未装扣5分	
4	安装转向盘套	10	转向盘套安装不到位扣3分，撕裂扣3分，未安装扣5分	
5	检查发动机起动性	10	起动前未确认挡位、驻车制动器及周围安全扣5分，未操作此项扣5分	
6	检查点烟器	10	直接将点烟器取出检查扣5分，未操作扣5分	
7	检查音响及时钟调节	14	未检查音响调节按钮扣3分，未调整正确时间扣3分，此项未操作扣5分	
8	检查遮阳板、化妆镜	12	遮阳板未调整扣3分，化妆镜检查错误扣3分，未操作此项扣5分	
9	检查千斤顶、工具、三角警示牌及牵引钩	14	千斤顶未检查扣3分，工具未检查扣3分，三角警示牌未检查扣3分，牵引钩未检查扣3分，未操作此项扣5分	
	总　　分		100	

学习任务3　发动机舱检查

学习目标

★ 知识目标

1. 了解车辆预检工作的重要性;
2. 了解蓄电池的作用;
3. 了解发动机舱各油液位的名称及作用。

★ 技能目标

1. 能正确使用万用表及冰点仪;
2. 掌握蓄电池检查方法,能正确判断蓄电池是否正常;
3. 掌握各油液位检查方法,能正确判断各油液位是否正常。

★ 建议课时

4课时。

任务描述

发动机舱检查是新车检查中的必检项目,关系到发动机能否正常工作。因此,发动机舱检查必须认真、仔细。

发动机舱检查项目的内容包括:

(1)各油液位检查:发动机机油、制动液、风窗玻璃清洗液、防冻液、蓄电池、电解液、转向助力液、自动变速器液。

(2)蓄电池检查:蓄电池桩头、电解液密度测量、静态电压测量等。

一　理论知识准备

(1)发动机舱内要检查的油液项目有:制动液液位、发动机机油液位、转向助力液液位、发动机冷却液液位、变速器油液位(包含手动或自动)、风窗玻璃清洗液液位。

(2)发动机冷却液的作用:防冻、防沸、防腐蚀、防锈、防污垢,冷却发动机,使发动机保持正常工作温度。

如果发动机冷却液缺少，短时间运行发动机以后，指示灯报警；冷却液温度过高，容易造成发动机高温，活塞膨胀量加大，在汽缸里拉伤活塞或汽缸壁，同时还会使汽缸直接与活塞抱死，曲轴轴承拉伤或抱死无法旋转等，导致严重的机械事故。

缺少冷却液的主要原因有散热器泄漏、冷却水管泄漏、膨胀水箱泄漏、水泵损坏或泄漏、发动机汽缸垫损坏等。

（3）发动机机油的作用：润滑、冷却、清洗、密封、防锈防腐蚀、降低机械磨损。

当发动机缺少机油，仪表板机油警告灯闪亮，发动机运转噪声增大，动力明显下降。如果继续着车发动机可能会报废。各润滑表面因缺少润滑而导致无法正常运转，造成凸轮轴、曲轴卡死等机械事故。

发动机机油缺少的原因主要有各配合表面漏油、油封漏油、排放塞漏油、机油滤清器漏油，以及因为缸套活塞配合间隙过大和气门油封漏油导致的发动机烧机油等原因造成。

（4）确保发动机舱内有足够的制动液，是保证车辆制动器正常工作的前提。

缺少制动液会导致发动机仪表板的制动指示灯有报警显示，制动力减弱甚至没有，易导致极端危险情况的发生，例如行驶时不能减速等。

缺少制动液的主要原因有：制动主缸泄漏、制动管路和软管泄漏、制动轮缸泄漏、放气螺塞泄漏等。

（5）风窗玻璃清洗液的作用：用来清洁风窗玻璃上的污物和杂质。

如果缺少风窗玻璃清洗液，喷水电动机将空转，引起电动机烧坏，刮水片与玻璃间发生干摩擦，缩短刮水片的寿命，风窗玻璃也由于干摩擦透明度减弱。

（6）蓄电池的作用：起动时，给起动机供电，当发电机过载时，向其他电器设备供电，同时还具有储存电能的作用等。

二 任务实施

❶ 准备工作

（1）将实训车辆平稳停放在实训区域。
（2）检查实训室的通风及防火系统设备工作是否正常。
（3）准备手电筒和手套等教学用具。

❷ 技术要求与注意事项

（1）在操作开始前，检查所有的设备并准备好工具。
（2）在发动机油液位检查时，禁止发动机处在运转状态。
（3）检查蓄电池时，禁止双手同时接触端子，如端子有腐蚀现象，禁止用手直接触摸，必须先清洁干净。

❸ 操作步骤

提示：检查发动机油液位时，必须将发动机舱盖打开，同时要安放前格栅布及翼子板布，参见"学习任务1"。

1）检查发动机机油液位

（1）从工具车取出一块抹布，拔出机油尺，同时将油尺擦干净，做好检查的准备。图3-1为拔出机油尺。

注意：机油不能滴落。

（2）将擦干净的机油尺再次插入到机油导管中。图3-2为插入机油尺。

注意：机油尺要放到底。

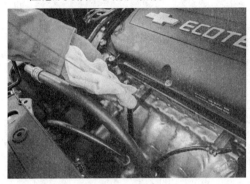

图3-1　拔出机油尺　　　　　　图3-2　插入机油尺

（3）拔出机油尺，检查发动机的机油是否在两个刻度线中间（少于1/2需添加），确认机油液位正常；如果不足则加到正常刻度，检查完将机油尺插回发动机中。图3-3为检查机油液位。

注意：机油尺必须正反面检查或将机油尺旋转180°后，拉出成45°角检查。

2）检查冷却液液位

冷却液应在标准位置上下刻度线中间（上刻度在回水管接头下方，下刻度在焊接处）。图3-4为检查冷却液液位。

提示：本车冷却液呈红色，禁止在高温时开启冷却液盖。开启时需泄压，检查时需照明。

图3-3　检查机油液位　　　　　　图3-4　检查冷却液液位

3）检查制动液液位

标准位置应在上下刻度线中间。图3-5为检查制动液液位。

注意：制动液液体呈淡黄色，需照明。

4）检查喷洗器

用灯照明,能看到液位即可。图3-6为检查喷洗器。

图3-5 检查制动液液位

图3-6 检查喷洗器

5）检查蓄电池

（1）目视检查蓄电池端子是否腐蚀。图3-7为检查蓄电池端子。

提示:检查时,可戴手套,如端子处有腐蚀,禁止用手直接触摸。

（2）用手来回旋转蓄电池端子是否松动,晃动蓄电池壳,检查安装是否可靠。图3-8为检查蓄电池安装情况。

注意:禁止双手同时接触正负极端子操作。

（3）用万用表测量蓄电池的静态电压。图3-9为测量蓄电池静态电压,万用表使用见"学习任务1"。

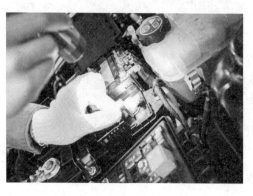

图3-7 检查蓄电池端子

注意:正反不能接错,需先接正表笔,再接负表笔。测量时选择直流电压挡。

a）检查端子

b）检查蓄电池壳

图3-8 检查蓄电池安装情况

6）拆除翼子板布和前格栅布

注意:拆除翼子板布和前格栅布时,其中一端用手按住,以免造成掉落的危险;归位时一定要放平整,以方便下次使用时的拿放。图3-10为拆除翼子板布和前格栅布。

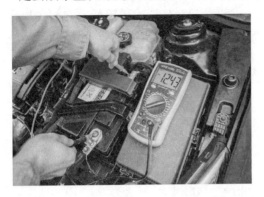

图3-9 测量蓄电池静态电压

图3-10 拆除翼子板布和前格栅布

7)关闭发动机舱盖

(1)向上轻抬起发动机舱盖后,再将支撑杆取出,放置到固定位置。图3-11为取出支撑杆。

注意:右手托发动机舱盖,左手取支撑杆。

(2)向下关闭发动机舱盖。图3-12为关闭发动机舱盖。

注意:操作要规范,防止手受伤。如果没有盖到位时可以用手轻压发动机的舱盖,按压部位为受力筋处,一定不要用大力,以防止其变形。

图3-11 取出支撑杆

图3-12 关闭发动机舱盖

三 学习拓展

(1)根据需要选用适当等级的润滑油。对于汽油发动机应根据进排气系统的附加装置和使用条件选用SD—SF级汽油机油;对于柴油发动机则要根据机械负荷选用CB—CD级柴油机油,选用标准以不低于生产厂家规定要求为准。发动机机油一般5000km或3个月更换一次,以优先达到者为准。

(2)防冻液可用来替代普通自来水,它的沸点较高,一般在120℃左右,而冰点则可达到-60~-40℃,可以有效防止车辆开锅,并且在冬季可防止结冰,具有防冻、防沸、防腐蚀、防锈、防污垢作用,使发动机保持正常工作温度。冷却液一般40000km或2年更换一次,以优先达到者为准。

(3)常温下蓄电池电解液是标准密度值为 1.25~1.28g/cm³ 的稀硫酸。它的主要作用是作为参与正负极的电化学反应的媒介传导电流。蓄电池静态电压一般在 12.2V 左右。一般蓄电池使用寿命为 3 年左右。

(4)制动液液位的检查是为了确保制动系统能够正常运行。制动液更换期限一般为 40000km 或 2 年,以优先达到者为准。

四 评价与反馈

❶ 自我评价

(1)通过本学习任务的学习你是否已经知道以下问题:
①为什么要对车辆进行预检工作?_____。
②如何检查蓄电池?_____。
③发动机舱内各油液的检查方法?_____。
(2)实训过程完成情况如何?
_____。
(3)通过本学习任务的学习,你认为自己的知识和技能还有哪些欠缺?
_____。

签名:_____　　_____年____月____日

❷ 小组评价

小组评价见表3-1。

小 组 评 价 表　　　　　表3-1

序号	评价项目	评价情况
1	着装是否符合要求	
2	是否能合理规范地使用仪器和设备	
3	是否按照安全和规范的流程操作	
4	是否遵守学习、实训场地的规章制度	
5	是否能保持学习、实训场地清洁	
6	团结协作情况	

参与评价的同学签名:_____　　_____年____月____日

❸ 教师评价

_____。

教师签名:_____　　_____年____月____日

五 技能考核标准

技能考核标准见表3-2。

技能考核标准表　　　　　　　　　　　　表 3-2

序号	操作内容	规定分	评分标准	得分
1	安装翼子板布	10	动作位置正确,安放可靠,不影响作业,否则扣 10 分	
2	安装前格栅布	10	动作位置正确,安放可靠,不影响作业,否则扣 10 分	
3	检查发动机机油	10	有液体滴落扣 3 分,未擦扣 3 分,检查方法错误扣 5 分	
4	检查发动机冷却液液位	10	用手摇晃储液罐扣 5 分,读数错误扣 5 分	
5	检查制动液液位	10	用手摇晃储液罐扣 5 分,读数错误扣 5 分	
6	检查喷洗器液面	10	未操作此项检查扣 10 分	
7	检查蓄电池	10	蓄电池端子检查错误扣 5 分,万用表使用错误扣 5 分,测量错误扣 5 分	
8	拆除翼子板布	10	掉落扣 5 分,叠放不整齐扣 5 分	
9	拆除前格栅布	10	掉落扣 5 分,叠放不整齐扣 5 分	
10	关闭发动机舱盖	10	轻轻放下,用双手在中间轻轻按下,否则各扣 5 分	
	总　　分	100		

学习任务 4　车辆最终检查

学习目标

知识目标

1. 了解轮胎的作用及检查方法;
2. 了解随车使用资料。

技能目标

1. 掌握轮胎气压的检查操作方法;
2. 熟练操作轮胎螺母的紧固方法。

建议课时

2 课时。

任务描述

车辆最终检查项目是整个新车检查中的最终环节,也是车辆交给客户的基本环节,影响着公司的信誉及能力,所以对于这项操作必须全面仔细。

轮胎及最终检查项目的主要内容包括:

(1)轮胎气压的调整、轮胎螺母的紧固以及随车附件的安装等。

(2)最终检查(取下不必要的标签及覆盖物、确认驾驶员手册及相关资料、车内车外的清洁检查等)。

一 理论知识准备

(1)轮胎的构造组成:胎面、胎侧、胎体、三角胶条、冠带层、钢丝带束层、钢丝圈等。

(2)按轮胎花纹分类:条形花纹、横向花纹、混合花纹及越野花纹等。

(3)科鲁兹轮胎规格为205/65R15。205轮胎的公称断面宽为205mm,65表示轮胎断面的高宽比(扁平比)为65%,R表示子午线轮胎,15表示轮辋名义直径为15in。

(4)轮胎作用:轮胎与路面接触,与汽车悬架共同来缓和汽车行驶时所受道路的冲击,保证汽车有良好的乘坐舒适性和行驶平顺性;它能保证车轮和路面有良好的附着性,提高汽车的牵引性、制动性和通过性。

二 任务实施

1 准备工作

(1)将实训车辆平稳停放在实训区域。

(2)检查实训室的通风及防火系统设备工作是否正常。

(3)准备轮胎气压计、扭力扳手、套筒、短接杆、肥皂水和毛刷等教学用具。

2 技术要求与注意事项

(1)在操作开始前,检查好所有的设备并准备好工具。

(2)轮胎紧固时,车辆应在底部,需挂P挡拉起驻车制动器,安装好车辆挡块。

3 操作步骤

1)取下轮胎上的覆盖保护装置

提示:通常情况下,新车出厂时,在钢圈上有一层保护膜,它的作用是防止新车在运输过程中钢圈发生损坏。图4-1为取下保护装置。

2)轮毂螺母紧固

(1)选择扭力扳手,调整好轮胎螺母的力矩为140N·m,检查好旋向后锁止,再选用相应的套筒及接杆并组装好。图4-2为调整力矩。

提示:在用扭力扳手紧固螺栓螺母时,一只手握住前端节杆处,防止掉落,另一只手必须握在手柄处,否则力臂改变从而导致力矩的

图4-1 取下保护装置

改变;扭力扳手的用力方向一定要朝操作人员自身的方向,以免造成伤害。

(2)紧固四个车轮螺母,左手握住扭力扳手手柄,右手握住接杆连接处,将套筒套进上面螺栓,然后左手慢慢用力旋紧,当听到"嗒"一声时就可以停止操作,此时已经紧固到了规定力矩。图4-3为紧固车轮。

注意:紧固时要对角,禁止使用冲击力。

图4-2 调整力矩　　　　　　　　图4-3 紧固车轮

3)轮胎气压调整

(1)轮胎气压计的使用见"学习任务1"。图4-4为轮胎气压计。

提示:通常情况下,新车的气压一般比标准气压要高许多,这是为了防止运输过程中轮胎及车辆的其他损坏。

(2)连接好气管,右手拿表尾部,左手拿表头,将轮胎气压表插入到气嘴处,然后观察气压表,读取轮胎气压值,检查气压是否在正常范围内。图4-5为检查轮胎气压。

提示:标准值为230kPa。

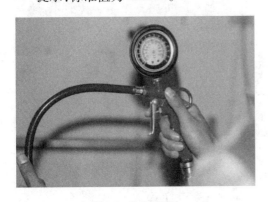

图4-4 轮胎气压计　　　　　　　　图4-5 检查轮胎气压

(3)轮胎气压调整后,用肥皂水检查气门芯及其周围是否漏气。图4-6为检查漏气情况。

注意:检查完毕后必须把气门芯中的水分清洁干净。

(4)安装随车轮胎罩,对准气门芯,双手对称同时用力按压轮胎罩。图4-7为检查轮胎罩等安装情况。

提示：安装完后往外轻拉，查看是否可靠。

图 4-6　检查漏气情况　　　　　　图 4-7　检查轮胎罩安装情况

4）取下不必要的标签及覆盖物

图 4-8 为取下不必要的标签及覆盖物。

5）检查内外部分的安装污染情况

图 4-9 为检查安装污染情况。

提示：图 4-9 为车内部分检查，车外部分参照"40000km 维护"。

图 4-8　取下不必要的标签及覆盖物　　　　图 4-9　检查安装污染情况

6）确认维护手册与用户手册是否齐全

图 4-10 为确认手册是否齐全。

7）车辆清洗

此项目参照"日常维护项目"。

三　学习拓展

（1）胎面：具有良好的耐腐性、耐刺穿性、耐冲击性及散热性。

（2）胎侧：具有保护胎体、提高乘车的舒适性及操作稳定性的作用。

（3）胎体：具有耐冲击、耐曲挠的特性。

图 4-10　确认手册是否齐全

(4)轮胎按结构分类:子午线轮胎、斜交胎、带束斜交胎等。现代车主要使用的是子午线轮胎。

(5)轮胎按气压指数分为:高压胎、低压胎与超低压胎。轿车常使用超低压胎为主。

(6)轿车斜交胎:6.00－12。6.00 表示轮胎的公称断面宽为6in,12 表示轮辋的名义直径为12in。

四 评价与反馈

❶ 自我评价

(1)通过本学习任务的学习你是否已经知道以下问题:

①汽车轮胎有哪些作用? _____。

②汽车轮胎的检查方法? _____。

③汽车轮胎的紧固方法? _____。

(2)实训过程完成情况如何?

_____。

(3)通过本学习任务的学习,你认为自己的知识和技能还有哪些欠缺?

_____。

签名:_____   ____年____月____日

❷ 小组评价

小组评价见表4-1。

小组评价表　　　　　　　　　　　　　　　表4-1

序号	评价项目	评价情况
1	着装是否符合要求	
2	是否能合理规范地使用仪器和设备	
3	是否按照安全和规范的流程操作	
4	是否遵守学习、实训场地的规章制度	
5	是否能保持学习、实训场地清洁	
6	团结协作情况	

参与评价的同学签名:_____   ____年____月____日

❸ 教师评价

_____

_____。

教师签名:_____   ____年____月____日

五 技能考核标准

技能考核标准见表4-2。

技能考核标准表　　　　　　　　　　表 4-2

序号	操 作 内 容	规定分	评 分 标 准	得分
1	取下轮胎上的覆盖保护装置	10	未取下轮胎覆盖保护装置扣 10 分	
2	轮毂螺母紧固	10	未按对角紧固扣 5 分,未紧固扣 10 分	
3	轮胎气压调整	10	气压调整错误扣 5 分,未调整轮胎气压扣 10 分	
4	轮胎气压计的使用	15	使用时未检查漏气扣 5 分,未检查气压指针扣 5 分,使用操作不当扣 5 分	
5	安装随车轮胎罩	15	安装错误扣 5 分,安装时出现破损扣 5 分,未安装扣 15 分	
6	取下不必要的标签及覆盖物	10	未操作此项扣 10 分	
7	检查内外部分的安装污染情况	10	未检查车内扣 5 分,未检查车外扣 5 分,此项未操作扣 10 分	
8	检查维修手册与用户手册是否俱全	10	未检查维修手册扣 5 分,未检查用户手册扣 5 分,此项未操作扣 10 分	
9	清洗车辆	10	清洗车辆不到位扣 5 分,未清洗扣 10 分	
	总　　　分		100	

项目二 日常维护

学习任务5 汽车清洗

学习目标

 知识目标

1. 了解汽车清洁剂的主要功用；
2. 了解汽车洗车工艺流程；
3. 能够熟练清除车体表面顽固污渍。

 技能目标

1. 能正确选用清洁剂对车辆进行清洗；
2. 熟练掌握洗车设备的操作使用方法；
3. 能够独立按照工艺流程进行汽车清洗操作。

 建议课时

8课时。

 任务描述

汽车暴露于外面,且经常处于恶劣的环境之中,容易出现老化、氧化和腐蚀,因此时间一长,车体表面油漆就会慢慢失去光泽,变得暗淡无光,甚至产生裂纹,同时漆面也会越来越脆弱；汽车内室是驾乘人员的乘坐空间,其环境的整洁与否直接影响着驾乘人员的心情和身体健康。因此汽车的清洗在日常维护中显得尤为重要,它成为汽车维护中最简单且最常用的方法。汽车清洗主要有外部清洗和车内清洗两大类。

（1）汽车外部清洗主要包括车辆的冲洗、喷洒泡沫清洗液、车辆的擦拭、冲洗泡沫清洗液及干燥处理。

（2）汽车内部清洗主要包括吸尘和内饰清洗（车内篷壁的清洗、A、B、C柱的清洗、车内仪表台的清洗、车内玻璃的清洗、车内后窗台的清洗、车内车门板的清洗、安全带的清洗、座椅的清洗及地毯、脚垫的清洗）。

一 理论知识准备

（1）清洗剂的主要功用：传统的洗衣粉、肥皂水、洗洁精等非汽车专用清洗剂，因其碱性成分含量较大，使用后会破坏漆面上的蜡分子，使漆膜氧化失光，局部产生色差，密封橡胶老化，甚至会使车漆干裂、脱落，导致生锈，从而造成不可挽回的损害。汽车清洗剂 pH 值成中性，是含表面活性剂的高分子材料，具有较强的渗透能力和增溶能力，能大大降低液体表面的张力，快速去除污垢。因此汽车清洗剂能提高清洗工作效率，清洗与护理合二为一，减少美容工序，能有效去除车体表面的各类顽固污垢，使用后不会损伤漆面及皮肤，确保清洗质量。选用环保型清洗剂，可减少对环境的污染。

（2）汽车清洗的步骤按照正规的方法应为6个步骤：冲车、喷清洗液、擦洗、冲洗泡沫、干燥处理、检查验车。

二 任务实施

（一）汽车外部清洗

❶ 准备工作

（1）将实训车辆平稳停放在实训区域。

（2）检查实训室的通风及防火系统设备工作是否正常。

（3）准备洗车机、泡沫机、汽车清洗液、储水器、水桶、毛巾等教学用具。

❷ 技术要求与注意事项

（1）洗车时最好使用软水，尽量避免使用含矿物质较多的硬水（井水）。

（2）应使用专用洗车液，严禁使用洗衣粉或洗洁精。

（3）高压冲洗时，车身部位应使用分散水流喷射清洗，底盘部位用高压冲洗。喷嘴与车身最好保持50cm以上的距离。

（4）清洗汽车油漆表面时，切莫使用刷子、粗布，以避免刮伤油漆留下痕迹。

（5）洗车的各工序都应遵循由上到下的原则。

（6）不要在阳光直射下洗车，以免水珠产生透镜效果。

（7）不要在严寒环境中洗车，以防水滴在车身上结冰，造成漆层破裂。

（8）洗完车后须用专用擦车巾擦干，使其不擦伤漆面。抹干时，也应遵循由上到下的原则，不要用力擦拭。

（9）发现车身附着灰尘或杂质时，应及时清除，以免玷污漆面。其他附着物如鸟粪

（尤其是几天后干燥的鸟粪），对此类会腐蚀车漆的附着物，应先用水将其软化，再用专用的清洗剂将其清洗掉。

3 操作步骤

1）泡沫机泡沫的兑制与设备连接

（1）拧开加注口阀门，如图 5-1 所示。

注意：泡沫机内有残留气压时应缓慢打开，防止泄压而产生的气流噪声过大。

（2）向泡沫机加注口加注目标水位的 50% 自来水。图 5-2 为加注自来水。

提示：目标水位可以根据自己需要的量选定。

图 5-1　拧开加注口阀门

图 5-2　加注自来水

（3）向泡沫机加注口加注一定比例的汽车泡沫清洗液如图 5-3 所示。

提示：本产品对水稀释比为 1∶100～1∶180。具体根据洗车清洗液的说明配比。

（4）向泡沫机加注口加注目标液位剩余的 50% 自来水，并关闭加注口阀门。使洗车清洗液夹在上、下层水之间。这样使喷出来的泡沫从开始到结束都丰富稳定。图 5-4 为加注剩余的自来水。

图 5-3　加注汽车清洁液

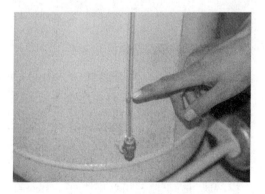

图 5-4　加注剩余的自来水

（5）连接泡沫机的气压管路，如图 5-5 所示。

（6）打开阀门，用气压调节旋钮调节泡沫机中的气压，使气压控制在 0.2～0.4MPa 之间。图 5-6 为调节气压。

图 5-5　连接气压管路

图 5-6　调节气压

2）起动高压洗车机

（1）将洗车机吸水管放入储水器底部。防止吸水过程中，吸水管露出水面而吸入空气，如图 5-7 所示。

提示：操作过程中应时刻注意储水器的水位，不够时应补充。

（2）接上电源，按下洗车机黑色"ON"起动按钮，待洗车机平稳运转。图 5-8 为起动高压洗车机。

提示：红色"OFF"为洗车机电源关闭按钮，在冲洗过后应及时关闭，以免机器长时间空转。

图 5-7　放入吸水管

图 5-8　起动高压洗车机

3）冲车（冲洗灰尘、泥沙等污物）

用高压水冲去车身表面的污物，主要包括灰尘和泥沙。

冲洗的流程一般为车顶→前风窗玻璃→发动机舱盖→车身前侧面→前轮挡泥板凹缘及减振器→前轮胎及轮辐→车身后侧面→后轮挡泥板凹缘及减振器→后轮胎及轮辐→后风窗玻璃→行李舱盖→后保险杠→前保险杠→车身的另一侧。

冲洗过程中应始终从一个方向至另一边的斜下方冲洗，不要正向或反向来回冲洗，以免泥沙又回到已冲洗好的地方。车身下部、底部、车门框下部、前后保险杠与车身连接处等部位容易藏污纳垢，要重点清洗。冲洗完成，应确保无砂粒和泥土。图 5-9 为冲洗车辆。

a)

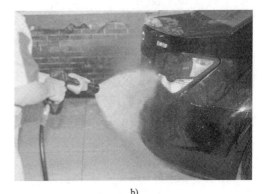
b)

图 5-9　冲洗车辆

4）喷泡沫清洗液

（1）开启泡沫机控制开关一和二，如图 5-10 所示。

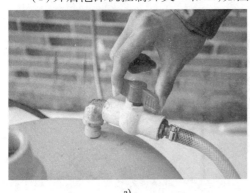
a)

b)

图 5-10　开启泡沫机开关

（2）向全车均匀喷洒泡沫洗车液，待每个位置都有泡沫覆盖后关闭开关。喷洒后等待一会儿，使泡沫与污垢融合，便于清洁。图 5-11 为喷洒泡沫洗车液。

5）擦洗

手持擦车海绵，按照从上到下的顺序擦洗全车车身，应注意全车每个角落都要认真进行擦洗，包括全车漆面、玻璃及装饰件。图 5-12 为擦洗车辆。

注意：车身有些冲洗不掉的附着物，不可用力猛擦，以免损坏漆面。对于焦油、沥青等顽固污渍，应在车身擦干后使用专用清洁剂清洗。擦洗过程中要多清洗海绵，防止砂粒擦伤车漆。

6）冲洗泡沫

擦洗完毕之后，再次用高压水冲去车身表面的泡沫和污物，顺序同第一次冲车一样，此处不再详细介绍。图 5-13 为冲洗泡沫。

图 5-11　喷洒泡沫洗车液

a)　　　　　　　　　　　　　　　　　　b)

图 5-12　擦洗车辆

注意：用洗车液洗车后，一定要冲洗干净，否则残留的洗车液将会渗入烤漆车表，造成污点。灰尘等附着物与水结合酸化之后容易腐蚀漆面。因此，车身与边框的间隙及各个结合处，后视镜与车门的连接缝隙等都要仔细冲洗。

a)　　　　　　　　　　　　　　　　　　b)

图 5-13　冲洗泡沫

7）干燥处理

两人站在车身两旁，用一块大毛巾从车前向车后沿车身拖动，吸干车身上的一部分水分，将大毛巾翻一面再反向操作一次。然后用小毛巾将整个车从前至后、从上到下擦一遍，擦拭之后应无水痕且十分干净。图 5-14 为干燥处理。

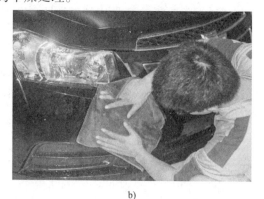

a)　　　　　　　　　　　　　　　　　　b)

图 5-14　干燥处理

8)检查验车

验车时,应特别注意洗车工序中容易遗漏的部位,出现遗漏时应进行补擦,如发动机舱盖边缘、车身边缘内侧、车门把手内侧、行李舱边缘内侧、后视镜等部位。对局部有焦油和沥青等顽固污渍部位用专用清洗剂进行喷洗,待沥青污渍溶解后用擦车巾擦干即可。图 5-15 为检查验车。

a) b)

图 5-15 检查验车

(二)汽车内部清洗

1 准备工作

(1)将实训车辆平稳停放在实训区域。

(2)检查实训室的通风及防火系统设备工作是否正常。

(3)准备毛巾海绵、专用吸尘器、内饰专用清洁剂、泡沫清洁剂、玻璃清洁剂、板刷等教学用具。

2 技术要求与注意事项

(1)使用合适的清洁剂。清洁汽车不同材质的内饰部件时,最好使用专用于该物件或最相称的清洁剂,如用玻璃清洁剂清洗车窗玻璃的内侧、镜子等,用化纤制品清洁剂清洗丝绒纤维制成的座套、地毯等。

(2)对不熟悉的产品应先试用。对于首次使用的清洁剂,应先在待清洗部位不显眼处进行测试。如使用皮革清洁剂清洗内饰皮革时,先在不显眼的地方小面积使用,如座椅底部或背面等,以防褪色或有其他损害。

(3)车饰件上有特殊的污渍,如焦油、油漆、机油等时,不可用力擦洗,应选用专用清洁剂进行润湿。清洁作业时,喷上清洁剂稍等片刻后进行擦拭。擦拭方向要求后期只能单向运动,以便保持光线漫射面一致。如有需要,可对较难干燥的饰件进行烘干处理,防止发霉。

(4)切勿随意混合或加热使用内饰清洁用品,不同的内饰清洁用品混合后可能产生有害物质,而某些化学成分混合后可能会释放有毒气体。将清洁剂加温,如放入蒸汽清洗机内使用,也会产生有害气体。因此除产品包装上注明特别的混合比例或配合机械的使用方法,否则切勿随意混合或加热使用内饰清洁用品,以免发生化学反应,产生有害物质。

(5)使用吸尘器时一定要注意安全,机体尽量靠近人体,既安全又方便工作,特别注意避免吸尘器或管带碰擦车身,同时要注意防止吸头吸入车内的其他东西。

❸ 操作步骤

1)打开车门并整理

取出脚垫待清洁,整理车厢内的杂物并将大型垃圾或物品取出,如图5-16所示。

a)   b)

图5-16　打开车门并整理

2)吸尘

选择合适的吸尘器头,用吸尘器按由上而下的顺序对车厢各角落进行吸尘处理,包括车顶、前窗台、前仪表板、烟灰缸、后窗台、车门杂物箱、座椅、地毯等。其中地毯及座椅的吸尘为重点部位,如图5-17所示。

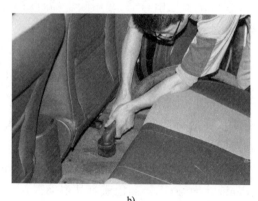

a)   b)

图5-17　吸尘

3)车内篷壁的清洗

首先检查顶棚受污情况,使用中性清洁剂对受污区域均匀雾喷清洗剂,等污垢软化后用海绵或干净半湿软布进行擦拭,遇有较重污渍时可用专用清洁剂进行清洁,清洗时从污垢边缘向中心擦拭,污渍清洁干净后用另一块干净软布顺着绒毛方向抹平,吸干水分使其恢复原样。图5-18为车内篷壁的清洗。

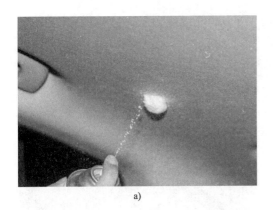 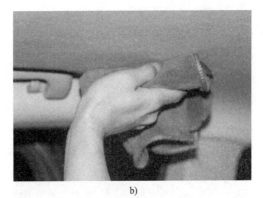

a) b)

图5-18 车内篷壁的清洗

4) A、B、C柱的清洗

检查A柱受污情况,使用中性清洁剂或泡沫清洁剂喷于受污处,等污垢软化后用干净的抹布擦拭即可。如遇不易清洁的污垢,可用海绵轻轻刷洗,最后用干净的毛巾进行擦干处理。B、C柱的清洁同A柱清洁方法一样。图5-19为A、B、C柱的清洗。

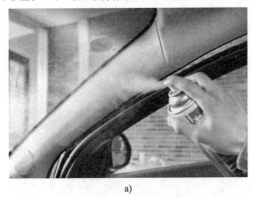 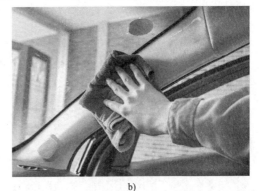

a) b)

图5-19 A、B、C柱的清洗

5) 车内仪表台的清洗

将专用清洁剂喷于干净软布上,用软布轻轻擦拭仪表台各处,并用干净软布或棉签清洁空调风道口、转向盘等不易擦拭部位的污渍。图5-20为车内仪表台的清洗,空调通风口的清洁如图5-21所示。

图5-20 车内仪表台的清洗 图5-21 空调通风口的清洁

注意：不能直接用清洁剂雾喷于仪表上，防止元件设备遇水损坏。

6）车内玻璃的清洗

对全车玻璃进行清洁，清洁时将专用玻璃清洗剂或泡沫清洁剂喷洒在软布上，再轻擦玻璃将油污灰尘擦拭干净，同时注意缝隙处灰尘的清除。最后用另一块干净的毛巾进行擦干处理，使玻璃光亮。图5-22为车内玻璃的清洗。

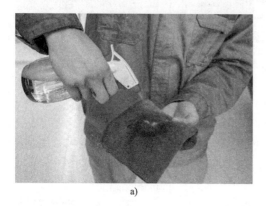
a)

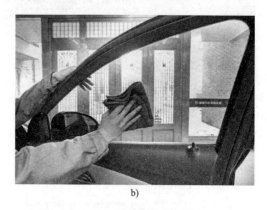
b)

图5-22　车内玻璃的清洗

7）车内后窗台的清洗

在后窗台上喷泡沫清洁剂或中性清洁剂，待污垢软化后用半湿的毛巾进行擦拭、吸干。有些车型后窗台上有音响，此时应避开。图5-23为车内后窗台的清洗。

a)

b)

图5-23　车内后窗台的清洗

8）车内车门板的清洗

清洁时用泡沫清洁剂或中性清洁剂雾喷于车门板上，但需避开开关按钮和音响喇叭系统，待污垢软化后用海绵或干净的毛巾进行擦拭、吸干。图5-24为车内车门板的清洗。

9）安全带的清洗

清洁时可选用泡沫清洁剂喷洒于安全带表面，然后用湿软布或板刷反复擦拭使其干净，然后用干净的毛巾进行擦干处理。清洗干净后必须待其干透后再卷带，防止在安全带卷缩器内发生霉变。图5-25为安全带的清洗。

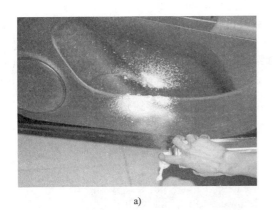 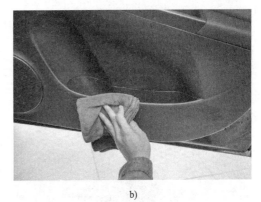

图 5-24　车内车门板的清洗

 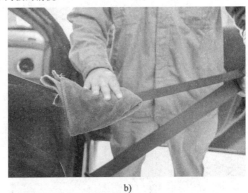

图 5-25　安全带的清洗

10）座椅的清洗

清洁时可用泡沫清洁剂雾喷于座位表面,待污垢软化后可用干净海绵或软布擦去污渍,然后用干净的毛巾进行干燥处理。如果是皮革座椅,可以再喷上皮革保护剂。图 5-26 为座椅的清洗。

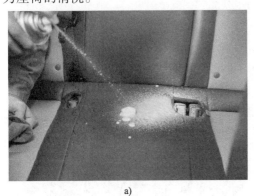 

图 5-26　座椅的清洗

11）地毯、脚垫的清洗

对地毯进行清洁时可以喷适量的泡沫清洁剂或中性清洁剂,然后用海绵进行擦拭,最后用干净的毛巾对地毯进行擦干处理。对有些自己安装的塑料脚垫或过脏的脚垫可以喷洒中性清洁剂,然后用高压水枪进行冲洗。图 5-27 为地毯、脚垫的清洗。

 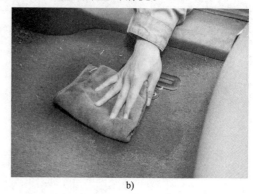

a)　　　　　　　　　　　　　　　　　　b)

图 5-27　地毯、脚垫的清洗

12) 行李舱的清洁

清洁时首先取出行李舱内的杂物,用吸尘器吸除地毯上的沙尘。然后均匀喷洒清洁剂于地毯上,用海绵或地毯刷刷洗,最后用毛巾进行擦拭吸干,直到干净为止。图 5-28 为行李舱的清洗。

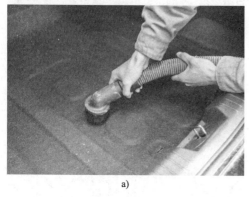 

a)　　　　　　　　　　　　　　　　　　b)

图 5-28　行李舱的清洗

13) 整理归位

将清洁干燥后的脚垫、物品等有序地摆放回车内。将平时不用的物品进行清理,使车辆干净整齐,同时也减轻车身质量。图 5-29 为整理归位。

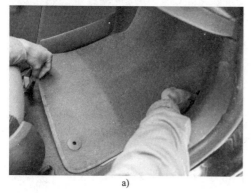 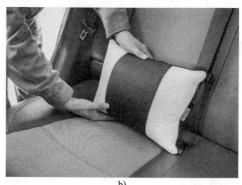

a)　　　　　　　　　　　　　　　　　　b)

图 5-29　整理归位

三 学习拓展

❶ 内饰桑拿

内饰桑拿可以起到杀菌、消毒、去除车内异味的功效,是内饰清洁美容中重要的环节。但是五六十摄氏度的蒸汽杀不死大多数的细菌,单纯的蒸汽也消除不了异味的根源,因此专业的桑拿必须借助于专业桑拿液来进行杀菌消毒。同时桑拿液可加速异味的挥发,铲除产生异味的根源——霉菌,使车内空气更加清新自然。

❷ 臭氧消毒

臭氧具有很强的氧化能力,对细菌、病毒等微生物杀灭率高、速度快,对有机化合物等污染物去除彻底。使用时,应关好车门车窗,保持车内良好密封效果,臭氧消毒机要求在相对湿度大于60%的条件下使用,一次开机消毒时间以多于半个小时为宜。

四 评价与反馈

❶ 自我评价

(1)通过本学习任务的学习你是否已经知道以下问题:
①汽车清洁剂的主要功用是什么? _____。
②汽车洗车工艺流程包括哪些内容? _____。
③如何清除车表顽固污渍? _____。
(2)实训过程完成情况如何?
_____。
(3)通过本学习任务的学习,你认为自己的知识和技能还有哪些欠缺?
_____。

签名:_____ ___年___月___日

❷ 小组评价

小组评价见表5-1。

小组评价表　　　　　　　　表5-1

序号	评价项目	评价情况
1	着装是否符合要求	
2	是否能合理规范地使用仪器和设备	
3	是否按照安全和规范的流程操作	
4	是否遵守学习、实训场地的规章制度	
5	是否能保持学习、实训场地清洁	
6	团结协作情况	

参与评价的同学签名:_____　　　___年___月___日

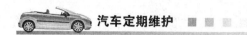

3 教师评价

_____

教师签名：_____　　　　　_____年____月____日

五 技能考核标准

技能考核标准见表5-2。

技能考核标准表　　　　　　　　　　　　　表5-2

序号	操作内容	规定分	评分标准	得分
1	泡沫液的兑制及泡沫机的连接	4	泡沫机气压调节不对扣2分，不会调节扣2分	
2	启动高压洗车机	4	高压洗车机不会操作扣4分	
3	冲洗车身	10	不按顺序操作扣3分，冲洗不到位每处扣1分，冲洗角度控制不对扣2分	
4	对车身各部位喷泡沫清洗液	10	喷洒不均匀扣2分，喷洒不到位每处扣1分，扣完为止	
5	对车身各部位进行擦洗	10	不按顺序操作扣3分，擦洗不到位每处扣1分，擦拭致使漆面损伤扣10分	
6	冲洗洗车泡沫	10	不按顺序操作扣3分，冲洗不到位每处扣1分，冲洗角度控制不对扣2分	
7	用毛巾擦拭车身水分	10	不按顺序操作扣3分，擦洗不到位每处扣1分，擦拭致使漆面损伤扣10分	
8	全车检查	10	有清洗遗漏的每处扣1分，沥青清洗不到位扣2分	
9	清理脚垫杂物	6	清理不到位扣3分，不做清理扣6分	
10	车内吸尘	6	不会使用吸尘器的扣3分，吸尘不到位有遗漏的每处扣1分	
11	清洗车内	10	清洗总体不干净扣5分，有清洗遗漏的每处扣2分，不按操作要求清洗的扣3分	
12	整理归位	6	归位后不整齐的扣3分，未做整理扣6分	
13	清洁恢复整理工具	4	未进行清洁的每次扣1分，未整理工具的每次扣1分	
总　分		100		

学习任务6 汽车漆面维护

 学习目标

 知识目标

1. 了解汽车漆面维护的相关知识;
2. 了解汽车漆面维护工艺流程;
3. 掌握汽车漆面维护的注意事项。

★ 技能目标

1. 掌握汽车漆面维护工具的正确使用方法;
2. 掌握汽车漆面维护施工的具体操作方法。

★ 建议课时

6课时。

 任务描述

汽车在使用过程中,绝大多数时间处于露天环境中,由于自然侵蚀和人为因素,导致漆面出现变色、老化和微浅划痕等现象。汽车通过抛光、打蜡等美容作业,既可预防上述现象的发生,还可对变异后的漆面采取必要的补救措施。若不进行必要的护理或护理不当,表面涂层会过早损坏,这不仅影响车容,还会诱发锈蚀和损伤,甚至导致车壳腐烂。一辆汽车特别是轿车,若钣金及漆面不好,即使发动机状况再好,也无法保证车辆的使用寿命,这大大降低了汽车的使用价值。因此,汽车漆面的维护作业显得十分重要。汽车漆面维护的主要内容包括研磨抛光和车漆打蜡护理。

(1)研磨抛光:包括汽车外部的清洗、车漆开蜡、封边保护、研磨材料确定、研磨及抛光等作业。

(2)车漆打蜡护理:包括清洗、干燥处理、上蜡及抛光提亮等作业。

一 理论知识准备

(1)漆面研磨的目的:修整划痕,去除氧化膜、网纹及除去无法清洗掉的污渍,使汽车漆膜表面相对平整光滑。研磨应选用研磨剂,该剂颗粒较大,可将车身表面不平漆面或粗粒磨去,使车身表面漆膜平滑细腻,但会使漆层变薄。

(2)漆面抛光原理:由于抛光是在抛光盘、抛光蜡及漆面之间进行的,它们相互摩擦会产生静电,同时也产生热量。热量促使漆膜变软,"毛细孔"扩张,在静电的作用下,孔内的脏物被吸出。抛光盘又将漆面的氧化层磨掉,并将轻微划痕拉平填满。抛光蜡中的一些有效成分融于车身漆面,发生还原反应,使车身漆面清洁如新、光滑亮丽。

(3)抛光蜡也是一种研磨蜡,是一种含颗粒更细的研磨蜡。它可以去除漆面上更细小的划痕及研磨后所遗留的研磨痕等,使漆面达到光洁如镜的效果。

(4)漆面失光的原因:主要有日常维护不当(洗车不当、擦车不当、不注重日常打蜡保护、暴露环境恶劣)、透视效应和自然老化三大类。

(5)汽车车蜡的作用:汽车车蜡能有效地保护漆面,保持亮丽光彩。它的作用主要有防水、防高温、防静电、防紫外线、上光和研磨抛光作用。

二 任务实施

(一)漆面的研磨与抛光

❶ 准备工作

(1)将实训车辆平稳停放在实训区域。

(2)检查实训室的通风及防火系统设备工作是否正常。

(3)准备研磨抛光机、研磨抛光蜡、毛巾、打蜡海绵、封边胶带、遮蔽纸、开蜡水等教学用具。

❷ 技术要求与注意事项

(1)在进行研磨抛光施工前,必须对车辆外表进行清洁和开蜡处理。

(2)应选择无风沙的地方进行,最好选择室内。

(3)研磨抛光蜡涂抹面积要适当,既要便于清洁操作,又要避免未及时抛光出现干燥现象。

(4)研磨抛光时要掌握好施加压力和移动速度,棱角处抛光要轻,来回速度要快。

(5)研磨抛光时若温度过高应及时喷洒雾状清水,防止因温度过高造成漆面的损伤。

(6)欧美汽车的面漆涂层一般较厚,而日本、韩国及国产车辆面漆涂层一般较薄。在抛光时要注意把握好力度,千万不要抛露面漆。

(7)抛光作业可以手工完成,在手工抛光时应注意抛光运动路线,不可乱抛,应以车身外形直线抛光。研磨抛光作业是漆面划痕处理的核心技术,研磨、抛光剂的选择、用量、研磨抛光机的正确使用,以及研磨抛光程度的鉴定等事宜要在操作实践中不断探索、总结,以提高自身的技术水平。

❸ 操作步骤

1)汽车外部的清洗

对车身表面进行彻底清洗,去除车身各部位灰尘、泥沙、油污及脏点,避免在研磨抛过程中造成车漆意外的伤害。具体操作见学习任务5中的"(一)汽车外部清洗"。

2)车漆开蜡

选用专用开蜡水对车漆表面进行开蜡操作。将开蜡水均匀地喷洒在车漆表面,使原有车蜡与开蜡水充分融合,使蜡质层彻底分解;然后用洗车海绵对车漆进行全面擦拭,确保开蜡均匀、彻底;最后进行擦干清洁处理即可。有些开蜡水在擦拭后需用清水冲洗,再进行干燥处理。图6-1为喷洒开蜡水,图6-2为全面擦拭。

图6-1　喷洒开蜡水

图6-2　全面擦拭

3)封边保护

用封边胶布将漆面上的橡胶条、塑料件及装饰件封住,用遮蔽纸把前后风窗玻璃下半部分盖住。这样有效防止了抛光机在使用过程中把橡胶条或塑料胶条磨花,防止研磨蜡飞溅到玻璃上,方便事后的清洁、整理。图6-3为封边保护。

a)

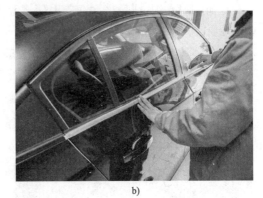
b)

图6-3　封边保护

4)确定研磨材料

首先用手对汽车漆面进行触摸,根据汽车漆面的粗糙程度来判断漆面的氧化状况,从而来选用研磨材料。图6-4为判断氧化状况,图6-5为选用研磨材料。

5)调节研磨机

按下按钮,将清洁润湿后的羊毛盘空转5s将多余水分甩净,调整研磨机转速到1500~2500r/min。图6-6为甩净多余水分,图6-7为调节研磨机转速。

汽车定期维护

图6-4 判断氧化状况

图6-5 选用研磨材料

图6-6 甩净多余水分

图6-7 调节研磨机转速

6）涂抹研磨蜡

把研磨蜡摇匀,适量挤涂在羊毛研磨盘上,用手在羊毛上抹均匀,最后用研磨盘在漆面上涂抹均匀。图6-8为涂抹研磨蜡。

提示：有时也可以直接将适量的研磨蜡挤在车漆上,用研磨羊毛盘将蜡涂抹均匀。

a)

b)

图6-8 涂抹研磨蜡

7）漆面机器研磨

启动研磨机,沿车身方向直线来回移动研磨部位。研磨顺序一般按右车顶→发动机罩→右前翼子板→右前、后车门→右后翼子板→行李舱盖的顺序研磨右半车身。按相同顺序研磨左半车身,最后研磨前后保险杠。图6-9为漆面机器研磨。

注意:研磨盘经过的长条轨迹之间应覆盖1/3以上,不漏大面积漆。根据情况添加研磨蜡。在研磨时应控制好温度,当温度升高时对研磨的漆面进行雾喷清水降温。

a) b)

图6-9 漆面机器研磨

8) 漆面手工研磨

对车身边角不宜使用研磨机的位置,采用手工方法研磨。用车蜡海绵沾研磨剂研磨,使整个车身有漆面的地方全部研磨到位,包括喷漆的保险杠。图6-10为漆面手工研磨。

注意:边角、棱角,不要用力研磨,因为这些地方漆膜较薄,海绵接触面小,易磨穿油漆。

a) b)

图6-10 漆面手工研磨

9) 清洁车身

用干净的毛巾将车身上研磨时所留下的研磨痕及多余的研磨剂进行清洁。如有干燥的研磨剂,可以用毛巾蘸水拧干后擦拭。图6-11为清洁车身。

10) 抛光镜面处理

研磨后应选用抛光蜡进行全车抛光,使漆面达到镜面效果。抛光方法及顺序与上述漆面研磨基本相同,包括机器抛光和手工抛光。但不同的是所用的材料及配合使用的抛光盘有所不同,抛光时一般采用海绵盘,海绵的粗细程度按照要求选择。漆面抛光后,用干净的毛巾将整车清洁干净,此处不再详细介绍。图6-12为抛光镜面处理,图6-13为整车清洁。

汽车定期维护

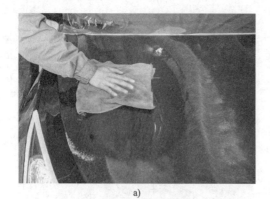

a) b)

图6-11 清洁车身

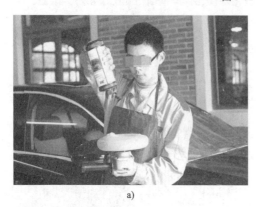

a) b)

图6-12 抛光镜面处理

(二)漆面的打蜡

1 准备工作

(1)将实训车辆平稳停放在实训区域。

图6-13 整车清洁

(2)检查实训室的通风及防火系统设备工作是否正常。

(3)准备车蜡、打蜡海绵、毛巾等教学用具。

2 技术要求与注意事项

(1)打蜡时一定要擦干车身,不能有水,否则会影响打蜡效果。

(2)打蜡作业的环境要清洁,避免在风沙较大的环境下进行,最好在室内进行。

(3)车身打蜡时,不可在太阳下施工,应在阴凉处进行,否则车表温度高,车蜡的附着能力就会降低,影响打蜡的效果。

(4)打蜡时应遵循先上后下的原则,即先涂抹车顶,然后车身侧面,再前后盖板等。

（5）打蜡时，手工海绵或打蜡机海绵应做直线往复运动，不宜做环形涂抹，防止由于涂层不均造成强烈的环状漫射。

（6）不要往车窗和风窗玻璃上涂蜡，否则玻璃上会形成一层油，不易擦干净，影响视线。

（7）打蜡后未经抛光的汽车不允许上路行驶，否则灰尘黏附再进行抛光容易造成漆面的划伤。

（8）抛光结束，应对全车仔细检查，及时清除残蜡，特别是车灯、车牌、玻璃及门缝处。

❸ 操作步骤

1）清洗

按照车身清洗操作工艺来处理，对于有残蜡的车，为了保证打蜡的效果，打蜡前对汽车必须进行彻底的开蜡清洗，去除原有的车蜡和各种污垢。如果漆面有褪色和氧化情况，必须先进行清除，然后再上蜡，确保打蜡的效果。具体操作步骤见学习任务5中的"（一）汽车外部清洗"和学习任务6中的"（一）漆面的研磨与抛光"。

2）擦干

打蜡前必须把车身上的水渍擦拭干净，否则就会影响打蜡的效果。如有条件可用吹尘枪对车漆表面及缝隙处进行干燥处理。如刚进行完研磨抛光工序，可以直接上蜡，省去步骤1）和步骤2）。

3）用海绵蘸取适量车蜡

注意不要蘸取过多的蜡，否则会涂蜡过厚。蜡层越厚，车漆越难吸收，也不易干燥，同时也增加了车蜡的清洁作业强度。图6-14为蘸取车蜡。

4）上蜡

大拇指和小指夹住上蜡海绵，以掌心微微贴住海绵，其余手指按住海绵，控制好上蜡的力度，必须做到均匀，如图6-15所示。

图6-14 蘸取车蜡

图6-15 上蜡

按照一定的顺序往复直线涂抹车蜡，一般为车顶→右前翼子板→右前、后车门→右后翼子板→行李舱盖→后保险杠→发动机舱盖→前保险杠，最后按照右边的方式涂抹左侧车身，如果两人配合效果更好。

注意：每道涂抹最好重叠1/4左右。每次涂抹的面积不要过大，可以分块进行，尽量做到薄而均匀。若是行驶过的车辆，发动机舱盖尽可能的后打蜡，防止车漆表面温度过高。

5）抛光提亮

用手背感觉车蜡的干燥程度，没有黏手感时可对车蜡进行抛光。图6-16为检查干燥程度，图6-17为抛光提亮。

图6-16 检查干燥程度

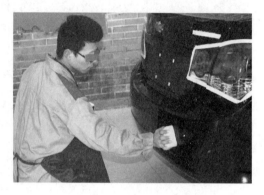

图6-17 抛光提亮

提示：一般上蜡后5～10min蜡面开始发白。时间越久，车蜡越难抛光。故上蜡与抛光应控制好时间，分块进行操作，以免蜡层过干，处理困难。抛光提亮时遵循先上蜡的地方先抛光的原则，用干净的毛巾或用抛光机进行抛光。通过挤压、擦拭形成蜡膜，最后清除剩余的残蜡，漆面抛光至镜面般光亮效果为止。此处以手工抛光作为介绍。

6）修饰

检查全车，查看有无遗漏的地方，必要时进行修饰。如果上蜡不均匀，将产生反光现象，可用干净的软布轻轻地擦匀。图6-18为修饰。

图6-18 修饰

三 学习拓展

1 车身封釉

釉是一种从石油副产品中提炼出来的抗氧化剂，其特点有防酸、防腐蚀、耐高温、耐磨、耐水洗、渗透力强、附着力强、光泽度高等。

封釉就是用柔软的羊毛或海绵通过振抛机的高速振动和摩擦，利用釉特有的渗透性和黏附性，把釉分子强力渗透到汽车表面、油漆的缝隙中去。封釉后的车身漆面亮度能够达到甚至超过原车漆效果，使旧车更新、新车更亮，并同时具备抗高温、密封、抗氧化、增光、耐水洗、抗腐蚀等特点,还为以后的汽车美容、烤漆、翻新奠定了基础。封釉是打蜡的替代品,一般封釉后半年内不需要打蜡。

❷ 车身镀膜

保护膜采用氧化原料及稳定的合成方式,以透明膜的形式覆盖在漆面,可以降低外力对漆面所造成的损伤。

镀膜操作工艺较为复杂,一般需要先对漆面氧化层进行研磨抛光处理,使其达到车漆的镜面效果,然后用专用的镀膜工具进行手工操作镀膜,减少对车漆的伤害。

四 评价与反馈

❶ 自我评价

(1)通过本学习任务的学习你是否已经知道以下问题:
①是否掌握汽车漆面维护的相关知识?_____。
②汽车漆面维护工艺流程包括哪些内容?_____。
③汽车漆面维护的注意事项有哪些?_____。
(2)实训过程完成情况如何?
_____。
(3)通过本学习任务的学习,你认为自己的知识和技能还有哪些欠缺?
_____。

     签名:_____ ____年___月___日

❷ 小组评价

小组评价见表6-1。

小组评价表 表6-1

序号	评价项目	评价情况
1	着装是否符合要求	
2	是否能合理规范地使用仪器和设备	
3	是否按照安全和规范的流程操作	
4	是否遵守学习、实训场地的规章制度	
5	是否能保持学习、实训场地清洁	
6	团结协作情况	

参与评价的同学签名:_____ ____年___月___日

❸ 教师评价

_____
_____。

     教师签名:_____ ____年___月___日

五 技能考核标准

技能考核标准见表6-2。

技能考核标准表 表6-2

序号	操作内容	规定分	评分标准	得分
1	清洗汽车外部	4	清洗不干净扣2分,有车漆损坏扣2分	
2	车漆开蜡	6	开蜡水喷洒不均匀扣2分,未按照开蜡步骤操作扣3分,未做开蜡扣6分	
3	封边保护	10	未做封边保护扣10分,封边保护处理有瑕疵每处扣2分	
4	机器研磨	10	有研磨遗漏的每处扣1分,不会使用研磨机扣3分,未按研磨顺序操作扣3分,研磨时漆面出现磨穿现象扣5分	
5	手工研磨	10	有研磨遗漏的每处扣1分,致使漆面损伤每处扣3分	
6	清洁车身	6	清洁不干净,有遗漏每处扣1分,未做清洁扣6分	
7	抛光	10	有抛光遗漏的每处扣1分,不会使用抛光机扣3分,未按抛光顺序操作扣3分,抛光时漆面出现磨穿现象扣5分	
8	抛光后清洁	10	清洁不干净,有遗漏每处扣1分,未做清洁扣10分	
9	车漆上蜡	16	车漆上蜡操作错误扣2分,上蜡顺序错误扣2分,上蜡不均匀扣2分,上蜡没有压1/3以上扣2分,涂抹到车漆以外的部位每处扣2分	
10	抛光提亮	10	抛光提亮时间不对扣2分,抛光提亮有遗漏的每处扣2分,损坏漆面的扣5分	
11	修饰	4	出现还有未操作过的扣2分,出现环状漫射的扣2分	
12	清洁恢复整理工具	4	未进行清洁的每次扣2分,未整理工具的每次扣2分	
总 分		100		

学习任务7 车辆仪表指示的认知与空调的使用和检查

学习目标

★ 知识目标

1. 了解车辆仪表盘内各指示灯的作用;
2. 了解空调的日常检查方法。

★ 技能目标

1. 能准确判断汽车仪表盘各指示灯是否正常;
2. 能熟练掌握汽车空调的使用与检查。

建议课时

4课时。

任务描述

车辆仪表盘部位的认知与空调的使用和检查项目的内容主要包括:

(1) 车辆仪表盘指示:发动机故障指示灯、充电指示灯、安全气囊指示灯、机油压力指示灯、电动助力转向指示灯、驻车制动器指示灯、ABS故障指示灯、车辆维护提示指示灯、车门开启指示灯、冷却液温度表、燃油量指示表。

(2) 汽车空调的使用和检查:制冷装置操作、暖风装置操作、后风窗玻璃除雾操作、鼓风机风速调节、风向调节开关。

本任务中车辆仪表盘指示灯为认知项目,汽车空调的使用和检查为操作项目。

一 理论知识准备

(1) 仪表指示灯一般有黄色和红色之分。黄色灯一般代表警告,当出现黄色灯时表示车辆可以继续行驶,请尽快到维修店进行检测维修;红色灯一般代表禁止,当出现红色灯时表示车辆不能够继续行驶,以免发生危险。

(2) 空调系统组成一般由制冷系统、暖风系统、通风系统、控制系统、空气净化系统五大部分组成。

（3）空调制冷系统是依靠制冷剂以不同的状态在密闭系统内循环流动,通过空调系统的压缩机、冷凝器、膨胀装置及膨胀阀等相关部件将制冷剂进行压缩、放热、节流、吸热等过程,将周围的空气冷却,然后通过鼓风机吹出的冷风吹向车厢。而空调暖风系统是利用发动机冷却液的热量,将周围的空气加热,然后通过鼓风机吹出的热风吹向车厢。因此,在进行暖风系统工作时需要将车辆预热到发动机正常工作温度。

（4）在前后风窗玻璃除雾功能上,两者有本质的区别。前风窗玻璃是通过空调系统的除雾功能,通过冷热风吹向风窗玻璃,使玻璃上的雾气散去。而后风窗玻璃是通过黏附在玻璃上的加热丝加热,玻璃的温度升高,使玻璃上的雾气散去。

二 任务实施

❶ 准备工作

（1）将实训车辆平稳停放在实训区域。

（2）检查实训室的通风及防火系统设备工作是否正常。

（3）确保蓄电池电量充足并将车辆预热到正常工作温度。

❷ 技术要求与注意事项

（1）当充电指示灯出现常亮时,应停止使用用电设备,以免蓄电池因电量不足造成车辆无法正常工作。

（2）当机油压力指示灯点亮时应停机,防止发动机因机油压力不足而损坏发动机。

（3）当发动机运行中燃油指示表明显降低,应考虑是否有管路破裂出现漏油现象。

（4）当发动机运行中发动机冷却液温度过高,指示红色区域,应马上停车熄火,防止因水温过高而使发动机损坏。

（5）在操作空调时应注意将汽车停在空旷通风场合,严禁长时间在通气不畅或封闭的空间内使用。

（6）在空调进行暖风系统工作时,需要将车辆预热到发动机正常工作温度,同时关闭A/C空调开关,避免压缩机工作。

❸ 操作步骤

1）发动机故障指示灯

该指示灯用来表示发动机电控系统的工作状态。当打开点火开关,车辆开始自检,该指示灯点亮,发动机起动后自动熄灭。如果起动后发动机故障指示灯常亮,说明发动机电控系统出现故障。图7-1为发动机故障指示灯。

注意:如果发动机故障指示灯出现常亮,发动机各方面性能就会降低。驾驶员需及时去修理厂进行维修。

2）充电指示灯

该指示灯用来显示蓄电池使用情况。当打开点火开关,车辆开始自检,该指示灯点亮,数秒后或发动机运行后自动熄灭。汽车发电机在发动机的带动下开始向蓄电池充电。如果起动后指示灯常亮,说明该充电电路出现了问题。图7-2为充电指示灯。

注意：当充电指示灯出现常亮时，应及时去汽修厂进行修理，以免车辆因蓄电池电量不足而无法正常工作。其他车型一般自检后不会熄灭，只有发动机运行后才会熄灭。

图 7-1 发动机故障指示灯

图 7-2 充电指示灯

3）安全气囊指示灯

该指示灯用来显示安全气囊的工作状态。当打开点火开关，车辆开始自检，该指示灯自动点亮数秒后熄灭，如果常亮，则安全气囊系统出现故障。图 7-3 为安全气囊指示灯。

注意：当车辆出现安全气囊指示灯常亮时，应及时去维修厂进行维修。

4）机油压力报警灯

该指示灯用来表示发动机机油压力。当打开点火开关，指示灯点亮，当起动发动机，该机油报警指示灯熄灭。如果常亮，则说明机油压力不足。图 7-4 为机油压力报警灯。

注意：在汽车行驶过程中，如果该指示灯点亮，则驾驶员应该靠边熄火停车，等待救援。

图 7-3 安全气囊指示灯

图 7-4 机油压力报警灯

5）电动助力转向故障指示灯

该指示灯用来表示电动助力转向系统的工作状态。当打开点火开关，车辆开始自检，该指示灯自动点亮数秒后熄灭。如果常亮，则电动助力转向系统出现故障。图 7-5 为电动助力转向故障指示灯。

注意：当车辆行驶过程中出现电动助力转向故障指示灯点亮时，则说明该车助力转向系统出现故障，此时驾驶员应小心驾驶，及时去维修厂进行维修。

6）驻车制动器指示灯

驻车制动器指示灯表示驻车制动处于制动状态。如果解除驻车制动时,此指示灯常亮,则说明该驻车制动系统出现故障。图 7-6 为驻车制动器指示灯。

注意:当车辆行驶过程中该指示灯出现常亮时,首先应辨别是故障原因还是驻车制动处于制动状态。将车辆处于怠速运行状态,如果车辆能正常前行,则说明系统处于故障。

图 7-5　电动助力转向故障指示灯

图 7-6　驻车制动器指示灯

7）ABS 故障指示灯

该指示灯用来表示车辆防抱死系统工作状态。当打开点火开关,车辆开始自检,该指示灯自动点亮数秒后熄灭,如果常亮,则防抱死系统出现故障。图 7-7 为 ABS 故障指示灯。

注意:在车辆行驶过程中出现该故障指示灯点亮时,驾驶员应注意安全驾驶,特别是雨雪天行驶时应该特别小心,防止车轮抱死出现失控状态。

8）车辆维护提示指示灯

该指示灯用来提醒驾驶员需对车辆进行维护。当打开点火开关,车辆开始自检,该指示灯自动点亮数秒后熄灭,如果常亮,则车辆需要做维护。图 7-8 为车辆维护提示指示灯。

注意:当车辆维护提示指示灯点亮后,驾驶员应及时去维修厂进行维护。

图 7-7　ABS 故障指示灯　　　　　　　图 7-8　车辆维护提示指示灯

9）车门开启指示灯

该指示灯用来表示车辆车门及行李舱开闭状态,任意车门未关好,该指示灯都会点亮。当打开点火开关,车辆开始自检,该指示灯自动点亮数秒后熄灭,如果常亮,则说明车辆有车门或行李舱出现未关状态。图 7-9 为车门开启指示灯。

注意:当车辆行驶过程中车门开启指示灯点亮,应靠边停车,检查车门的关闭情况。

10)冷却液温度表

该指示表用来指示发动机冷却液温度。随着冷却液温度升高,该指示灯所指示的温度区域也升高。图7-10为冷却液温度表。

注意:当驾驶过程中应时刻注意发动机冷却液温度,如果温度过高,指针指向红色区域,应马上停车熄火,防止因水温过高而损坏发动机。

图7-9　车门开启指示灯

图7-10　冷却液温度表

11)燃油量指示表

该指示表用来表示油箱的储油量。当打开点火开关,车辆开始自检,数秒后该指示表的指针就会稳定在某一刻度,通过观察燃油表可以大体了解油箱的储油量并估算出续航里程。图7-11为燃油量指示表。

注意:当车辆在行驶过程中指示表明显降低,应考虑是否有管路破裂出现漏油现象。

12)风速调节检查

(1)将风向调节至迎面和地板模式,如图7-12所示。

(2)旋转风速调节开关至各个挡位,如图7-13所示。

图7-11　燃油量指示表

图7-12　迎面和地板模式

图7-13　风速调节

注意：此时出风口处应有明显的风速变化。

13）风向模式操作检查

（1）打开风速调节开关，选择适合的风速，如图7-14所示。

（2）转换各个风向模式（迎面和地板、地板、迎面、地板和前风窗玻璃），根据所选择的模式用手触摸各个风口。触摸的风口与选择的模式要相同，此时该模式下，风口应当有风。图7-15为转换风向模式。

注意：风向模式开关按下灯亮，各模式转换时速度不能过快。

图7-14　选择风速调节

图7-15　转换风向模式

14）前风窗玻璃除雾操作

（1）按下控制面板的前风窗玻璃除雾按钮，按钮灯点亮，如图7-16所示。

（2）打开风速调节旋钮，选择适合的风速，如图7-17所示。

图7-16　前风窗玻璃除雾开关

图7-17　风速调节开关

（3）等待数秒钟，用手接触前风窗玻璃，此时应当有风吹向前风窗玻璃。图7-18为检查出风口。

提示：前风窗玻璃除雾有两种模式，一种是按下此开关，另一种是选择出风模式"地板和前风窗玻璃"。

15）后风窗玻璃除雾操作检查

（1）按下控制面板的后风窗除雾按钮，按钮灯点亮。图7-19为后风窗除雾开关。

（2）等待数分钟，用手接触后风窗玻璃，此时应当有热感，如图7-20所示。

项目二 日常维护

图7-18 检查出风口

图7-19 后风窗除雾开关

16）制冷装置操作

（1）打开风速调节开关，选择适合自己的风速。图7-21为选择风速。

注意：正常情况下风速调节开关开启时，开关灯会点亮。

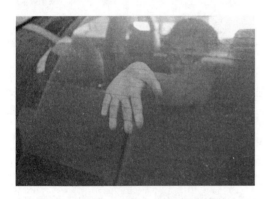

图7-20 检查后风窗玻璃

图7-21 选择风速

（2）选择出风模式（迎面和地板、地板、迎面、地板和前风窗玻璃），如图7-22所示。

注意：按下出风模式按钮时，此按钮灯将会点亮。

（3）将温度调节按钮逆时针调节至制冷状态区域（蓝色区域），旋转角度越大，空调运行后的制冷效果越强。图7-23为温度调节开关。

图7-22 选择出风模式

图7-23 温度调节开关

(4) 按下空调 A/C 开关,在所选出风口位置等待短暂时间后,会有明显凉风出现。图 7-24 为空调制冷模式。

(5) 根据车内状况选择内外循环模式,按下循环开关,若此时灯亮说明是内循环模式,反之为外循环模式。图 7-25 为选择循环模式。

提示:炎热夏天,开内循环效果较好。

图 7-24 空调制冷模式

图 7-25 选择循环模式

三 学习拓展

(1) 汽车空调按控制方式分类,一般有手动空调系统、半自动空调系统和全自动空调系统;按照温度可调区域分类,一般有单区空调系统、双区空调系统和四区空调系统。

(2) 汽车空调系统的驱动方式一般有非独立式和独立式两种。非独立式空调制冷压缩机由汽车本身的发动机驱动,汽车空调系统的制冷性能受汽车发动机工况的影响较大,工作稳定性较差,尤其是低速时制冷量不足,而在高速时制冷量过剩,并且消耗功率较大,影响发动机动力性,一般适用于中小型轿车。独立式空调制冷压缩机由专用的空调发动机驱动,故汽车空调系统的制冷性能不受汽车主发动机工况的影响,工作稳定,制冷量大。但由于加装了一台发动机,不仅成本增加,而且体积和质量增加,一般适用于大中型豪华客车。

(3) R12 制冷剂在常态常温下极易被压缩成液态,无色、无毒,但在发热下会分解成气体对大气和人体有害。R12 液态有极强的磨蚀性与渗透性,能够渗透到极小的间隙中,因此在空调系统中不能使用天然橡胶制品,R12 会导致橡胶变软,膨胀起泡。而 R134a 的物理特性与 R12 基本一样(包括分子量),但它的传热性能却远优于 R12,比 R12 的蒸发性高出 25%。在对大气臭氧的破坏程度上也远远优于 R12。在相容性上,R134a 本身与矿物油是不相容的,必须使用合成油。因此在现代的轿车上都使用 R134a 的制冷剂。

四 评价与反馈

1 自我评价

(1) 通过本学习任务的学习你是否已经知道以下问题:

①是否认识车辆仪表盘内各指示灯? _____。

②仪表盘各个指示灯分别代表什么意思？_____。
③如何正确使用汽车空调？_____。
(2)实训过程完成情况如何？

_____。

(3)通过本学习任务的学习,你认为自己的知识和技能还有哪些欠缺？

_____。

签名：_____　　　_____年____月____日

❷ 小组评价

小组评价见表7-1。

小组评价表　　　　　　　　　　　　　　　　表7-1

序号	评价项目	评价情况
1	着装是否符合要求	
2	是否能合理规范地使用仪器和设备	
3	是否按照安全和规范的流程操作	
4	是否遵守学习、实训场地的规章制度	
5	是否能保持学习、实训场地清洁	
6	团结协作情况	

参与评价的同学签名：_____　　　_____年____月____日

❸ 教师评价

_____

_____。

教师签名：_____　　　_____年____月____日

五 技能考核标准

技能考核标准见表7-2。

技能考核标准表　　　　　　　　　　　　　　　　表7-2

序号	操作内容	规定分	评分标准	得分
1	认知发动机故障指示灯	5	功能作用表述不清楚扣2分,不认识扣5分	
2	认知充电指示灯	5	功能作用表述不清楚扣2分,不认识扣5分	
3	认知安全气囊指示灯	5	功能作用表述不清楚扣2分,不认识扣5分	
4	认知机油压力报警灯	5	功能作用表述不清楚扣2分,不认识扣5分	
5	认知电动助力转向故障指示灯	5	功能作用表述不清楚扣2分,不认识扣5分	
6	认知驻车制动器指示灯	5	功能作用表述不清楚扣2分,不认识扣5分	
7	认知ABS指示灯	5	功能作用表述不清楚扣2分,不认识扣5分	
8	认知车门开启指示灯	5	功能作用表述不清楚扣2分,不认识扣5分	

续上表

序号	操作内容	规定分	评分标准	得分
9	认知冷却液温度表	5	功能作用表述不清楚扣2分,不认识扣5分	
10	认知燃油量指示表	5	功能作用表述不清楚扣2分,不认识扣5分	
11	认知发动机故障指示灯	5	功能作用表述不清楚扣2分,不认识扣5分	
12	前风窗玻璃除雾操作	5	未找到前风窗玻璃除雾开关的扣3分,未找到出风模式选择地板和前风窗玻璃的扣2分	
13	后风窗玻璃除雾操作	5	未找到后风窗玻璃除雾开关的扣3分,致使加热丝或天线损坏的扣2分	
14	打开风速调节开关	5	未打开风速调节开关扣3分,风速调节开关不认识扣2分	
15	选择出风模式	4	出风模式认识不全扣3分,出风模式不认识扣2分	
16	温度调节按钮	4	温度调节按钮区域选错扣3分,温度调节按钮不会操作扣2分	
17	打开风速调节开关	4	未打开风速调节开关扣3分,风速调节开关不认识扣2分	
18	选择出风模式	4	出风模式认识不全扣3分,出风模式不认识扣2分	
19	温度调节按钮	4	温度调节按钮区域选错扣3分,温度调节按钮不会操作扣2分	
20	按下空调A/C开关	5	未找到A/C开关扣5分	
21	暖风装置操作	5	发动机温度未到达正常工作温度扣3分,按下A/C开关的扣2分	
总分			100	

项目三　5000km维护

学习任务8　车辆维护项目准备

 学习目标

⭐ 知识目标

1. 了解车辆预检工作的重要性;
2. 了解三件套的安装方法及作用;
3. 学会判断发动机各工作介质是否充足。

⭐ 技能目标

1. 掌握汽车发动机机油的检查方法;
2. 能熟练安装车内三件套;
3. 熟练掌握预检工作中的各个检查与操作项目。

 建议课时

4课时。

 任务描述

车辆维护项目准备是整个汽车定期维护检查中的基础环节,十分关键。定期维护检查中的其他项目必须要先做好这些准备工作。

车辆维护项目准备的内容包括:

(1)驾驶员座椅:安装地板垫、安装座椅套、安装转向盘套、安装换挡杆套、拉起发动机舱盖释放杆。

(2)车辆前部:安装车轮挡块、安装尾气管、打开发动机舱盖、安装翼子板布、安装前格栅布。

(3)发动机室:检查喷洗器液面、检查发动机冷却液液位、检查发动机机油液位、检查制动液液位、拆除翼子板布、拆除前格栅布、关闭发动机舱盖等。

本任务中发动机室中的喷洗器液面、发动机冷却液液位、发动机机油液位、制动液液位为检查项目,其他项目为操作项目。

一 理论知识准备

(1)车内三件套的名称分别是:座椅套、地板垫、转向盘套。

(2)车内三件套分别放在:驾驶员座椅、驾驶员脚下、转向盘上。

(3)车内三件套的材料一般有塑料、布、皮。各自的优点是塑料物美价廉,成本低,使用方便;而布和皮制作的三件套可以反复利用,使用率高。缺点分别是塑料回收不方便,不环保;布料造价比较贵,使用起来不太方便,易脏不易洗;皮质易脏、易洗,但造价高。

(4)车轮挡块的作用是防止车辆由于误操作而产生移动,造成危害。

二 任务实施

❶ 准备工作

(1)将实训车辆平稳停放在实训区域。

(2)检查实训室的通风及防火系统设备工作是否正常。

(3)准备三件套、前格栅布和翼子板布、车轮挡块、工具等教学用具。

❷ 技术要求与注意事项

(1)在操作开始前,检查好所有的设备并准备好工具。

(2)安装车轮挡块时可以用举升机顶起部分车辆质量。

(3)三件套(地板垫、座椅套、转向盘套)和翼子板布、前格栅布的安装方法要正确。

(4)检查喷洗器液面、发动机冷却液液位、发动机机油液位、制动液液位时,液位要在规定的刻度线之间,而且检查动作要到位。

❸ 操作步骤

1)安装车轮挡块

主要是为了防止误操作造成车辆移动,发生安全事故。放置时紧贴轮胎外边缘,只要不影响车辆的举升和能保证车辆不会移动,前后轮都可以。图 8-1 为安装车轮挡块,图 8-2 为确认车轮挡块安装情况。

2)安装尾气管

调整好尾气管的位置,从吊钩处取下尾气管,用双手将尾气管插入到车辆的排气管中。图 8-3 为取下尾气管,图 8-4 为安装尾气管。

3)安装脚垫、座椅套、转向盘套

此项操作参照"PDI 项目检查"。

项目三 5000km维护

图8-1 安装车轮挡块

图8-2 确认车轮挡块安装情况

图8-3 取下尾气管

图8-4 安装尾气管

4)打开发动机舱盖

首先拉起位于转向盘左下侧的发动机舱盖释放杆,然后拨开发动机舱盖锁拉手,将发动机舱盖掀起来,用发动机舱盖撑杆把发动机舱盖支撑起来,要注意发动机舱盖支撑一定要安全牢固。图8-5为拉起发动机舱盖释放杆,图8-6为拨开发动机舱盖锁拉手,图8-7为支撑发动机舱盖。

图8-5 拉起发动机舱盖释放杆

图8-6 拨开发动机舱盖锁拉手

5)安装车外前格栅布、翼子板布

此项操作参照"PDI项目检查"。

6)发动机机油液位、冷却液液位、制动液液位、风窗洗涤液液位检查

图 8-7 支撑发动机舱盖

此项操作参照"PDI 项目检查"。

7）拆除翼子板布和前格栅布

此项操作参照"PDI 项目检查"。

8）关闭发动机舱盖

在收起发动机舱盖支撑杆时，如果比较紧，则可以轻轻上下摇动发动机舱盖，再将支撑杆拔出；从高处双手离开，向下关闭发动机舱盖时，会产生很大声音，同时有可能会损坏发动机舱盖；如果没有盖到位时可以用手轻压发动机舱盖，一定不要用过大力，以防止其变形。图 8-8 为取出支撑杆，图 8-9 为收起支撑杆，图 8-10 为关闭发动机舱盖，图 8-11 为轻压发动机舱盖。

图 8-8　取出支撑杆

图 8-9　收起支撑杆

图 8-10　关闭发动机舱盖

图 8-11　轻压发动机舱盖

三　学习拓展

1 使用适当质量等级的润滑油

对汽油发动机应根据进排气系统的附加装置和使用条件选用 SD—SF 级汽油机油；柴油发动机则要根据机械载荷选用 CB—CD 级柴油机油，选用标准以不低于生产厂家规定要求为准。

❷ 定期更换机油及滤芯

任何质量等级的润滑油在使用过程中油质都会发生变化。到一定里程之后,性能恶化,会给发动机带来种种问题。为了避免故障的发生,应结合使用条件定期换油,并使油量适中(一般靠近机油标尺上限为好)。机油从滤清器的细孔通过时,把油中的固体颗粒和黏稠物积存在滤清器中。如滤清器堵塞,机油不能通过滤芯时,会胀破滤芯或打开安全阀,从旁通阀通过,仍把脏物带回润滑部位,加速发动机磨损,内部的污染加剧。

四 评价与反馈

❶ 自我评价

(1)通过本学习任务的学习你是否已经知道以下问题:
①发动机各工作介质的检查方法?_____。
②车内三件套指的是什么?应该注意哪些问题?_____。
③关闭发动机舱盖时应注意哪些方面?_____。
(2)实训过程完成情况如何?
_____。
(3)通过本学习任务的学习,你认为自己的知识和技能还有哪些欠缺?
_____。

签名:_____　　　____年___月___日

❷ 小组评价

小组评价见表8-1。

小组评价表　　　　　　　　　　　　　　表8-1

序号	评价项目	评价情况
1	着装是否符合要求	
2	是否能合理规范地使用仪器和设备	
3	是否按照安全和规范的流程操作	
4	是否遵守学习、实训场地的规章制度	
5	是否能保持学习、实训场地清洁	
6	团结协作情况	

参与评价的同学签名:_____　　____年___月___日

❸ 教师评价

_____
_____。

教师签名:_____　　　____年___月___日

五 技能考核标准

技能考核标准见表8-2。

技能考核标准表　　　　　　　　　　　表8-2

序号	操作内容	规定分	评分标准	得分
1	安装地板垫	4	地板垫转向位置装错扣2分,未安装扣4分	
2	安装座椅套	4	铺放不到位未盖满扣2分,撕裂扣2分,未装扣4分	
3	安装转向盘套	4	转向盘套不到位扣2分,撕裂扣2分,未装扣4分	
4	拉起发动机舱盖释放杆	4	释放杆未一次拉起扣2分,未拉扣4分	
5	安装车轮挡块	4	任意轮前和轮后,要求必须和车轮外边缘平齐,不允许超过车轮,否则扣2分;如有其中一个挡块未安装扣4分	
6	安装尾气管	4	未双手安装扣2分,掉落扣2分,未安装扣4分	
7	打开发动机舱盖	8	锁扣没一次性打开扣4分,机盖支撑不牢固扣8分	
8	安装翼子板布	5	动作位置正确,安放可靠,不影响作业,否则扣2分	
9	安装前格栅布	5	动作位置正确,安放可靠,不影响作业,否则扣2分	
10	检查喷洗器液面	8	液位尺标线,要求标尺拉出到能看见标记状态,标尺拉出长度不够,无法看见液位尺标线扣2分;有液体滴落扣4分;未擦扣2分;读数错误扣4分	
11	检查发动机冷却液液位	8	用手摇晃冷液罐扣4分,读数错误扣4分	
12	检查发动机机油	8	有液体滴落扣4分,未擦扣4分,检查方法错误扣4分	
13	检查制动液液位	8	用手摇晃冷液罐扣4分,读数错误扣4分	
14	检查离合器总泵液体泄漏	8	用手摇晃冷液罐扣4分,读数错误扣4分	
15	拆除翼子板布	5	动作错误扣2分,掉落扣2分,叠放不整齐扣1分	
16	拆除前格栅布	5	动作错误扣2分,掉落扣2分,叠放不整齐扣1分	
17	关闭发动机舱盖	8	轻轻放下,用双手在中间轻轻按下,否则各扣4分	
	总　　分		100	

学习任务 9　发动机项目检查

  学习目标

  知识目标

1. 了解发动机项目检查工作的重要性；
2. 了解各种油液的性质与作用,并能准确指出相关油液的加注位置。

  技能目标

1. 掌握汽车发动机机油的更换方法；
2. 能准确判断并指出发动机项目检查中出现的问题；
3. 熟练掌握发动机项目检查中的各个检查与操作项目。

建议课时

8课时。

 任务描述

发动机项目检查是整个汽车定期维护检查中的必检项目,关系到发动机能否正常工作。因此,发动机项目检查必须认真、仔细。

发动机项目检查的内容包括：

（1）发动机冷却系统：冷却液液位,冷却水管及接头有无泄漏,软管夹箍有无损坏和松动,软管有无磨损、裂纹、凸起、硬化或其他损坏,散热器有无脏污、变形、泄漏或损坏。

（2）燃油供给系统：燃油箱、燃油管路及接头有无泄漏,燃油管路有无扭结、磨损、腐蚀或其他损坏,燃油管路的安装及接头紧固情况,活性炭罐连接管路和夹箍是否松动或者其他损坏。

（3）空气供给系统：进气系统管路安装情况,清洁空气滤清器和外壳及底座,视情况更换空气滤清器。

（4）发动机机油的更换：发动机各部位结合面有无漏油,发动机各油封有无漏油,发动机放油螺栓有无漏油,排放发动机机油,更换机油滤清器,加注发动机机油。

（5）发动机机油加注后复查（发动机各油液管路是否有泄漏）等。

(6)检查排气管(排气管、O形圈、密封垫片、消声器是否损坏)等。

本任务中发动机舱内的喷洗器液面、发动机冷却液液位、发动机机油液位、制动液液位的检查已在车辆维护项目准备任务中完成,这里不再赘述。

一 理论知识准备

(1)发动机舱内要检查的油液项目有:制动液液位、发动机机油液位、方向助力转向液液位、发动机冷却液液位、变速器油液位(包含手动或自动)、风窗玻璃清洗液液位。

(2)发动机冷却液的作用是:防冻、防沸、防腐蚀、防锈、防污垢,冷却发动机,使发动机保持正常工作温度。

如果发动机冷却液缺少,短时间运行发动机以后,指示灯报警;冷却液温度过高,容易造成发动机高温,活塞膨胀量加大,在汽缸里拉伤活塞或汽缸壁,或者汽缸直接与活塞抱死,曲轴轴承拉伤或抱死无法旋转,发生严重机械事故。

缺少冷却液的主要原因有散热器泄漏、冷却水管泄漏、膨胀水箱泄漏、水泵损坏或泄漏、发动机汽缸垫损坏等。

(3)发动机机油的作用是:润滑、冷却、清洗、密封、防锈防腐蚀、降低机械磨损。当发动机缺少机油,仪表盘机油警告灯闪亮,发动机运转噪声增大,动力明显下降,如果继续着车发动机可能会报废。各润滑表面因缺少润滑而导致无法正常运转,发生凸轮轴、曲轴卡死等机械事故。发动机机油缺少的原因主要有各配合表面漏油、油封漏油、排放塞漏油、机油滤清器漏油,以及因为缸套活塞配合间隙过大和气门油封漏油导致的发动机烧机油等原因造成。

(4)发动机舱内的制动液的作用是:保证车辆制动器保持足够的制动液,来使制动器产生强大的制动力,控制运动中的车辆减速或停车。

缺少制动液的症状显示:发动机仪表盘的制动指示灯有报警显示。

缺少制动液出现的后果:制动力会减弱甚至没有,会导致极端危险的情况,例如行驶时不能减速等。

缺少制动液的主要原因有:制动主缸泄漏、制动管路和软管泄漏、制动轮缸泄漏、放气螺塞泄漏等。

(5)风窗玻璃清洗液的作用是用来清洁风窗玻璃上的污物和杂质。如果缺少风窗玻璃清洗液,喷水电动机将空转,引起电动机烧坏,刮水片与玻璃间发生干摩擦,缩短刮水片的寿命,风窗玻璃也由于干摩擦透明度减弱。

二 任务实施

(一)发动机各油液管路检查

1 准备工作

(1)将实训车辆平稳停放在实训区域。

(2)检查实训室的通风及防火系统设备工作是否正常。

(3)准备手电筒、手套和螺丝刀等教学用具。

2 技术要求与注意事项

(1)在操作开始前,检查好所有的设备并准备好工具。

(2)在检查发动机各油液管路的各个管路泄漏或者软管情况时,如发动机过热,可以戴上手套进行检查。

(3)在检查发动机各油液管路泄漏、管路夹箍、管路安装情况、软管异样时,应注意各个管路的连接点,认真仔细检查。

3 操作步骤

1)检查冷却系统管路是否泄漏

检查冷却系统的管路是否有泄漏,冷却系统的各条管路都必须仔细检查,如果发动机刚运行结束,应防止手烫伤,待发动机温度降下来后进行检查。图9-1为检查冷却系统管路是否泄漏。

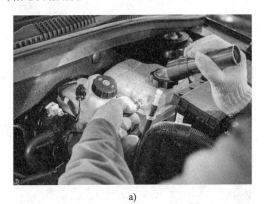 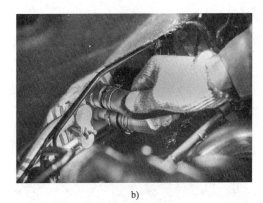

a)   b)

图9-1 检查冷却系统管路是否泄漏

2)检查冷却系统管路夹箍

检查冷却系统各软管夹箍是否失效、锈蚀或其他损坏,在检查过程中应认真、仔细,对于冷却系统的每个软管夹箍都要进行逐个检查。图9-2为检查冷却系统管路夹箍。

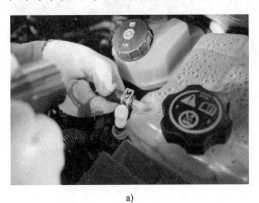 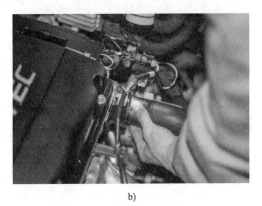

a)   b)

图9-2 检查冷却系统管路夹箍

3）检查冷却系统管路安装情况

检查冷却系统软管的连接处是否存在松动或安装不牢固的地方，尤其是各个管路的连接处，在检查时要注意不要用力过大，以免造成软管松动或破裂。图9-3为检查冷却系统管路安装情况。

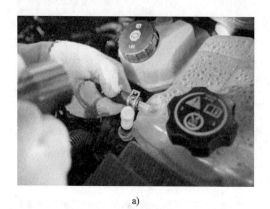
a)

b)

图9-3　检查冷却系统管路安装情况

4）检查冷却系统管路是否有异样

检查冷却系统的软管是否有裂纹、扭曲、凸起、磨损或其他损坏。图9-4为检查冷却系统管路是否有异样。

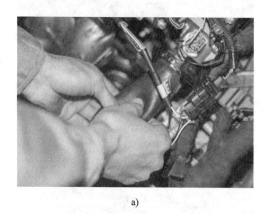
a)

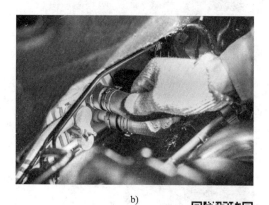
b)

图9-4　检查冷却系统管路是否有异样

5）检查散热器

（1）先检查车辆未顶起时散热器有无脏污、变形、泄漏或其他损坏，检查与散热器连接的软管是否有泄漏或其他损坏，如图9-5所示。

（2）在车辆顶起后检查时，可用手电筒进行照明，对散热器的各个连接管路、夹箍以及软管连接处进行仔细检查。图9-6为车辆顶起后检查散热器。

6）检查燃油箱

将车辆顶起至合适位置，检查燃油箱外部是否有泄漏或其他损坏，如图9-7所示。

项目三　5000km维护

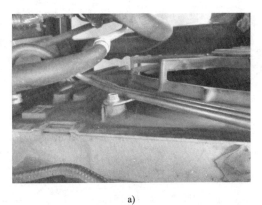
a)

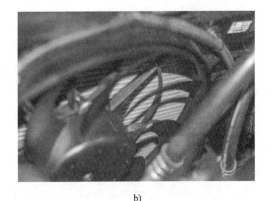
b)

图9-5　车辆未顶起前检查散热器

a)

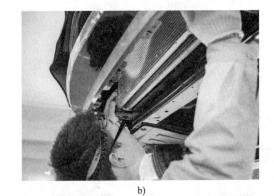
b)

图9-6　车辆顶起后检查散热器

7）检查燃油供给管路

检查燃油管路及接头有无泄漏、燃油管路有无扭结、磨损、腐蚀或其他损坏，燃油管路的安装及接头紧固情况。图9-8为检查燃油供给管路。

8）检查燃油蒸发管路

检查燃油蒸发系统连接管路、夹箍、活性炭罐电磁阀是否松动或其他损坏。图9-9为检查燃油蒸发管路。

9）检查空气供给系统

（1）先检查进气系统管路是否有损坏，安装是否可靠，然后用十字螺丝刀松开空气滤清器外罩的螺钉。图9-10为检查进气系统管路，图9-11为松开空气滤清器外罩。

图9-7　检查燃油箱

（2）取出空气滤清器，用干净的纱布清洁空气滤清器底座，用气枪清洁空气滤清器滤芯，视情况更换空气滤清器滤芯。图9-12为取出空气滤清器，图9-13为清洁空气滤清器底座。

a)
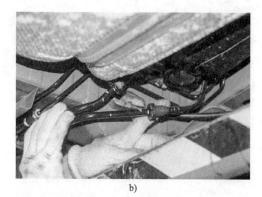
b)

图 9-8　检查燃油供给管路

a)

b)

图 9-9　检查燃油蒸发管路

图 9-10　检查进气系统管路

图 9-11　松开空气滤清器外罩

图 9-12　取出空气滤清器

图 9-13　清洁空气滤洁器底座

（3）将清洁干净的或新的空气滤清器滤芯安装到位，用螺丝刀旋紧空气滤清器外罩的螺钉，最后用干净的纱布清洁外罩。图9-14为清洁空气滤清器滤芯，图9-15为清洁空气滤清器外罩。

图9-14　清洁空气滤清器滤芯

图9-15　清洁空气滤清器外罩

（二）发动机机油的更换

❶ 准备工作

（1）将实训车辆平稳停放在实训区域。

（2）检查实训室的通风及防火系统设备工作是否正常。

（3）准备专用工具、机油、扭力扳手、棘轮扳手和纱布等教学用具。

❷ 技术要求与注意事项

（1）在操作开始前，检查好所有的设备并准备好工具。

（2）在检查发动机油底壳各配合表面时，如发动机过热，可以戴上手套进行检查。

（3）在排放发动机机油时，注意机油桶的位置要放在油底壳放油螺栓稍稍后面一点，以防止一开始出油时，油压过大导致机油流出油桶。

❸ 操作步骤

1）拆下机油加注盖

在车辆未顶起时，拆下机油加注盖，放在工具车上，为防止灰尘等杂质掉入，可在机油加注口盖上干净的纱布。图9-16为拆下机油加注盖，图9-17为摆放机油加注盖。

图9-16　拆下机油加注盖

图9-17　摆放机油加注盖

2）机油泄漏情况检查

检查发动机各部位结合面、油封、放油螺栓以及机油滤清器处有无漏油现象；如光线不够可用手电筒照明进行检查；如有油迹，可用纱布擦除后再过一段时间来确认是否存在泄漏现象。图9-18为检查机油泄漏情况。

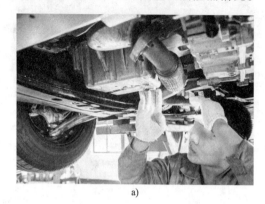 

a) b)

图9-18 检查机油泄漏情况

3）排放发动机机油

（1）将机油桶调整至合适位置，推到油底壳下方，这时应注意放油螺栓的方向，防止机油放下时洒落到地面，再用工具将放油螺栓旋松。图9-19为安放机油桶，图9-20为松开放油螺栓。

图9-19 安放机油桶　　　　　　　　图9-20 松开放油螺栓

（2）用手旋出放油螺栓，将放油螺栓用布擦干净后放到工具车上；在操作过程中要做到手不能够沾到机油，如果有机油沾到，则必须马上用布擦干净。图9-21为旋出放油螺栓，图9-22为排放机油，图9-23为安装放油螺栓。

（3）待机油放尽，按规定力矩紧固好放油螺栓。图9-24为紧固放油螺栓。

4）更换机油滤清器

用专用工具拆下机油滤清器，检查和清洁机油滤清器安装表面，在新的机油滤清器垫片上涂抹清洁的发动机机油，轻缓地拧动机油滤清器直到密封圈接触底座，最后使用扭力扳手按规定力矩拧紧。各车型机油滤清器的拧紧力矩不同，可参照维修手册。图9-25为松开机油滤清器,图9-26为取出机油滤清器。

图9-21 旋出放油螺栓

图9-22 排放机油

图9-23 安装放油螺栓

图9-24 紧固放油螺栓

图9-25 松开机油滤清器

图9-26 取出机油滤清器

5)加注发动机机油

将机油桶口对准发动机的机油加注口,开始加注机油的时候,速度要慢,注意力一定要集中,如果有机油加注到外面,则必须立即停止加注,用纱布擦干净。在加注机油的同时,观察机油的加注量,到了规定加注量的时候,应立即停止机油加注,最后将机油加注盖安装到位。图9-27为加注机油,图9-28为清洁机油加注口。

汽车定期维护

图9-27　加注机油

图9-28　清洁机油加注口

（三）发动机机油加注后复查

1　准备工作

（1）将实训车辆平稳停放在实训区域。

（2）检查实训室的通风及防火系统设备工作是否正常。

（3）准备手电筒、手套等教学用具。

2　技术要求与注意事项

（1）在操作开始前,检查好所有的设备并准备好工具。

（2）在起动发动机时,为保证安全,应确认驻车制动杆是否拉起,换挡杆是否置于P挡。

（3）在发动机暖机期间,对发动机舱内复查发动机各油液管路的泄漏或其他异常现象,发动机在运行过程中,应注意安全。

（4）在发动机暖机期间对各个管路的泄漏、安装等检查时,应认真仔细检查,如发现有油液迹,用纱布擦干净后再次检查,确认是否有管路出现泄漏。

3　操作步骤

1）发动机舱内检查

起动发动机,进行暖机工作,暖机期间对发动机舱内散热器等各管路进行泄漏情况复查。图9-29为安全确认,图9-30为散热器泄漏检查。

注意：在起动发动机时,为保证安全,应确认驻车制动杆是否拉起,换挡杆是否置于P挡。

图9-29　安全确认

图9-30　散热器泄漏检查

2)发动机底部复查

发动机结束暖机工作,举升车辆,进行发动机底部复查工作。检查发动机各结合面、放油螺栓、机油滤清器处是否有泄漏现象,发动机暖机刚结束,可戴上手套进行检查。此项目操作可参考发动机结合面、放油螺栓、机油滤清器泄漏检查的内容。

3)检查机油液位

将车辆降落至地面,进行机油液位复查。此项操作参照"PDI 项目检查"。

(四)检查排气管

❶ 准备工作

(1)将实训车辆平稳停放在实训区域。
(2)检查实训室的通风及防火系统设备工作是否正常。
(3)准备手电筒、手套等教学用具。

❷ 技术要求与注意事项

(1)在操作开始前,检查好所有的设备并准备好工具。
(2)由于汽车运行后,排气管的温度会很高,为了安全起见必须戴上手套。
(3)在检查消声器的各个表面时,仔细观察有没有变形、裂纹、锈蚀等损坏的现象。
(4)在检查排气安装件的 O 形圈时,仔细检查是否有损坏或脱落现象。

❸ 操作步骤

1)检查排气管、消声器

沿着排气管一直向后走,边走边仔细检查排气管、消声器是否损坏或其他异常现象。图 9-31 为检查排气管、消声器。

a)

b)

图 9-31　检查排气管、消声器

2)检查排气管、消声器的吊挂

轻轻摇动排气管、消声器的吊挂,检查是否损坏或其他异常现象。图 9-32 为检查排气管、消声器的吊挂。

3)检查排气系统各密封垫片

逐个检查整个密封垫片的各个接触面是否有损坏的现象。图 9-33 为检查排气系统各密封垫片。

a)

b)

图 9-32　检查排气管、消声器的吊挂

4）检查三元催化器

检查三元催化器表面是否有损坏或泄漏现象。图 9-34 为检查三元催化器。

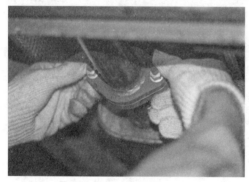

图 9-33　检查排气系统各密封垫片

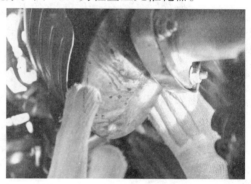

图 9-34　检查三元催化器

三　学习拓展

❶ 定期清洗燃油系统

燃油在通过油路供往燃烧室燃烧的过程中，不可避免地会形成胶质和积炭，在油道、喷油嘴和燃烧室中沉积下来，干扰燃油流动，破坏正常空燃比，使燃油雾化不良，造成发动机抖动、爆震、怠速不稳、加速不良等性能问题。使用燃油系统强力高效清洗剂清洗燃油系统并定期使用，能控制积炭的生成，始终使发动机保持最佳状态。

❷ 定期维护散热器

发动机散热器生锈、污垢是最常见的问题。锈迹和水垢会限制冷却液在冷却系统中的流动，降低散热作用，导致发动机过热，甚至造成发动机损坏。冷却液氧化还会形成酸性物质，腐蚀散热器的金属部件，造成散热器破损、渗漏。定期使用散热器强力高效清洗剂清洗散热器，除去其中的锈迹和水垢，不但能保证发动机正常工作，而且能延长散热器和发动机的整体寿命。

四 评价与反馈

1 自我评价

(1)通过本学习任务的学习你是否已经知道以下问题:
①发动机各种油液的性质与作用?＿＿＿＿＿＿＿＿＿＿＿＿＿＿＿＿。
②发动机相关油液的加注位置?＿＿＿＿＿＿＿＿＿＿＿＿＿＿＿＿。
③汽车发动机机油的更换方法?＿＿＿＿＿＿＿＿＿＿＿＿＿＿＿＿。
(2)实训过程完成情况如何?
＿＿＿＿＿＿＿＿＿＿＿＿＿＿＿＿＿＿＿＿＿＿＿＿＿＿＿＿＿＿＿。
(3)通过本学习任务的学习,你认为自己的知识和技能还有哪些欠缺?
＿＿＿＿＿＿＿＿＿＿＿＿＿＿＿＿＿＿＿＿＿＿＿＿＿＿＿＿＿＿＿。

签名:＿＿＿＿＿＿＿　＿＿＿年＿＿月＿＿日

2 小组评价

小组评价见表9-1。

小 组 评 价 表　　　　　　　表9-1

序号	评 价 项 目	评 价 情 况
1	着装是否符合要求	
2	是否能合理规范地使用仪器和设备	
3	是否按照安全和规范的流程操作	
4	是否遵守学习、实训场地的规章制度	
5	是否能保持学习、实训场地清洁	
6	团结协作情况	

参与评价的同学签名:＿＿＿＿＿＿＿＿＿＿＿＿　＿＿＿年＿＿月＿＿日

3 教师评价

＿＿＿＿＿＿＿＿＿＿＿＿＿＿＿＿＿＿＿＿＿＿＿＿＿＿＿＿＿＿＿
＿＿＿＿＿＿＿＿＿＿＿＿＿＿＿＿＿＿＿＿＿＿＿＿＿＿＿＿＿＿＿。

教师签名:＿＿＿＿＿＿＿　＿＿＿年＿＿月＿＿日

五 技能考核标准

技能考核标准见表9-2。

技能考核标准表　　　　　　　表9-2

序号	操作内容	规定分	评 分 标 准	得分
1	管路泄漏检查	4	每漏检一处扣2分,未检查出泄漏部位扣4分	
2	夹箍检查	4	每漏检一个夹箍扣2分,未检查出夹箍损坏等情况的扣4分	

续上表

序号	操作内容	规定分	评分标准	得分
3	管路安装情况	4	每漏检一处连接部位扣2分,未检查出安装不正常等情况的扣4分	
4	检查软管是否有裂纹、扭曲、凸起、磨损或其他损坏	4	检查不到位的扣2分,未检查出软管损坏等情况的扣4分	
5	检查散热器有无脏污、变形、泄漏或其他损坏,检查与散热器连接的软管是否有泄漏或其他损坏	4	检查不到位的扣2分,未检查出散热器损坏等情况的扣4分	
6	检查燃油箱外部是否有泄漏或其他损坏	4	检查不到位的扣2分,未检查出燃油箱泄漏等情况的扣4分	
7	检查燃油管路及接头有无泄漏,燃油管路有无扭结、磨损、腐蚀或其他损坏,燃油管路的安装及接头紧固情况	4	检查不到位的扣2分,未检查出燃油供给管路泄漏、损坏等情况的每处扣2分	
8	检查燃油蒸发系统连接管路、夹箍、活性炭罐电磁阀是否松动或其他损坏	4	检查不到位的扣2分,未检查出活性炭罐电磁阀损坏等情况的扣4分	
9	检查进气系统管路是否有损坏,安装是否可靠,清洁空气滤清器的底座,并用气枪清洁滤芯,视情况更换空气滤清器滤芯	4	检查不到位的扣2分,未检查出空气供给系统损坏等情况的每处扣2分	
10	拆下机油加注盖	2	拆下机油加注盖后未放置于规定位置的扣2分	
11	检查发动机各部位结合面有无漏油、发动机有油封有无漏油、发动机放油螺塞有无漏油	4	检查不到位的每处扣2分,未检查出发动机各部位配合表面泄漏等情况的每处扣2分	
12	排放发动机机油	4	机油桶位置摆放不到位的扣2分,在排放时出现机油洒落地面的扣2分,未按规定力矩拧紧排放螺栓的扣2分	
13	更换机油滤清器	4	未用专用工具拧下机油滤清器的扣2分,未在机油滤清器垫片上涂清洁机油直接安装的扣2分,未按规定要求拧紧机油滤清器的扣2分	
14	加注发动机机油	4	发动机机油加注过程中出现机油滴落在加注口外的每次扣2分,未按规定加注机油量的扣2分	
15	发动机暖机检查管路泄漏等情况	4	起动前未进行安全确认的扣2分,发动机舱内各个项目检查不到位的每处扣2分,未检查出泄漏等情况的每处扣2分	
16	安装升车垫块	4	升车垫块安装不到位的扣2分,未安装升车垫块的扣4分	
17	升车安全确认	4	车辆举升前未进行升车安全确认的扣2分	
18	检查车身安全	4	前后车身安全未检查的扣4分	

项目三 5000km维护

续上表

序号	操作内容	规定分	评分标准	得分
19	拆除车轮挡块	2	车轮挡块未放置到位的扣1分,未拆除的扣2分	
20	检查发动机底部经暖机后的泄漏等情况	4	漏检一处每次扣2分,未检查出发动机各结合面、放油螺栓、机油滤清器处是否有泄漏现象的每处扣2分	
21	检查机油液位	4	有液体滴落扣2分,未擦扣1分,检查方法错误的扣2分	
22	检查排气管、消声器是否损坏或其他异常现象	4	检查不到位的扣2分,未检查出排气管、消声器有损坏等情况的扣2分	
23	检查排气管、消声器的吊挂是否损坏或其他异常现象	4	检查不到位的扣2分,未检查出排气管、消声器的吊挂损坏等情况的扣2分	
24	检查密封垫片损坏等情况	4	检查不到位的扣2分,未检查出密封垫片有损坏等情况的扣2分	
25	检查三元催化器表面是否有损坏或泄漏现象	4	检查不到位的扣2分,未检查出三元催化器有损坏等情况的扣2分	
26	清洁恢复整理工具	4	未进行清洁的每次扣1分,未整理工具的每次扣1分	
	总　　分		100	

学习任务 10　底盘项目检查

 学习目标

 知识目标

1. 了解底盘项目检查工作的重要性;
2. 了解底盘中各管路的名称、作用及管路走向;
3. 了解汽车轮胎的标准气压。

技能目标

1. 掌握正确检查底盘管路和橡胶件的使用状态;
2. 能准确判断并指出底盘项目检查中出现的问题;
3. 熟练掌握底盘项目检查中的各个检查与操作项目。

建议课时

8课时。

汽车定期维护

任务描述

底盘项目检查是整个汽车定期维护检查中的必检项目,由于要检查的项目都在车辆的底部,因此我们需要举升机将车举升至适合自己操作的位置,方便进行底盘检查。

底盘项目检查的内容包括:

(1)驱动轴护套:内外侧裂纹、损坏、润滑脂渗漏等检查。

(2)制动系统:制动液液位,制动总泵储液罐,制动管及接头有无泄漏,制动管有无扭结、磨损、腐蚀或其他损坏,制动管的安装情况。

(3)悬架装置:减振器、螺旋弹簧、转向节等检查。

(4)动力转向装置:管路泄漏等检查。

(5)检查备用轮胎:轮胎花纹、胎压、漏气等检查。

(6)检查车轮:轮胎磨损、旋转噪声、胎压等检查。

一 理论知识准备

(1)检查驱动轴护套的方法:手动转动轮胎以便它们被完全转向一侧,然后检查驱动轴护套的整个外围是否有任何裂纹或者其他损坏;检查护套卡箍时,确保其已经正确安装并且没有损坏。

(2)检查车轮制动管路的安装状况:检查制动管道和软管,确保车辆运动时或者转向盘完全转动到任何一侧时,不会因为振动而与车轮或者车身接触。

(3)检查轮胎表面是否有裂纹或损坏,检查轮胎表面是否嵌入金属颗粒或其他异物,检查轮胎表面是否有异常磨损,测量轮胎胎面沟槽深度,检查气压,检查气门芯及周围是否漏气,检查钢圈是否变形或损坏。检查气门芯及周围漏气的规范操作方法:检查轮胎气门芯是否漏气,用毛笔蘸取肥皂水,下面用抹布接好防止水滴落地面,检查完应注意清洁。

二 任务实施

(一)检查驱动轴护套

1 准备工作

(1)将实训车辆平稳停放在实训区域。

(2)检查实训室的通风及防火系统设备工作是否正常。

(3)准备手套和手电筒等教学用具。

2 技术要求与注意事项

(1)在操作开始前,检查好所有的设备并准备好工具。

(2)安装车轮挡块时可以用举升机顶起部分车辆质量。

(3)在检查驱动轴护套时,如果有油迹,可以先用纱布将油迹擦干净,然后过一段时间再来检查确认是否有漏油现象。

❸ 操作步骤

1）检查外侧驱动轴护套

先用手转动驱动轮,然后用双手检查两侧驱动轴护套的整个外部是否有裂纹或者其他损坏;检查护套卡箍时,确认是否正确安装并且没有损坏。在检查时可将车轮转向一侧。图 10-1 为转动驱动轮,图 10-2 为检查外侧驱动轴护套。

图 10-1　转动驱动轮

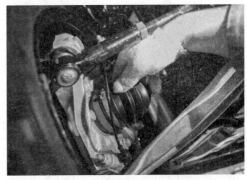
图 10-2　检查外侧驱动轴护套

2）检查内侧驱动轴护套

先用手转动驱动轮,然后用双手检查两侧驱动轴护套的整个外部是否有裂纹或者其他损坏;检查护套卡箍时,确认是否正确安装并且没有损坏。图 10-3 为检查内侧驱动轴护套。

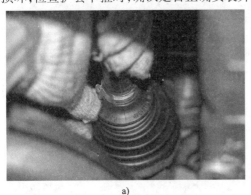

a)　　　　　　　　　　　　　　b)

图 10-3　检查内侧驱动轴护套

3）检查外侧润滑脂是否渗漏

用手去摸两侧护套,检查护套是否有油脂渗漏;如果出现漏油的现象时,可以先用纱布把漏油表面擦干净,然后过一段时间再来检查确认是否存在漏油现象。图 10-4 为检查外侧润滑脂是否渗漏。

4）检查内侧润滑脂是否渗漏

用手去摸两侧护套,检查护套是否有油脂渗漏;如果出现漏油的现象时,可以先用纱布把漏油表面擦干净,然后过一段时间再来检查确认是否存在漏油现象。图 10-5 为检查内侧润滑脂是否渗漏。

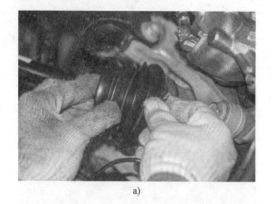
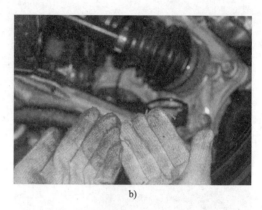

图 10-4　检查外侧润滑脂是否渗漏

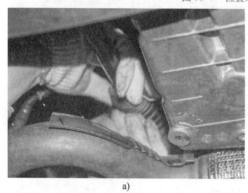
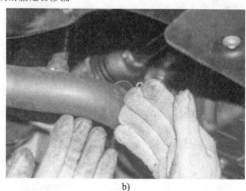

图 10-5　检查内侧润滑脂是否渗漏

(二)检查制动系统管路

❶ 准备工作

(1)将实训车辆平稳停放在实训区域。

(2)检查实训室的通风及防火系统设备工作是否正常。

(3)准备手套和手电筒等教学用具。

❷ 技术要求与注意事项

(1)在操作开始前,检查好所有的设备并准备好工具。

(2)安装车轮挡块时可以用举升机顶起部分车辆质量。

(3)在检查制动系统管路时,如果有油迹,可以先用纱布将油迹擦干净,然后过一段时间再来检查确认是否有漏油现象。

(4)检查制动管路和软管时,需转动车轮,确保车辆运动时或者转向盘完全转动到任何一侧时,不会因为振动而与车轮或者车身接触。

❸ 操作步骤

1)检查制动系统是否渗漏(车辆未顶起前)

在车辆未顶起前在发动机舱内进行检查,检查时可用手去触摸,如果制动液溅出或者黏在油漆上,可用干净的布擦拭后再用水清洗,否则制动液会对油漆表面造成损坏。图10-6 为检查制动总泵是否渗漏。

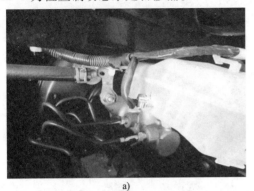
a)

b)

图 10-6　检查制动总泵是否渗漏

2)检查制动管路(车辆未顶起前)

在车辆未顶起前在发动机舱内进行检查,检查制动管路及接头有无泄漏、制动管有无扭结、磨损、腐蚀或其他损坏,以及制动管路的安装情况。图10-7 为检查制动管路情况。

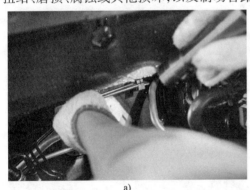
a)
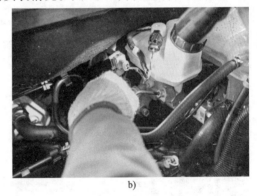
b)

图 10-7　检查制动管路情况

3)检查制动管路泄漏情况(车辆顶起后)

在车辆顶起后进行检查,检查前后左右制动管路及接头有无泄漏。图10-8 为检查制动管路泄漏情况。

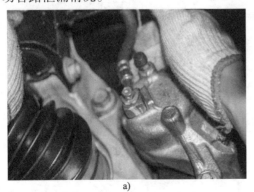
a)
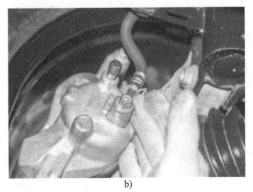
b)

图 10-8　检查制动管路泄漏情况

4）检查制动管路损坏情况（车辆顶起后）

在车辆顶起后进行检查,检查前后左右制动管路软管是否有扭曲、裂纹和凸起或其他损坏。图10-9为检查制动管路损坏情况。

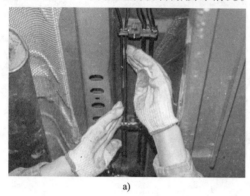
a)
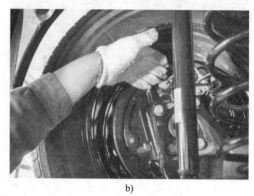
b)

图10-9　检查制动管路损坏情况

5）检查制动管路和软管的安装状况

在车辆顶起后进行检查,检查制动管路和软管的安装状况,确保车辆运动时,或者转向盘完全转动到任何一侧时,不会因为振动而与车轮或者车身接触。检查前轮时先向外侧转动轮胎,再向内侧转动轮胎,在检查时,还需要转动车轮。图10-10为检查制动软管,图10-11为检查制动管路和软管的安装状况。

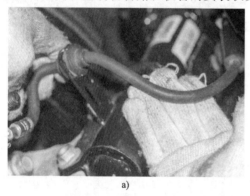
a)

b)

图10-10　检查制动软管

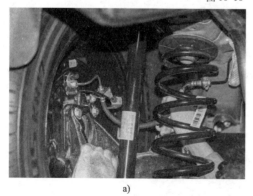
a)

b)

图10-11　检查制动管路和软管的安装状况

（三）检查悬架

1 准备工作

（1）将实训车辆平稳停放在实训区域。
（2）检查实训室的通风及防火系统设备工作是否正常。
（3）准备手套和手电筒等教学用具。

2 技术要求与注意事项

（1）在操作开始前，检查好所有的设备并准备好工具。
（2）安装车轮挡块时可以用举升机顶起部分车辆质量。
（3）在检查悬架时，如果有油迹，可以先用纱布将油迹擦干净，然后过一段时间再来检查确认是否有漏油现象。
（4）在检查悬架时，如果光线较暗，可以使用手电筒或安全灯来照明。

3 操作步骤

1）检查减振器

用双手去检查前后左右 4 个减振器，并仔细观察减振器是否有裂纹、凹痕、弯曲、变形或其他损坏。图 10-12 为检查减振器。

a)　　　　　　　　　　　　　　　　b)

图 10-12　检查减振器

2）检查减振器螺旋弹簧

用双手去检查前后左右 4 个减振器螺旋弹簧，并仔细检查减振器螺旋弹簧是否有裂纹、凹痕、弯曲、变形或其他损坏。图 10-13 为检查减振器螺旋弹簧。

3）检查减振器机油是否泄漏

用双手去检查前后左右 4 个减振器，并仔细检查减振器是否有机油泄漏；如果出现漏油的现象时，可以先用纱布把漏油表面擦干净，然后过一段时间再来检查确认是否存在漏油现象。图 10-14 为检查减振器机油是否泄漏。

（四）检查动力转向装置

1 准备工作

（1）将实训车辆平稳停放在实训区域。

（2）检查实训室的通风及防火系统设备工作是否正常。

（3）准备手套和手电筒等教学用具。

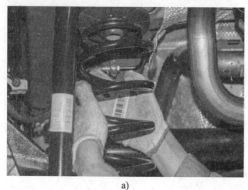
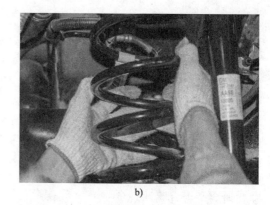

a)　　　　　　　　　　　　　　　b)

图 10-13　检查减振器螺旋弹簧

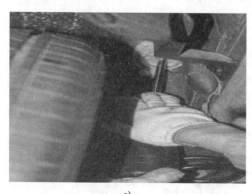
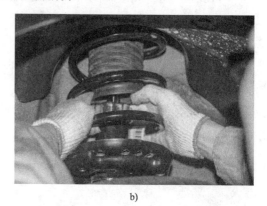

a)　　　　　　　　　　　　　　　b)

图 10-14　检查减振器机油是否泄漏

② 技术要求与注意事项

（1）在操作开始前，检查好所有的设备并准备好工具。

（2）安装车轮挡块时可以用举升机顶起部分车辆质量。

（3）在检查动力转向装置时，如果光线较暗，可以使用手电筒或安全灯来照明。

③ 操作步骤

1）检查是否松动或摇摆

双手握住转向连接机构，然后上下、左右摇晃，检查转向连接机构是否松动或者摆动。注意在用力的时候，不要用过大的力，上下、左右各摇晃两次即可。图10-15为检查是否松动或摇摆。

2）检查有无弯曲或损坏

对车辆左右两侧转向连杆机构用手摸、眼看的方式检查转向连接机构是否弯曲或者损坏；如果光线比较暗的话，可以使用手电筒或安全灯来照明。图10-16为检查有无弯曲或损坏。

项目三　5000km维护

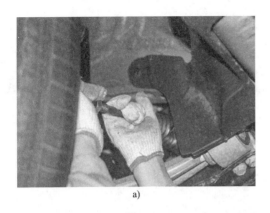

a)　　　　　　　　　　　　　　　b)

图 10-15　检查是否松动或摇摆

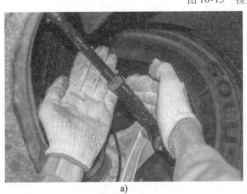

a)　　　　　　　　　　　　　　　b)

图 10-16　检查有无弯曲或损坏

3) 检查防尘套是否开裂或破损

对车辆左右两侧转向连杆机构用手摸、眼看的方式检查防尘套是否开裂或破损;如果光线比较暗的话,可以使用手电筒或安全灯来照明。图 10-17 为检查防尘套是否开裂或破损。

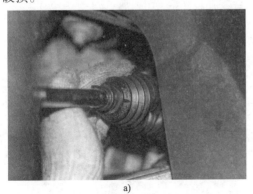
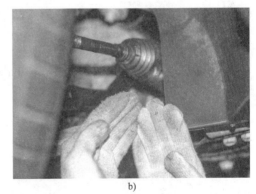

a)　　　　　　　　　　　　　　　b)

图 10-17　检查防尘套是否开裂或破损

4) 检查球节有无裂纹或老化

对车辆左右两侧球节用手摸、眼看的方式来检查球节是否开裂或破损;如果光线比较暗的话,可以使用手电筒或安全灯来照明。图 10-18 为检查球节有无裂纹或老化。

a)　　　　　　　　　　　　　　b)

图 10-18　检查球节有无裂纹或老化

（五）检查备用轮胎

❶ 准备工作

（1）将实训车辆平稳停放在实训区域。

（2）检查实训室的通风及防火系统设备工作是否正常。

（3）准备好轮胎气压计、肥皂水和毛刷等教学用具。

❷ 技术要求与注意事项

（1）在操作开始前，检查好所有的设备并准备好工具。

（2）备用轮胎的标准气压为210kPa。

（3）在检查备用轮胎时，观察轮胎磨损标志，测量轮胎花纹深度，极限为3mm，转动轮胎，仔细检查钢圈、花纹等各个位置。

❸ 操作步骤

1）取出备用轮胎

打开行李舱盖，旋下锁止螺栓，取出备用轮胎放置于轮胎架上；如果螺栓旋得比较紧，可戴上手套旋下锁止螺栓。在取出备用轮胎时，应注意不要和车身发生碰撞，以免造成车身的损伤。图10-19为取出备用轮胎。

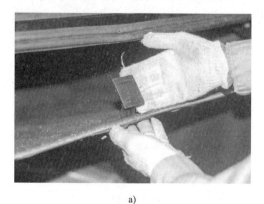

a)　　　　　　　　　　　　　　b)

图 10-19　取出备用轮胎

2)检查备用轮胎

将轮胎在轮胎架上转动一圈,每转动一次为120°左右,分3次完成,边转动边检查轮胎是否有裂纹或其他损坏。检查是否嵌入金属颗粒、石子或其他异物;检查是否有异常磨损;检查钢圈是否损坏或腐蚀,分两面来检查钢圈(内圈和外圈);检查轮圈是否损坏、腐蚀、变形或其他损坏。图10-20为检查备用轮胎外观,图10-21为检查备用轮胎钢圈。

图10-20 检查备用轮胎外观　　　　　　图10-21 检查备用轮胎钢圈

3)测量备用轮胎

用眼睛观察轮胎花纹是否低于磨损标志,在轮胎胎面上确认第一处检查位置,然后转动轮胎120°进行第二次检查磨损标志,再将轮胎转动120°再换一处进行第三次检查;将轮胎气压计插入到气嘴处,然后观察气压表,读取轮胎气压值,检查气压是否在正常范围内,各车型标准值不同,可参照相对应车型的维修手册;将肥皂水涂在气门嘴的周围,检查轮胎是否漏气,如果有气泡出来,说明轮胎漏气。图10-22为观察轮胎花纹磨损标志,图10-23为检查备用轮胎胎压,图10-24为检查备用轮胎漏气情况。

图10-22 观察轮胎花纹磨损标志

a)　　　　　　　　　　　　　　　　b)

图10-23 检查备用轮胎胎压

汽车定期维护

图 10-24　检查备用轮胎漏气情况

4）放回备用轮胎

旋上气门嘴盖，清洁轮胎表面上的水迹后放回行李舱；在放回备用轮胎时，应注意不要和车身发生碰撞，以免造成车身的损伤。图 10-25 为放回备用轮胎。

（六）检查车轮

1 准备工作

（1）将实训车辆平稳停放在实训区域。

（2）检查实训室的通风及防火系统设备工作是否正常。

（3）准备好轮胎气压计、轮胎花纹深度尺、肥皂水、扭力扳手、套筒和毛刷等教学用具。

a)

b)

图 10-25　放回备用轮胎

2 技术要求与注意事项

（1）在操作开始前，检查好所有的设备并准备好工具。

（2）安装车轮挡块时可以用举升机顶起部分车辆质量。

（3）在检查举升车辆前，先释放驻车制动器，为检查车轮旋转是否有噪声做好准备。

（4）车轮紧固力矩标准值各车型存在不同，可参照相对应车型的维修手册。

3 操作步骤

1）检查车轮轴承有无摆动

将手放在轮胎左右两面，紧紧地推拉轮胎以便检查是否有任何摆动；将手放在轮胎上下两面，紧紧地推拉轮胎以便检查是否有任何摆动；分别对 4 个车轮进行车轮轴承有无摆动的检查。图 10-26 为检查车轮轴承有无摆动。

2）检查车轮转动状况和噪声

用手分别对 4 个轮胎进行转动，以便检查其是否能够无任何噪声的平稳转动；在检查噪声时,耳朵可侧向轮胎来听轮胎的噪声。图10-27为检查车轮转动状况和噪声。

a)　　　　　　　　　　　　　　　　b)

图10-26　检查车轮轴承有无摆动

3)检查车轮轮胎

检查车轮轮胎外观是否磨损或其他损坏;钢圈是否有变形或其他损坏;测量车轮轮胎花纹深度、轮胎胎压、轮胎是否漏气。此项操作可参照"(五)检查备用轮胎"的内容。轮胎花纹深度、轮胎胎压各车型存在差异,可参考相对应车型的维修手册。

4)紧固车轮

此项操作参照"PDI项目检查"。

三　学习拓展

1 轮胎气压

气压是轮胎的命门,过高和过低都会缩短它的使用寿命。气压过低,则胎体变形增大,胎侧容易出现裂口,同时产生屈挠运动,

图10-27　检查车轮转动状况和噪声

导致过度生热,促使橡胶老化,帘布层疲劳、帘线折断;气压过低,还会使轮胎接地面积增大加速胎肩磨损。气压过高,会使轮胎帘线受到过度的伸张变形,胎体弹性下降,使汽车在行驶中受到的负荷增大,如遇冲击会产生内裂和爆破;同时气压过高还会加速胎冠磨损,并使耐轧性能下降。

2 前轮定位

前轮定位对轮胎的使用寿命影响较大,而尤以前轮外倾和前轮前束为主要因素。前轮外倾主要会加速胎肩的磨损即偏磨;前轮前束过小或过大主要会加速轮胎内外侧的磨损。

3 驾驶方式

驾驶员在行车中除了特殊情况外,要选择路面行驶,躲避锋利的石头、玻璃、金属等可能扎破和划伤轮胎的物体,躲避化学遗洒物质对轮胎的黏附、腐蚀。行驶在拱度较大

的路面时,要尽量居中行驶,减少一侧轮胎负荷增大而使轮胎磨损不均。一般情况下,超载20%则轮胎寿命减少30%,超载40%则轮胎寿命减少50%。另外急速转弯、紧急制动、高速起步以及急加速等都将对轮胎的损坏产生影响,这是驾驶员在行车中要避免的。

四 评价与反馈

1 自我评价

(1)通过本学习任务的学习你是否已经知道以下问题:
① 发动机各工作介质的检查方法?_____。
② 如何检查底盘管路和橡胶件的使用状态?_____。
③ 关闭发动机舱盖时应注意哪些方面?_____。
(2)实训过程完成情况如何?
_____。
(3)通过本学习任务的学习,你认为自己的知识和技能还有哪些欠缺?
_____。

签名:_____　　　_____年____月____日

2 小组评价

小组评价见表10-1。

小组评价表　　　　　　　　　　　　　　　　表10-1

序号	评价项目	评价情况
1	着装是否符合要求	
2	是否能合理规范地使用仪器和设备	
3	是否按照安全和规范的流程操作	
4	是否遵守学习、实训场地的规章制度	
5	是否能保持学习、实训场地清洁	
6	团结协作情况	

参与评价的同学签名:_____　　_____年____月____日

3 教师评价

_____
_____。

教师签名:_____　　　_____年____月____日

五 技能考核标准

技能考核标准见表10-2。

项目三　5000km维护

技能考核标准表　　　　　　　　　　　　　　　　　　　　　　　　表10-2

序号	操作内容	规定分	评分标准	得分
1	安装升车垫块	4	升车垫块安装不到位的扣2分,未安装升车垫块的扣2分	
2	升车安全确认	4	车辆举升前未进行升车安全确认的扣4分	
3	检查车身安全	4	前后车身安全未检查的扣4分	
4	拆除车轮挡块	4	车轮挡块未放置到位的扣2分,未拆除的扣4分	
5	检查外侧驱动轴护套的整个外部是否有裂纹或其他损坏;检查护套卡箍时,确认是否正确安装和损坏情况	4	检查不到位的扣1分;未检查出外侧驱动轴护套的整个外部有裂纹或其他损坏的扣2分;检查护套卡箍时,未确认是否正确安装的扣1分;未检查出损坏情况的扣2分	
6	检查内侧驱动轴护套的整个外部是否有裂纹或其他损坏;检查护套卡箍时,确认是否正确安装和损坏情况	4	检查不到位的扣1分;未检查出外侧驱动轴护套的整个外部有裂纹或其他损坏的扣2分;检查护套卡箍时,未确认是否正确安装的扣1分;未检查出损坏情况的扣2分	
7	检查外侧润滑脂是否渗漏	2	检查不到位的扣1分,未检查出渗漏情况的扣2分	
8	检查内侧润滑脂是否渗漏	2	检查不到位的扣1分,未检查出渗漏情况的扣2分	
9	检查制动总泵是否泄漏(车辆未顶起前)	2	检查不到位的扣1分,未检查出泄漏情况的扣2分	
10	检查制动管路是否泄漏(车辆未顶起前)	2	检查不到位的扣1分,未检查出泄漏情况的扣2分	
11	检查制动管路是否泄漏(车辆顶起后)	2	检查不到位的扣1分,未检查出泄漏情况的扣2分	
12	在车辆顶起后进行检查,检查前后左右制动管路软管是否有扭曲、裂纹和凸起或其他损坏	4	检查不到位的扣2分,未检查出损坏情况的扣4分	
13	检查制动管路和软管的安装状况	4	检查不到位的扣2分,未转动车轮检查的扣2分,未检查出损坏情况的扣2分	
14	用双手去检查前后左右4个减振器,并仔细观察减振器是否有裂纹、凹痕、弯曲、变形或其他损坏	4	检查不到位的扣1分,未检查出损坏情况的每处扣2分	
15	用双手去检查前后左右4个减振器螺旋弹簧,并仔细检查减振器螺旋弹簧是否有裂纹、凹痕、弯曲、变形或其他损坏	4	检查不到位的扣1分,未检查出损坏情况的每处扣2分	

续上表

序号	操作内容	规定分	评分标准	得分
16	用双手去检查前后左右4个减振器,并仔细检查减振器是否有机油泄漏	4	检查不到位的扣1分,未检查出泄漏情况的每处扣2分	
17	检查是否松动或摇摆	4	检查不到位的扣2分,未检查出有松动或摇摆情况的扣2分	
18	检查有无弯曲或损坏	4	检查不到位的扣2分,未检查出有无弯曲或损坏情况的扣2分	
19	检查防尘套是否开裂或破损	4	检查不到位的扣2分,未检查出防尘套开裂或破损情况的扣2分	
20	检查球节有无裂纹或老化	4	检查不到位的扣2分,未检查出球节有裂纹或老化情况的扣2分	
21	取出备用轮胎	2	取出备胎时与车身发生碰撞的扣1分,未放置于轮胎架上的扣2分	
22	检查轮胎是否有裂纹或其他损坏,检查是否嵌入金属颗粒、石子或其他异物,检查是否有异常磨损;检查钢圈是否损坏或腐蚀,分两面来检查钢圈(内圈和外圈);检查轮圈是否损坏、腐蚀、变形或其他损坏	4	检查不到位的每次扣2分,未检查出备胎损坏情况的扣4分	
23	测量备用轮胎花纹深度气压	4	检查不到位的每次扣2分,未检查出备胎花纹深度和气压不正常的扣2分	
24	放回备用轮胎	2	放回备胎时与车身发生碰撞的扣1分,放回前未进行清洁处理的扣1分	
25	检查4个车轮轴承有无摆动	4	检查不到位的每次扣1分,未检查出车轮轴承有摆动情况的每次扣2分	
26	检查4个车轮转动状况和噪声	4	检查不到位的每次扣1分,未检查出车轮转动状况和噪声不正常的每次扣2分	
27	检查4个车轮轮胎	4	检查不到位的每次扣1分,未检查出车轮轮胎不正常的每次扣2分	
28	紧固4个车轮	4	未按规定力矩拧紧的每次扣1分	
29	清洁恢复整理工具	2	未进行清洁的每次扣1分,未整理工具的每次扣2分	
总分			100	

学习任务 11　电气设备项目检查

学习目标

 知识目标

1. 了解电气设备项目检查工作的重要性；
2. 掌握各个汽车灯光及信号装置的名称和作用。

 技能目标

1. 掌握如何打开汽车各个灯光开关；
2. 能准确判断并指出仪表盘中出现的信号装置问题；
3. 熟练掌握电气设备检查中的各个检查与操作项目。

 建议课时

8课时。

任务描述

电气设备项目检查是整个汽车定期维护检查中的必检项目，关系到汽车处于的工作状态和汽车的安全行驶。

电气设备项目检查的内容包括：

(1) 蓄电池：蓄电池的安装、污染及损坏情况，蓄电池端子有无腐蚀，蓄电池端子导线有无松动，蓄电池电压。

(2) 灯光信号装置：近光灯、远光灯、转向灯、示宽灯、雾灯、危险警告灯、倒车灯、尾灯、喇叭、仪表盘信号等检查。

(3) 车内电气设备检查：车内照明灯、门控灯等检查。

一　理论知识准备

(1) 车内电器开关分别有：大灯开关、刮水器开关、空调开关、鼓风机开关、电动后视镜开关、顶灯开关、门控灯开关、危险警告灯开关、收音机及CD(统称为音响)开关、天窗开关及其他电器开关等。

(2) 灯光开关分别控制的灯光挡位有：示宽灯、近光灯、远光灯、前后雾灯、牌照灯、仪表盘灯、转向灯、会车灯等；检查前后雾灯的前提是必须打开示宽灯开关。

(3)在检查左右转向灯的时候,转向盘应往相反方向转动90°,此时转向灯开关应能自动回位。

(4)点火开关打开,发动机熄火状态,换入倒挡,此时倒车灯应点亮。

(5)检查喇叭的方法是在转动转向盘一周的同时按喇叭,正常喇叭的音质应该是响亮无单音、无杂音、无断音状态。

二 任务实施

(一)检查蓄电池

❶ 准备工作

(1)将实训车辆平稳停放在实训区域。

(2)检查实训室的通风及防火系统设备工作是否正常。

(3)准备三件套、前格栅布和翼子板布、车轮挡块、万用表和手电筒等教学用具。

❷ 技术要求与注意事项

(1)在操作开始前,检查好所有的设备并准备好工具。

(2)蓄电池含有硫酸,会严重烧伤皮肤或由于氧化腐蚀其他物体。蓄电池液喷溅在皮肤或衣服上时,要用干布擦掉,并立刻用大量的水清洗。

(3)检查蓄电池时,应将点火开关关闭;检查蓄电池各个单元的液位时,可用手电筒照明来确认是否处于上线和下线之间;认真仔细检查蓄电池的接线柱和端子是否有断裂、腐蚀或其他损坏。

❸ 操作步骤

1)检查蓄电池盒是否损坏

检查整个蓄电池盒表面是否有裂纹、泄漏损坏的情况。在检查时可用手电筒对暗处进行照明,对蓄电池盒的不同位置仔细检查,观察其是否有损坏的情况。图11-1为检查蓄电池是否损坏。

2)检查蓄电池端子是否腐蚀

打开蓄电池正极端子的罩,用双手分别来摸蓄电池的两个端子,观察蓄电池的两个端子是否有腐蚀或其他损坏情况,如图11-2所示。

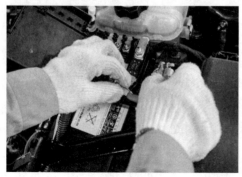
图11-1 检查蓄电池是否损坏

图11-2 检查蓄电池是否腐蚀

3）检查蓄电池端子导线是否松动

用手握一端接线柱并晃动，来检查接线柱与端子之间是否安装正常；然后再对另一端接线柱进行检查。图 11-3 为检查蓄电池端子导线是否松动。

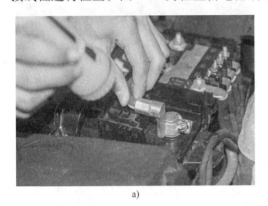

a) b)

图 11-3 检查蓄电池端子导线是否松动

4）测量蓄电池充电电压

蓄电池静态电压测量可参照"PDI 项目检查"。

蓄电池充电电压测量的步骤：

（1）发动机怠速运转时进行测量。图 11-4 为检查蓄电池充电电压。

（2）加负荷测量蓄电池充电电压，打开前照灯，打开空调，将空调开关和鼓风机开关调到最大位置，踩加速踏板，使发动机转速稳定在 2500r/min 左右，此时进行测量。图 11-5 为安全确认，图 11-6 为检查蓄电池加负荷电压。

图 11-4 检查蓄电池充电电压　　　　　图 11-5 安全确认

（二）检查灯光信号装置

1　准备工作

（1）将实训车辆平稳停放在实训区域。

（2）检查实训室的通风及防火系统设备工作是否正常。

（3）准备三件套等教学用具。

汽车定期维护

a)

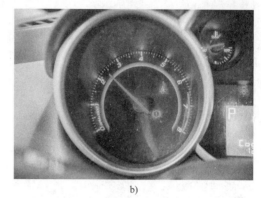
b)

图 11-6　检查蓄电池加负荷电压

② 技术要求与注意事项

(1) 在操作开始前,检查好所有的设备并准备好工具。
(2) 在转向盘转动一周的同时按喇叭,检查喇叭是否发声。
(3) 对前后灯光总成检查时,主要检查灯光总成外观有无划痕,内侧是否有褪色、老化或损坏。晃动灯光总成,检查灯光总成安装是否牢固,有无松动现象。

③ 操作步骤

1) 安装脚垫、座椅套、转向盘套

此项操作参照"PDI 项目检查"。

图 11-7　示宽灯开关位置

2) 检查示宽灯

将开关旋动一挡,然后检查仪表盘指示灯和车灯是否正常亮起。图 11-7 为示宽灯开关位置,图 11-8 为示宽灯指示灯,图 11-9 为示宽灯。

3) 检查前照灯近光灯

将开关旋至两挡后,检查车灯是否能正常亮起。图 11-10 为前照灯开关位置,图 11-11 为前照灯近光灯。

图 11-8　示宽灯指示灯

图 11-9　示宽灯

项目三　5000km维护

图11-10　前照灯开关位置

图11-11　前照灯近光灯

4）检查前照灯远光灯

将变光杆开关沿垂直方向向下压，检查车灯是否正常亮起，并检查仪表盘远光指示灯是否正常亮起。图11-12为变光杆位置，图11-13为前照灯远光灯指示灯。

图11-12　变光杆位置

图11-13　前照灯远光灯指示灯

5）检查前照灯闪光器开关

将变光杆沿垂直方向往上抬起、松掉，观察大灯是否会在近光灯和远光灯之间切换，重复操作两次，观察车灯是否会正常亮起；当变光杆开关往上抬起时，远光指示灯会在仪表盘显示，有些车辆无近光时指示灯。图11-14为前照灯闪光器开关，图11-15为前照灯远光灯。

图11-14　前照灯闪光器开关

图11-15　前照灯远光灯

6）检查左转向信号灯

将操作变光杆开关沿水平方向向下压,观察车灯是否会正常亮起。转向灯开关开起时,转向灯和仪表盘转向指示灯应是有节奏地一亮一灭交替闪烁。注意不要忘记检查侧面的小转向灯也是否正常闪烁。图11-16为转向灯开关,图11-17为左转向灯指示灯,图11-18为左转向灯。

图11-16　转向灯开关

图11-17　左转向灯指示灯

7）检查右转向信号灯

将操作变光杆开关沿水平方向向上抬,观察车灯是否会正常亮起。转向灯开关开起时,转向灯和仪表盘转向指示灯应是有节奏地一亮一灭交替闪烁。注意不要忘记检查侧面的小转向灯也是否正常闪烁。图11-19为转向灯开关,图11-20为右转向灯指示灯,图11-21为右转向灯。

图11-18　左转向灯

图11-19　转向灯开关

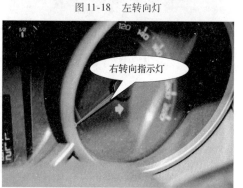

图11-20　右转向灯指示灯

图11-21　右转向灯

8）检查危险警告灯

危险警告灯指示灯与左右转向指示灯相同，按下红色三角形的危险警告灯按钮，观察车灯是否会正常亮起。危险警告灯开关开起时，所有转向灯和仪表盘左转向指示灯和右转向指示灯应是有节奏地一亮一灭交替闪烁。注意不要忘记检查车辆两侧的小转向灯也是否正常闪烁。图 11-22 为危险警告灯开关，图 11-23 为危险警告灯。

图 11-22　危险警告灯开关

图 11-23　危险警告灯

9）检查变光杆开关自动回位功能

首先将转向盘方向归位于水平位置，然后打开左转向灯开关，这时左转向灯和仪表盘左转向指示灯应点亮；双手平握转向盘，然后向左打方向约 90°，然后将转向盘转到水平位置。此时，左转向信号灯车灯和指示灯应熄灭。以同样操作方法检查右转向灯。如果检查过程中，发现左右转向回位功能由其中一个不能正常工作的话，则说明有故障。图 11-24 为检查变光杆开关自动回位功能。

a)

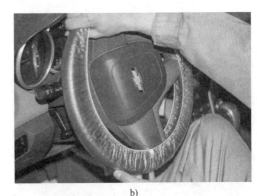

b)

图 11-24　检查变光杆开关自动回位功能

10）检查尾灯和牌照灯

将开关旋动一挡，然后观察尾灯、牌照灯是否正常点亮。参考示宽灯开启方式。图 11-25 为尾灯，图 11-26 为牌照灯。

11）检查制动灯

右脚踩下制动踏板，检查制动灯是否会正常亮起。注意不要忘记检查高位制动灯。图 11-27 为踩下制动踏板，图 11-28 为制动灯。

图 11-25　尾灯

图 11-26　牌照灯

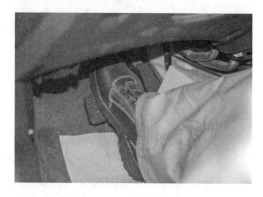

图 11-27　踩下制动踏板

图 11-28　制动灯

12）检查倒车灯

为确保安全，发动机应处于熄火状态，打开点火开关，右脚踩下制动踏板，右手将变速器换挡杆挂入"R"挡，观察倒车灯是否会正常亮起，检查完成后先将挡位挂回"P"挡，然后释放制动踏板。图 11-29 为挂入"R"挡，图 11-30 为倒车灯。

图 11-29　挂入"R"挡

图 11-30　倒车灯

13）检查后雾灯

将开关旋动一挡，按下后雾灯开关，然后观察后雾灯是否正常点亮。图 11-31 为后雾灯开关位置，图 11-32 为后雾灯。

项目三　5000km维护

图11-31　后雾灯开关位置

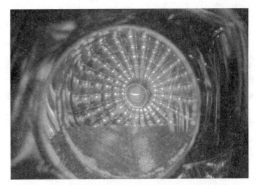
图11-32　后雾灯

14）检查组合仪表警告灯

当点火开关在"ON"位置时，检查所有的警告指示灯是否正常亮起（充电指示灯、发动机故障指示灯、油压警告灯等）；起动发动机后，检查仪表盘警告灯是否熄灭。由于不同型号的警告灯熄灭方式不同，有些则不会熄灭（安全带指示灯、驻车制动指示灯等）。图11-33为检查组合仪表警告灯。

a)

b)

图11-33　检查组合仪表警告灯

15）检查喇叭

在转向盘转动一周的同时按喇叭，检查喇叭是否发声，检查喇叭音量和音调是否稳定。图11-34为检查喇叭。

a)

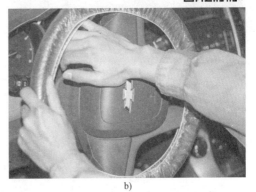
b)

图11-34　检查喇叭

(三) 车内电气设备检查

❶ 准备工作

(1) 将实训车辆平稳停放在实训区域。

(2) 检查实训室的通风及防火系统设备工作是否正常。

(3) 准备三件套等教学用具。

❷ 技术要求与注意事项

(1) 在操作开始前,检查好所有的设备并准备好工具。

(2) 释放驻车制动杆时,要注意先按下驻车制动杆顶端的锁止按钮,这样才能顺利释放驻车制动杆;如驻车制动杆拉起位置过高时无法顺利释放,可以将驻车制动杆再次往上拉起,按下锁止按钮便可释放驻车制动杆;拉起驻车制动杆,当达到第一个槽口时,仪表盘驻车制动指示灯就应该点亮,完全放下后应该熄灭。

(3) 检查门控灯时,应该逐扇车门检查。打开时,门控灯和仪表盘车门未关指示灯应点亮,关闭车门后,门控灯和仪表盘车门未关指示灯应熄灭。

❸ 操作步骤

1) 安装脚垫、座椅套、转向盘套

此项操作参照"PDI 项目检查"。

2) 检查顶灯

检查第一盏顶灯开到灯亮图标位置能否正常点亮,检查第二盏顶灯开到灯灭图标位置能否正常点亮,将刚才在检查的顶灯开关开至车门图标的位置,为检查门控灯做好准备。图 11-35 为检查顶灯。

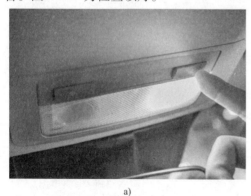 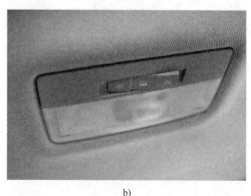

a)   b)

图 11-35 检查顶灯

3) 检查驻车制动器

慢慢拉起驻车制动杆,拉动时可以听到嗒嗒声,默数响声的次数,即为驻车制动杆的行程。如果不符合标准,调整驻车制动杆的行程。拉起驻车制动杆时,要注意观察仪表盘上的驻车制动器指示灯,当达到第一个槽口前,指示灯就应点亮。如果不亮,即为不正常。释放驻车制动杆时,要先按下驻车制动杆顶端的锁止按钮,这样才能顺利释放驻车制动杆;如驻车制动杆拉起位置过高时无法顺利释放,可以将驻车制动杆再次往上拉起,按下锁止按钮便可释放驻车制动杆;完全放下驻车制动杆后,指示灯就应熄灭。图11-36为拉起驻车制动杆,图11-37为驻车指示灯,图11-38为释放驻车制动杆。

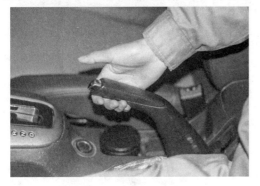

图11-36　拉起驻车制动杆

图11-37　驻车指示灯

4)检查门控灯

将点火开关开至"ON"位置,打开左后车门,其他车门均关闭,此时顶灯应点亮,同时观察仪表盘上的车门未关指示灯是否正常点亮。注意检查单扇门的门控灯时,一定要确保其他车门已完全关闭,否则将不能进行正常的检查。有些车辆会显示具体是哪扇车门处于打开状态。关闭左后车门时,顶灯应熄灭,同时观察仪表盘上的指示灯是否正常熄灭。右前车门、左前车门、右后车门的门控灯检查可参考左前车门门控灯的检查方法。图11-39为打开车门,图11-40为检查顶灯是否点亮。

图11-38　释放驻车制动杆

图11-39　打开车门

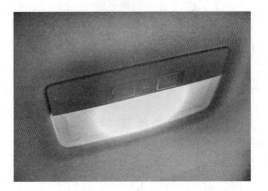

图11-40　检查顶灯是否点亮

三　学习拓展

1　汽车氙气大灯

汽车氙气大灯是利用配套电子镇流器,将汽车电池提供的12V直流电通过振荡电路转变为较高频率的交流电,启动瞬间通过升压,变压器提升到23kV以上的触发电压,将氙气大灯中的氙气电离形成电弧放电,通过灯泡里边的金属卤化物蒸发,使电弧稳定发光,为汽车提供稳定的大灯照明系统。氙气大灯也叫HID气体放电式头灯,它是用包裹在石英管内的高压氙气替代传统的钨丝,提供更高色温、更聚集的照明。由于氙灯是采用高压电流激活氙气而形成一束电弧光,可在两电极之间持续放电发光。普通汽车灯泡的功率达到65W,而氙气灯仅需35W,降低近1倍。氙气灯可明显减轻车辆电力系统的负担。氙气灯的色温在4000~6000K之间,远远高于普通灯泡。它亮度高,光色有多种颜色可选,原装车上一般为4300K。因其色温与卤素灯接近、穿透力强,可以提高夜间的行车安全性。

❷ 汽车双跳灯

汽车双跳灯俗称汽车双闪灯,就是两个转向灯一起闪,在车辆的仪表盘上有一个带有红色三角形的按钮,按下去即可开启双闪。有些微型车的双闪开关在紧靠转向盘的方向柱前部,有一个红色小柱,提起这个小柱即可开启双闪。在以下情况下可使用汽车双跳灯:

(1)雾天行车。雾天由于视线不好,所以不但应该打开双闪灯,还应该打开雾灯,以提醒过往车辆的注意,以及为自己照明。

(2)在道路上发生故障或者发生交通事故时应该打开双闪灯,以提醒过往车辆注意安全。在高速公路上车辆发生故障、事故停车后,不按规定使用灯光和设置警告标志的,一次记12分。

(3)牵引故障机动车时,牵引车和被牵引车均应开启危险报警闪光灯,提醒自己的车处于非正常状态。

(4)在行车道路上临时停车时,打开双闪灯提醒别的车注意。

(5)组成交警部门允许组成的车队时,车队内车辆应该打开双闪灯。

(6)能见度小于100m时,开启雾灯、近光灯、示廓灯、前后位灯和危险报警闪光灯,车速不得超过40km/h,与同车道前车保持50m以上的距离。

(7)能见度小于50m时,开启雾灯、近光灯、示廓灯、前后位灯和危险报警闪光灯,车速不得超过20km/h,并从最近的出口尽快驶离高速公路。

四 评价与反馈

❶ 自我评价

(1)通过本学习任务的学习你是否已经知道以下问题:
①各个汽车灯光及信号装置的名称?_____。
②各个汽车灯光及信号装置的作用?_____。
③如何进行蓄电池加负荷充电电压测试?_____。

(2)实训过程完成情况如何?
_____。

项目三 5000 km维护

(3)通过本学习任务的学习,你认为自己的知识和技能还有哪些欠缺?

_____。

签名:_____ ____年___月___日

❷ 小组评价

小组评价见表11-1。

小组评价表　　　　　　　　　　　　　　　　　表11-1

序号	评价项目	评价情况
1	着装是否符合要求	
2	是否能合理规范地使用仪器和设备	
3	是否按照安全和规范的流程操作	
4	是否遵守学习、实训场地的规章制度	
5	是否能保持学习、实训场地清洁	
6	团结协作情况	

参与评价的同学签名:_____　　____年___月___日

❸ 教师评价

_____
_____。

教师签名:_____ ____年___月___日

五 技能考核标准

技能考核标准见表11-2。

技能考核标准表　　　　　　　　　　　　　　　　表11-2

序号	操作内容	规定分	评分标准	得分
1	安装地板垫	2	地板垫方向位置装错扣1分,未安装扣2分	
2	安装座椅套	2	铺放不到位未盖满扣1分,撕裂扣1分,未装扣2分	
3	安装转向盘套	2	转向盘套不到位扣1分,撕裂扣1分,未装扣2分	
4	拉起发动机舱盖释放杆	2	释放杆未一次拉起扣1分,未拉扣2分	
5	安装车轮挡块	2	任意轮前和后,要求必须和车轮外边缘平齐,不允许超过车轮,否则扣1分;如有其中一个挡块未安装扣2分	
6	安装尾气管	2	未双手安装扣1分,掉落扣1分,未安装扣2分	
7	打开发动机罩	2	锁扣没一次性打开扣1分,发动机罩支撑不牢固扣2分	
8	安装翼子板布	2	动作位置正确,安放可靠,不影响作业,否则扣2分	

续上表

序号	操作内容	规定分	评分标准	得分
9	安装前格栅布	2	动作位置正确,安放可靠,不影响作业,否则扣2分	
10	检查蓄电池盒是否损坏;检查整个蓄电池盒表面是否有裂纹、泄漏损坏的情况	2	检查不到位的扣1分,未检查出蓄电池盒损坏等情况的扣2分	
11	检查蓄电池端子导线是否松动	2	检查不到位的扣1分,未检查出蓄电池导线松动等情况的扣2分	
12	测量蓄电池静态电压	2	未对万用表进行校零直接测量的扣1分,读数错误扣2分	
13	测量蓄电池充电电压	8	未加负荷时测量不正确的扣4分,加负荷测量方法错误的直接不得分	
14	检查示宽灯	4	未检查出仪表盘指示表或车外灯不正常的不得分	
15	检查远、近光灯	4	未检查出仪表盘指示表或车外灯不正常的不得分	
16	检查大灯闪光器开关	4	未检查出仪表盘指示表或车外灯不正常的不得分	
17	检查左转向信号灯	4	未检查出仪表盘指示表或车外灯不正常的不得分	
18	检查右转向信号灯	4	未检查出仪表盘指示表或车外灯不正常的不得分	
19	检查危险警告灯	2	未检查出仪表盘指示表或车外灯不正常的不得分	
20	检查变光杆开关自动回位功能	4	检查方法错误的扣2分,未检查出变光杆开关自动回位功能损坏的扣2分	
21	检查尾灯和牌照灯	4	未检查出仪表盘指示表或车外灯不正常的不得分	
22	检查倒车灯	4	操作方法错误或未检查出倒车灯不正常的不得分	
23	检查制动灯	4	未检查出制动灯不正常的不得分	
24	检查后雾灯	2	未检查出后雾灯不正常的不得分	
25	检查组合仪表警告灯	4	未检查出仪表盘警告指示表不正常的不得分	
26	检查喇叭	4	检查方法错误的扣1分,未检查出喇叭不正常的不得分	
27	检查顶灯	4	未检查出顶灯不正常的不得分	
28	检查驻车制动器	4	未检查仪表灯驻车指示灯的扣2分,操作方法错误的扣2分	
29	检查门控灯	8	未检查出顶灯或仪表盘指示灯不正常的每扇扣2分	
30	清洁恢复整理工具	4	未进行清洁的每次扣1分,未整理工具的每次扣1分	
总 分			100	

项目三 5000km 维护

学习任务 12 　汽车车身项目检查

学习目标

 知识目标

1. 了解汽车车身项目检查工作的重要性；
2. 了解汽车座椅安全带的作用和转向检查；
3. 了解汽车刮水器的功能。

 技能目标

1. 掌握汽车刮水器、车门的检查方法；
2. 能准确判断并指出汽车车身项目检查中出现的问题；
3. 熟练掌握汽车车身项目检查中的各个检查与操作项目。

建议课时

6课时。

 任务描述

汽车车身项目检查是整个汽车定期维护检查中的必检项目，关系到发动机能否正常工作。因此，发动机项目检查必须认真、仔细。

汽车车身项目检查的内容包括：

(1)车身外观：车身凹痕、裂纹、加油口盖等的检查。
(2)车门：车门铰链、电动车窗、电动后视镜等的检查。
(3)刮水器：各个挡位刮水工作效果等的检查。
(4)座椅安全带：座椅螺母松动、安全带锁止情况等的检查。

一　理论知识准备

(1)座椅及安全带要检查的项目有：座椅安全带的螺栓螺母是否松动，座椅螺栓螺母是否松动，车门螺栓螺母是否松动，座椅安全带伸缩锁止是否正常，座椅调整功能是否正常。

(2)汽车在行驶中，驾驶员和乘客安全带的作用是：在紧急制动时，对驾驶员与乘客起到保护作用,防止驾驶员和乘客由于惯性前倾而导致危险发生。

(3)加油口盖要做的检查项目有:检查加油口盖是否有变形或损坏,检查加油口盖与车身连接状况是否正常,检查加油口盖密封圈是否有损坏或变形,检查加油口盖的力矩限制器是否正常。

二 任务实施

(一)车身外观检查

1 准备工作

(1)将实训车辆平稳停放在实训区域。
(2)检查实训室的通风及防火系统设备工作是否正常。
(3)准备纱布等教学用具。

2 技术要求与注意事项

(1)在操作开始前,检查好所有的设备并准备好工具,待检查完毕后,用干净的纱布对手接触过的地方进行清洁。

(2)在检查汽车车身时,仔细观察车身外观是否有凹痕,油漆是否有刮伤、脱落等异常现象。

(3)在检查汽车车灯总成时,轻轻晃动车灯总成,检查总成安装是否有松动和破损现象,车灯总成外观有无划痕,车灯内部是否有褪色、老化和损坏。

(4)在检查加油口盖时,确保加油口盖或者垫片都没有变形或者损坏,同时检查真空阀是否锈蚀或者黏住,安装加油口盖并旋紧,确保加油口盖发出"嗒嗒"声而且能够自由转动。

3 操作步骤

1)检查车身

仔细观察车身外观是否有凹痕,油漆是否有刮伤、脱落等异常现象。图12-1为检查车身外观。

a)

b)

图12-1 检查车身外观

2）检查加油口盖

先用手摸加油口盖的外表面,检查其表面是否有变形和损坏;打开加油口盖后,检查加油口盖内表面是否有变形和损坏,用手旋开里面加油口盖,检查垫片有没有变形损坏,真空阀是否锈蚀或者黏住,检查橡胶连接线连接情况。安装加油口盖时,确保加油口盖发出"嗒嗒"声而且能够自由转动,此时只要听到有 2～3 下嗒嗒声的时候就可以停止操作。图 12-2 为检查加油口盖外侧,图 12-3 为检查加油口盖内侧,图 12-4 为检查加油口盖锁止情况。

图 12-2　检查加油口盖外侧

图 12-3　检查加油口盖内侧

图 12-4　检查加油口盖锁止情况

3）检查前部车灯总成

双手轻轻晃动前部车灯总成,检查安装是否牢固,有无松动现象,观察前部车灯总成外观有无划痕,大灯内侧的反光板是否有褪色、老化和损坏等异常现象。图 12-5 为检查前部车灯总成。

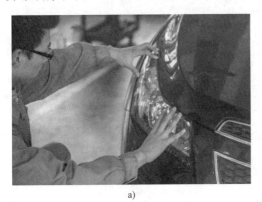

a)

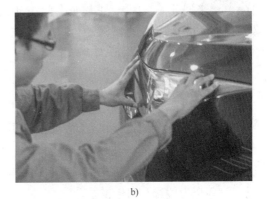

b)

图 12-5　检查前部车灯总成

4）检查后部车灯总成

用检查前部车灯总成方法来检查后部车灯总成。图 12-6 为检查后部车灯总成。

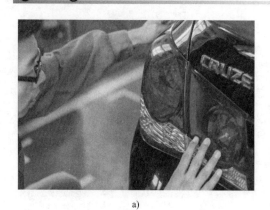
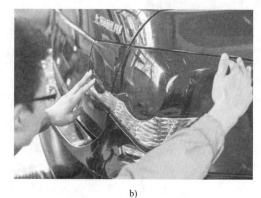

a)   b)

图12-6　检查后部车灯总成

5）检查车身两侧转向灯

用同样方法检查车身两侧转向灯。图12-7为车身侧面转向灯。

图12-7　车身侧面转向灯

（二）车门检查

1 准备工作

（1）将实训车辆平稳停放在实训区域。

（2）检查实训室的通风及防火系统设备工作是否正常。

（3）准备三件套和纱布等教学用具。

2 技术要求与注意事项

（1）在操作开始前，检查好所有的设备并准备好工具，待检查完毕后，用干净的纱布对手接触过的地方进行清洁。

（2）在检查汽车车门时，上下轻轻晃动汽车车门，检查车身螺母和螺栓是否安全牢固。

（3）来回开关车门，仔细检查车门在开关时是否有异常噪声，并检查车门与车身连接处的铰链机构是否能自由活动，并无异常噪声。

（4）检查电动车窗时，为避免消耗蓄电池电量，应起动发动机后再进行检查。

3 操作步骤

1）检查车门

对汽车四扇车门进行检查，检查汽车车门时，上下轻轻晃动汽车车门，检查车身螺母和螺栓是否安全牢固；来回开关车门，仔细检查车门在开关时是否有异常噪声，并检查车门与车身连接处的铰链机构是否能自由活动，有无异常噪声。图12-8为检查车门牢固情况，图12-9为检查车门铰链。

2）检查电动车窗

在检查电动车窗升降情况时，为避免消耗蓄电池电量，建议起动发动机后再进行检查。先对驾驶员侧主控开关进行检查，检查四扇电动车窗是否能正常升降。标有AUTO

的开关检查时只要一拉就能自动上升至顶部,一按就能下降至底部,其他三扇车窗需要一直按着或一直拉着。检查车窗是否能正常上升或下降,用同样的方法对另外三扇单独控制的车窗进行检查。在检查电动车窗升降时,观察车窗是否能正常升降,有无卡滞或异常噪声。图 12-10 为电动车窗开关位置,图 12-11 为检查电动车窗。

图 12-8　检查车门牢固情况

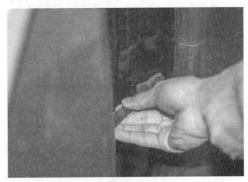

图 12-9　检查车门铰链

图 12-10　电动车窗开关位置

图 12-11　检查电动车窗

3)检查电动后视镜

"L"为左边调整挡位,"R"为右边调整挡位,中间为关闭挡位;带加热符号的中间为加热挡位。先选择"L"或"R"挡,然后按箭头指示转向调整上下左右到适当位置。图 12-12 为电动后视镜开关位置,图 12-13 为检查电动后视镜。

图 12-12　电动后视镜开关位置

图 12-13　检查电动后视镜

(三)检查刮水器

1 准备工作

(1)将实训车辆平稳停放在实训区域。
(2)检查实训室的通风及防火系统设备工作是否正常。
(3)准备三件套和纱布等教学用具。

2 技术要求与注意事项

(1)在操作开始前,检查好所有的设备并准备好工具。
(2)在检查时,如果无喷洗液喷出,应立即停止刮水,以免损坏刮水器。
(3)检查刮水器刮水效果时,注意观察刮水器工作时是否有异常噪声,各个挡位是否都能正常工作,当刮水器停止工作时,是否会恢复到车窗玻璃的底部位置。
(4)刮水结束后,应检查风窗玻璃处是否有条纹式的刮水痕迹,检查刮水的效果是否良好。

3 操作步骤

1)检查风窗玻璃喷洗器

起动发动机后,将喷洗器开关垂直往上抬起,此时应有喷洗液喷出,刮水器也同步开始刮水;注意观察喷洗器的喷射状态,喷洗器喷洒压力是否足够,喷洗区是否集中在刮水器工作范围内,喷洗器喷射时,刮水器是否会协同工作,并听刮水器在工作过程中是否有异常噪声。图12-14为检查风窗玻璃喷洗器。

a)　　　　　　　　　　　　　　　b)

图12-14　检查风窗玻璃喷洗器

2)检查刮水器工作情况

刮水器换挡杆有五个挡位,从上往下依次为单次刮挡位、停止挡位、间歇刮挡位、低速刮挡位、高速刮挡位;检查时先喷洒喷洗液,然后分别对各个挡位的工作情况进行检查,观察刮水器在工作时是否有异常噪声,摆动是否流畅平稳。图12-15为刮水器换挡杆,图12-16为检查刮水器工作情况。

3)检查刮拭状况

当刮水器换挡杆开关关闭时,刮水器是否能自动恢复在其停止位置,即风窗玻璃的底部;检查刮水器刮水后,是否有条纹式的刮水痕迹,刮水的效果是否良好。图 12-17 为检查刮拭情况。

图 12-15　刮水器换挡杆

图 12-16　检查刮水器工作情况

a)　　　　　　　　　　　　　　　　　　b)

图 12-17　检查刮拭情况

(四)检查座椅安全带

1 准备工作

(1)将实训车辆平稳停放在实训区域。

(2)检查实训室的通风及防火系统设备工作是否正常。

(3)准备三件套和纱布等教学用具。

2 技术要求与注意事项

(1)在操作开始前,检查好所有的设备并准备好工具。

(2)在检查时,安全带插入或拔出插座时,注意观察仪表盘安全带指示灯是否能正常熄灭或点亮。

(3)瞬间拉动安全带时,安全带是否能正常锁止。

3 操作步骤

1)检查安全带外观和卷伸情况

对安全带的正反两面进行检查,观察安全带表面是否有破损等异常损坏,将安全带拉伸到插座位置,松开后是否能正常卷回。图 12-18 为检查安全带外观和卷伸情况。

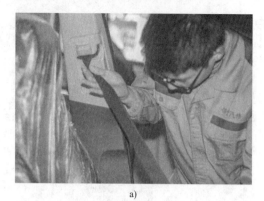
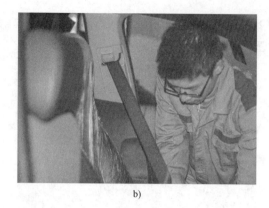

　　　　　　a)　　　　　　　　　　　　　　　　b)

图 12-18　检查安全带外观和卷伸情况

2）检查安全带锁止情况

瞬间用力拉动安全带，此时安全带惯性开关应锁止，如不会则说明锁止失效。将安全带拉出来，同时将安全带插入到插座上面固定，然后用力拉动安全带，检查安全带安装是否牢固。图 12-19 为检查安全带惯性开关，图 12-20 为检查安全带安装情况。

图 12-19　检查安全带惯性开关　　　　　图 12-20　检查安全带安装情况

3）检查安全带指示灯

打开点火开关，将安全带拉出来插入插座，观察仪表盘安全带指示灯是否能正常熄灭，拔出后是否能正常点亮。图 12-21 为插入安全带，图 12-22 为检查安全带指示灯是否熄灭，图 12-23 为拔出安全带，图 12-24 为检查安全带指示灯是否点亮。

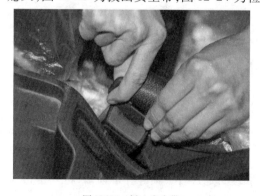

图 12-21　插入安全带　　　　　　　　　图 12-22　检查安全带指示灯是否熄灭

项目三　5000km维护

图12-23　拔出安全带

图12-24　检查安全带指示灯是否点亮

三　学习拓展

汽车车身颜色,不论对使用者还是对外界,或对车辆的视觉感,都非常重要。汽车车身颜色有多种,各种颜色各有特色,使用者可根据需要选择。

(1)白色或乳白色:给人以明快、活泼、大方的感觉。白色是中间色,容易与外界环境相吻合而协调,并且白色车身与人们穿白衣服相近,给人以清洁朴实的感觉。乳白色车身较耐脏,路上泥浆或污物溅上干后不易看出。所以选择白色或乳白色汽车的人较普遍。

(2)黑色或深棕色:给人以庄重、尊贵、严肃的感觉。黑色也是中间色,容易与外界环境相吻合。但黑色汽车车身反而不耐脏,有一点灰尘就能看出来。

(3)红色:红色包括大红、枣红,给人以跳跃、兴奋、欢乐的感觉。红色是放大色,容易从环境中"跳"出来,引起人们视觉的注意,有利于交通安全。此外,微型小汽车突出车身的"形象",选用红色,这样不会给人以"小"的感觉。但是红色也不耐脏,驾驶员长时间驾驶时,红色容易引起视觉疲劳,不利于对其他淡色物体的观察。从这一点上讲,又不十分有利于安全。

(4)黄色:黄色给人以欢快、温暖、活泼的感觉。黄色是扩大色,在环境视野中很显眼,所以出租车多喜欢涂上黄色,一是便于管理,二是便于人们早早的发现,可与其他汽车区别。但私用车选用黄色的不多。

(5)其他颜色:汽车还有其他多种颜色,如银白、铁灰、墨绿、天蓝等各有特色,用户可根据自己喜好作出选择。有一些特殊颜色,用户可向厂商提出,可专门配色。

四　评价与反馈

1　自我评价

(1)通过本学习任务的学习你是否已经知道以下问题:

①汽车座椅安全带的作用是什么?＿＿＿＿＿＿＿＿＿＿＿＿＿＿＿＿＿＿＿＿＿＿。

②如何检查汽车刮水器工作情况?＿＿＿＿＿＿＿＿＿＿＿＿＿＿＿＿＿＿＿＿＿＿。

③如何检查汽车车门工作是否可靠?＿＿＿＿＿＿＿＿＿＿＿＿＿＿＿＿＿＿＿＿。

(2)实训过程完成情况如何?

＿＿＿＿＿＿＿＿＿＿＿＿＿＿＿＿＿＿＿＿＿＿＿＿＿＿＿＿＿＿＿＿＿＿＿＿＿。

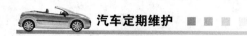

(3)通过本学习任务的学习,你认为自己的知识和技能还有哪些欠缺?

_____。

签名:_____ _____年___月___日

❷ 小组评价

小组评价见表12-1。

小 组 评 价 表   表 12-1

序号	评 价 项 目	评 价 情 况
1	着装是否符合要求	
2	是否能合理规范地使用仪器和设备	
3	是否按照安全和规范的流程操作	
4	是否遵守学习、实训场地的规章制度	
5	是否能保持学习、实训场地清洁	
6	团结协作情况	

参与评价的同学签名:_____ _____年___月___日

❸ 教师评价

_____
_____。

教师签名:_____ _____年___月___日

五 技能考核标准

技能考核标准见表12-2。

技能考核标准表   表 12-2

序号	操作内容	规定分	评分标准	得分
1	安装地板垫	2	地板垫方向位置装错扣1分,未安装扣2分	
2	安装座椅套	2	铺放不到位未盖满扣1分,撕裂扣1分,未装扣2分	
3	安装转向盘套	2	转向盘套不到位扣1分,撕裂扣1分,未装扣2分	
4	观察车身外观是否有凹痕,油漆是否有刮伤、脱落等异常现象	8	检查不到位的每处扣2分,未检查出车身有刮伤等损坏情况的不得分	
5	检查其表面是否有变形和损坏;打开加油口盖后,检查加油口盖内表面是否有变形和损坏,检查垫片有没有变形损坏,真空阀是否锈蚀或者黏住,检查橡胶连接线连接情况	10	检查不到位的每处扣2分,未检查出加油口盖有不正常情况的不得分	

续上表

序号	操作内容	规定分	评分标准	得分
6	检查安装是否牢固,有无松动现象,观察前部车灯总成外观有无划痕,大灯内侧的反光板是否有褪色、老化和损坏等异常现象	10	检查不到位的每处扣2分,未检查出前部车灯总成异常现象的不得分	
7	检查安装是否牢固,有无松动现象,观察后部车灯总成外观有无划痕、损坏等异常现象	10	检查不到位的每处扣2分,未检查出后部车灯总成异常现象的不得分	
8	检查车身两侧转向灯	4	检查不到位的扣1分,未检查出车身两侧转向灯异常现象的不得分	
9	检查车身螺母和螺栓是否安全牢固;检查车门在开关时是否有异常噪声,检查车门与车身连接处的铰链机构是否能自由活动,有无异常噪声	10	检查不到位的每处扣2分,未检查出车门异常现象的不得分	
10	检查电动车窗升降是否正常,升降时有无卡滞、噪声等异常现象	8	检查不到位的每处扣2分,未检查出电动车窗异常现象的不得分	
11	检查电动后视镜是否能正常调节	6	检查不到位的每处扣2分,未检查出电动后视镜异常现象的不得分	
12	检查风窗玻璃喷洗器喷射压力和位置	4	检查不到位的每处扣2分,未检查出风窗玻璃喷洗器喷射不正常的不得分	
13	检查刮水器工作情况	4	检查不到位的每处扣2分,未检查出刮水器工作情况不正常的不得分	
14	检查刮水器刮拭状况、刮水器停止位置	4	检查不到位的每处扣2分,未检查出刮水器不正常的不得分	
15	检查安全带外观和卷伸情况	4	检查不到位的每处扣2分,未检查出安全带有损坏等情况的不得分	
16	检查安全带锁止情况	4	检查不到位的每处扣2分,未检查出安全带锁止损坏的不得分	
17	检查安全带指示灯	4	未检查出安全带指示灯损坏的不得分	
18	清洁恢复整理工具	4	未进行清洁的每次扣1分,未整理工具的每次扣1分	
总 分		100		

(二)

汽车定期维护

项目四 40000km维护

学习任务13 顶起位置一 预检工作

学习目标

 知识目标

1. 了解车辆预检工作的重要性;
2. 学会判断发动机各工作介质是否充足。

 技能目标

1. 掌握汽车发动机机油液位的检查方法;
2. 能熟练安装车内三件套;
3. 熟练掌握预检工作中的各个检查与操作项目。

建议课时

6课时。

任务描述

车辆预检工作是汽车40000km维护检查中的基础项目,十分关键。40000km维护检查中的其他项目检查必须要先做好这些准备工作。

车辆预检工作项目的内容包括:

(1)驾驶员座椅:安装地板垫、安装座椅套、安装转向盘套、拉起发动机舱盖释放杆。

(2)安全防护工作:确认驻车制动杆是否拉起、换挡杆是否置于"P"挡、安装车轮挡块、安装尾气管、打开发动机罩、安装翼子板布、安装前格栅布。

(3)发动机室:检查蓄电池安装情况、蓄电池端子情况、蓄电池静态电压测量、检查前风窗玻璃洗涤液液位、检查发动机冷却液液位、检查发动机机油液位、检查制动液液位、检查冷却系统管路情况、检查燃油供给系统管路情况、检查制动系统管路情况、检查发动机传动带等。

本任务中发动机室中的前风窗玻璃洗涤液液位、发动机冷却液液位、发动机机油液位、制动液液位为检查项目,其他项目为操作项目。

一 理论知识准备

(1)车内三件套的名称是:座椅套、地板垫、转向盘套。

(2)车内三件套分别放在:驾驶员座椅、驾驶员脚下、转向盘上。

(3)车内三件套的材料一般有塑料、布、皮。各自的优点是塑料物美价廉,成本低,使用方便;而布和皮制作三件套可以反复利用,使用率高。缺点分别是塑料回收不方便,不环保;布料造价比较贵,使用起来不太方便,易脏不易洗;皮质易脏易洗,但造价高。

(4)车轮挡块的作用是防止车辆由于误操作而产生移动,造成危害。

(5)发动机机油标准液位在上下刻度线中间偏上位置,主要目测其色泽和黏度。

(6)发动机冷却液检查是为了确保有足够的冷却液以保证发动机能够正常运转。如果冷却液不足,则应立即补充,防止发动机运转时不能冷却,造成严重后果。

(7)制动液液位的标准位置应在上下刻度线中间,即在高位"max"和低位"min"之间。制动液液体呈淡黄色,更换期限一般为两年或40000km。

二 任务实施

1 准备工作

(1)将实训车辆平稳停放在实训区域。

(2)检查实训室的通风及防火系统设备工作是否正常。

(3)准备三件套、前格栅布和翼子板布、冰点仪、尾气分析仪、万用表和手电筒等教学用具。

2 技术要求与注意事项

(1)在操作开始前,检查好所有的设备并准备好工具。

(2)安装车轮挡块时可以用举升机顶起部分车辆质量。

(3)三件套(地板垫、座椅套、转向盘套)和翼子板布、前格栅布的安装方法要正确。

(4)前风窗玻璃洗涤液液位、发动机冷却液液位、发动机机油液位、制动液液位检查时液位要在规定的刻度线之间,而且检查动作要到位。

3 操作步骤

1)在维修工单内标记车辆损毁位置及损毁类型

在操作开始前,学员应仔细把车辆四周彻底检查一遍,确认操作的车辆是否有损毁及损毁的位置,并标注在维修工单内,以避免后续不必要的纠纷。图13-1为标记损毁位置

项目四 40000km 维护

及类型。

2)在维修工单内记录车辆识别号

把副驾驶门柱上的车辆识别号或风窗玻璃左下角的车辆识别号记录下来,并填写在维修工单上。图13-2为记录车辆识别号。

注意:车辆识别号简称VIN码,是一组由17个英文和数字组成,用于汽车上的一组独一无二的号码,可以识别汽车的生产商、发动机、底盘序号及其他性能等资料。为避免与数字中的"1"和"0"混淆,英文字母"I"、"O"、"Q"均不会被使用。

图13-1 标记损毁位置及类型

图13-2 记录车辆识别号

3)启动尾气分析仪

连接尾气分析仪各连接线并确认连接可靠,打开尾气分析仪进行预热。图13-3为启动尾气分析仪。

注意:尾气分析仪正常使用之前需预热几分钟,因此可以在预检工作之前先启动尾气分析仪。

4)安装车轮挡块

放置车轮挡块主要为防止误操作造成车辆移动,发生安全事故。安放时前后轮都可以,只要不影响车辆的举升和能保证车辆不会移动就可以。图13-4为安装车轮挡块。

注意:挡块放置时紧贴轮胎外边缘。

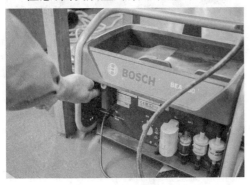

图13-3 启动尾气分析仪

图13-4 安装车轮挡块

5)安装尾气管

(1)调整好尾气管的位置,从吊钩处取下尾气管。图13-5为取下尾气管。

(2)用双手将尾气管插入到车辆的排气管中。图13-6为尾气管安装。

注意:尾气管的头部有夹箍,插入尾气管需用力插到底,拿放时要小心,以防止手划伤。

图13-5　取下尾气管

图13-6　尾气管安装

6)拉紧驻车制动杆,并将换挡杆置于"P"挡位置

(1)打开车门,插入钥匙,拉起驻车制动杆至高位。图13-7为拉紧驻车制动杆。

(2)将换挡杆置于"P"挡位置以确认安全,如图13-8所示。

注意:在将钥匙插入到点火开关的时候,要注意钥匙与孔对准,不要将钥匙插到转向盘边上,划伤其表面。

图13-7　拉紧驻车制动杆

图13-8　将换挡杆置于P挡位置

7)安装车内三件套

(1)将地板垫铺设在转向盘下的地板上,要求有字面朝上双手平铺。图13-9为安装地板垫。

注意:铺设地板垫的目的主要是便于清除维修人员带入驾驶室内的脏物与杂物,保持驾驶室内的清洁。

(2)双手捏住座椅套的边角,从座椅头部开始把座椅套从上到下的顺序装进,然后用座椅套的末端将座椅完全保护起来。图13-10为安装座椅套。

注意:座椅套是由薄塑料制成,极易破损,所以在安装座椅套时,用力要均匀,拉齐端面后套装。避免因用力过大,端面不齐,导致座椅套损坏。

项目四 40000km维护

图 13-9 安装地板垫

图 13-10 安装座椅套

（3）先安装转向盘的上端，然后把整个转向盘套入保护套。图 13-11 为安装转向盘套。

注意：转向盘套是由薄塑料制成，极易破损。安装转向盘套时不要硬拉，否则会造成转向盘套的损坏。

a)

b)

图 13-11 安装转向盘套

8）打开发动机舱盖

（1）首先右手用力拉起位于转向盘左下侧的发动机舱盖释放杆，机舱盖弹开。图 13-12 为拉起发动机舱盖释放杆。

注意：只要听到"嗒"的一声就表示机舱盖已经打开。

（2）然后拨开机舱盖锁拉手，将机舱盖掀起来。图 13-13 为掀起发动机舱盖。

注意：机舱盖锁位于机舱盖中间位置，轻轻往上一拨即可。

（3）一只手固定住发动机舱盖，另一只手用撑杆把机舱盖支撑起来。图 13-14 为支撑机舱盖。

9）安装翼子板布和前格栅布

（1）安装翼子板布，在安装过程中要注意翼子板布安装牢固，要保证磁铁与车身吸住牢固，防止掉落。图 13-15 为安装翼子板布。

注意：翼子板布的下沿有一个半圆形的车轮槽，以防车轮盖住，影响车轮检查。

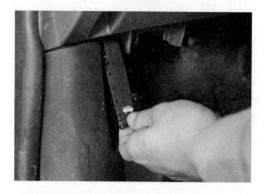

图 13-12 拉起发动机舱盖释放杆

图 13-13 掀起发动机舱盖

a)

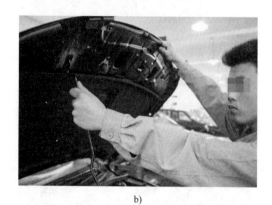

b)

图 13-14 支撑机舱盖

（2）安装前格栅布，在安装过程中要注意前格栅布安装牢固，要保证挂钩与车身连接牢固，防止前格栅布掉落。图 13-16 为安装前格栅布。

注意：有的前格栅布和翼子板布相互有挂钩可以钩住，切不可把挂钩钩在制冷系统高低压管路上。

图 13-15 安装翼子板布

图 13-16 安装前格栅布

10）检查发动机机油液位

（1）从工具车取出一块抹布，拔出机油尺，同时将机油尺擦干净，做好检查的准备。图 13-17 为清洁机油尺。

（2）将擦干净的机油尺再次插入到机油导管中。

注意：将机油尺插入机油导管中时一定要注意放到底，否则有可能会发生机油液位过低的误测。

（3）拔出机油尺，检查发动机的机油是否在两个刻度线中间。确认机油液位正常，如果不足则加到正常刻度。图13-18为检查机油液位。

注意：检查发动机机油液位，标准液位在上下刻度线中间偏上位置，主要目测其色泽和黏度。

图13-17 清洁机油尺

图13-18 检查机油液位

（4）检查完后再次将机油尺插回发动机中。图13-19为插入机油尺。

注意：将机油尺插入机油导管中时一定要注意放到底。

11）检查发动机冷却液液位

检查冷却液液位，标准位置应在上下刻度线中间，本车冷却液呈红色。图13-20为检查冷却液液位。

注意：发动机冷却液检查是为了确保有足够的冷却液，以保证发动机能够正常运转。如果冷却液不足，则应立即补充，防止发动机运转时不能有效冷却，造成严重后果。

图13-19 插入机油尺

图13-20 检查冷却液液位

12）测量发动机冷却液冰点

（1）右手用力逆时针拧开冷却液储液罐盖。图13-21为拧开冷却液储液罐盖。

注意：拧开储液罐盖时一定要小心防止冷却液喷出，最好用布包住。

（2）取出冰点仪，用校零水对冰点仪进行校零操作。图13-22为冰点仪校零。

注意：校零以前必须先清洁冰点仪。若冰点仪校零有误差，则必须先调整冰点仪或直接更换冰点仪。

图13-21　拧开冷却液储液罐盖

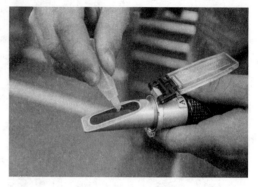

图13-22　冰点仪校零

（3）用滴管从冷却液储液罐吸取少量冷却液，取1～2滴冷却液用来检查其冰点，把其余冷却液倒回冷却液储液罐。图13-23为吸取冷却液。

（4）再次清洁冰点仪，把冷却液滴在冰点仪测量面上，检查其冰点。图13-24为检查冷却液冰点。

图13-23　吸取冷却液

图13-24　检查冷却液冰点

13）检查冷却水管及接口

（1）仔细用双手触摸检查各冷却水管及接口位置有无泄漏点。如果发现有泄漏的情况，可以先用棉纱布把泄漏点表面清理干净，然后过一段时间再来检查确认是否有泄漏。图13-25为检查水管及接口有无泄漏点。

（2）仔细检查各冷却水管的安装情况是否到位，各水管有无裂纹、凸起、硬化、磨损或其他损坏。图13-26为检查水管情况。

14）检查制动液液位

检查制动液液位，标准位置应在上下刻度线中间，即在高位"max"和低位"min"之

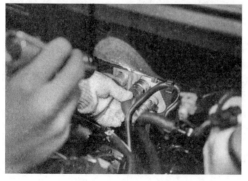

图13-25　检查水管及接口有无泄漏点

间。制动液液体呈淡黄色。图13-27为制动液液位检查。

注意:制动液液位的检查是为了确保制动系统能够正常运行。制动液更换期限一般为两年或40000km。

图13-26 检查水管情况

图13-27 制动液液位检查

15) 检查制动管及接头

(1) 仔细用双手触摸检查各制动管路及接口位置有无泄漏点。如果发现有泄漏的情况,可以先用棉纱布把泄漏点表面清理干净,然后过一段时间再来检查确认是否有泄漏。图13-28为检查制动管及接口泄漏点。

(2) 仔细检查各制动管的安装情况是否到位,各制动管有无扭结、磨损、腐蚀或其他损坏。图13-29为检查制动管情况。

图13-28 检查制动管及接口泄漏点

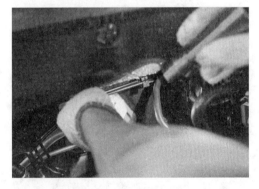

图13-29 检查制动管情况

16) 检查燃油管及接头

(1) 仔细用双手触摸检查各燃油管路及接口位置有无泄漏点。如果发现有泄漏的情况,可以先用棉纱布把泄漏点表面清理干净,然后过一段时间再来检查确认是否有泄漏。图13-30为检查燃油管及接口泄漏点。

(2) 仔细检查各燃油管的安装情况是否到位,各燃油管有无裂纹、凸起、硬化、磨损或其他损坏。图13-31为检查燃油管情况。

17) 检查发动机传动带

(1) 目视检查传动带有无变形、裂纹、脱层、过度磨损或其他损坏。图13-32为传动带检查。

图 13-30　检查燃油管及接口泄漏点

图 13-31　检查燃油管情况

（2）用力按压传动带，检查传动带安装是否正常，检查传动带张紧器张紧是否可靠。图 13-33 为传动带张紧检查。

注意：用力按压传动带，传动带张紧器应该能自由伸缩。

图 13-32　传动带检查

图 13-33　传动带张紧检查

18）检查前风窗玻璃洗涤液液位

打开前风窗玻璃洗涤液储液罐盖，用手电筒照射检查，根据液体的反光情况判断液位高低，如液位偏低就要立即补充，可以一次性补满。图 13-34 为前风窗玻璃洗涤液液位检查。

19）检查蓄电池

（1）检查蓄电池安装是否可靠，有无污染及损坏情况。

（2）检查蓄电池的正负极连接端子有无腐蚀和松动。图 13-35 为蓄电池连接端子检查。

图 13-34　前风窗玻璃洗涤液液位检查

（3）用万用表检查蓄电池电压是否在正常范围内，一般在 12V 左右都属正常。图 13-36 为蓄电池电压检查。

注意：在使用万用表之前必须先对万用表进行校零操作。

项目四　40000km维护

图 13-35　蓄电池连接端子检查

图 13-36　蓄电池电压检查

20) 拆除翼子板布和前格栅布

（1）用双手取下左右两侧的翼子板布，在归位时一定要放平整。图 13-37 为拆除翼子板布。

（2）松开挂钩，用双手取下前格栅布，在归位时一定要放平整。图 13-38 为拆除前格栅布。

图 13-37　拆除翼子板布

图 13-38　拆除前格栅布

21) 关闭发动机舱盖

（1）左手拿住发动机舱盖支撑杆，右手顶住发动机舱盖。图 13-39 为取出支撑杆。

注意：在收起发动机舱盖支撑杆的时候，如果比较紧，则可以轻轻上下摇动机舱盖，再将支撑杆拔出。

（2）将发动机舱盖支撑杆安放到夹箍中。图 13-40 为支撑杆归位。

图 13-39　取出支撑杆

图 13-40　支撑杆归位

（3）轻轻把发动机舱盖放到发动机舱上，然后双手放在发动机舱盖的中间轻轻用力将盖子盖上并确认发动机舱盖完全关闭。图13-41和图13-42分别为关闭发动机舱盖和压紧发动机舱盖。

注意：此时压发动机盖的时候，一定不要用大力，以防止其变形。

图13-41　关闭发动机舱盖

图13-42　压紧发动机舱盖

三　学习拓展

制动液又称刹车油，有三种类型。在选购时要选择可靠的厂家，并且级别越高越好。它的制动工作压力一般为2MPa，高的可达4~5MPa。所有液体都有不可压缩特性，在密封的容器中或充满液体的管路中，当液体受到压力时，便会很快地、均匀地把压力传到液体的各个部分。液压制动便是利用这个原理来进行工作的。

（1）蓖麻油－醇型：由精制的蓖麻油（45%~55%）和低碳醇（乙醇或丁醇，55%~45%）调配而成，经沉淀获得无色或浅黄色清澈透明的液体，即醇型汽车制动液。蓖麻油加乙醇为醇型1号，蓖麻油加丁醇为醇型3号。醇型制动液的原料容易得到，合成工艺简单，产品润滑性好；缺点是沸点低，低温时性质不稳定。醇型1号在45℃以上出现乙醇蒸气，产生气阻；在－25℃时蓖麻油呈乳白色胶状物析出，并随温度降低而增加，堵塞制动系统，使制动系统沉重失灵。在醇型3号皮碗试验中发现，制动液颜色稍变深，丁醇稍有溶解腐蚀橡胶的现象，在－28℃时也有白色沉淀物析出。有的文献介绍加入甘油调整，但在低温下仍有沉淀且分层。

（2）合成型：用醚、醇、酯等掺入润滑、抗氧化、防制动液锈、抗橡胶溶胀等添加剂制成。

（3）矿油型：用精制的轻柴油馏分加入稠化剂和其他添加剂制成。

四　评价与反馈

❶ 自我评价

（1）通过本学习任务的学习你是否已经知道以下问题：

①发动机各工作介质的检查方法？　　　　　　　　　　　　　　　　　。

②安全防护工作包括哪些内容？　　　　　　　　　　　　　　　　　　。

③传动带的检查应注意哪些方面？　　　　　　　　　　　　　　　　　。

(2)实训过程完成情况如何?

(3)通过本学习任务的学习,你认为自己的知识和技能还有哪些欠缺?

签名:＿＿＿＿＿＿　　　＿＿＿年＿＿月＿＿日

❷ 小组评价

小组评价见表13-1。

小组评价表　　　　　　　　　　　表13-1

序号	评价项目	评价情况
1	着装是否符合要求	
2	是否能合理规范地使用仪器和设备	
3	是否按照安全和规范的流程操作	
4	是否遵守学习、实训场地的规章制度	
5	是否能保持学习、实训场地清洁	
6	团结协作情况	

参与评价的同学签名:＿＿＿＿＿＿＿＿＿＿　　　＿＿＿＿年＿＿月＿＿日

❸ 教师评价

教师签名:＿＿＿＿＿＿　　　＿＿＿年＿＿月＿＿日

五 技能考核标准

技能考核标准见表13-2。

技能考核标准表　　　　　　　　　　　表13-2

序号	操作内容	规定分	评分标准	得分
1	在维修工单内标记车辆损毁部位	5	环车检查工作,未检查到位每处扣2分	
2	在维修工单内记录车辆识别号	4	未填写或车辆识别号填写错误扣4分	
3	在维修工单内标记燃油量	4	要求记录当时实际油表指示的燃油量,记录结果错误的扣2分;未记录扣4分	
4	启动尾气分析仪	6	尾气分析仪外观完好,未确认扣1分;电源、管路连接正常,未确认扣1分;尾气分析仪启动正常(指示灯在橙绿之间以1s间隔交替闪烁),开机顺序错误扣1分(正确方法:先开尾气分析仪电源开关,再启动计算机检测程序,进入检测数据界面);测试程序选择错误(未进入检测数据界面),扣3分	

续上表

序号	操 作 内 容	规定分	评 分 标 准	得分
5	拉紧驻车制动杆,并将换挡杆置于"P"位置	4	技师施工作业前完成此项目,否则扣2分	
6	安装车轮挡块	4	要求安装不同侧车轮的前后挡块,安装要整齐,否则扣4分	
7	安装座椅套、转向盘套和地板垫	4	技师进入车内作业前完成此项目,否则扣4分	
8	安装翼子板布和前格栅布	4	挂好挂钩,吸好磁铁,有掉落或左右明显不对称扣2分;未安装扣4分	
9	检查发动机机油液位	4	确认发动机机油液位至少高于标准刻度1/2以上并记录适时检查值,否则扣2分;未检查扣4分	
10	检查发动机冷却液液位	4	检查冷却液位是否正常,储液罐无损坏、无泄漏,否则扣2分;未检查扣4分	
11	测量并记录发动机冷却液冰点	5	确认冰点仪外观完好,刻度清晰并对冰点仪校零;打开冷却系统排气盖,吸取冷却液,测量,记录(测量结果应低于当地最低气温10℃以上);未按此标准扣2分;未记录扣5分	
12	检查冷却水管及接口有无泄漏	4	检查放气管(管口、管夹、管身)、补偿管、散热器进水管、散热器出水管、节气门进水管、节气门出水管、节气门进出口连接管、空调进水管、空调出水管,以上管路及接头均无泄漏,检查不到位扣2分,漏项每项扣2分,超三项不得分	
13	检查冷却水管的安装情况及有无裂纹、凸起、硬化、磨损或其他损坏	4	以上管路及接头均无泄漏、无裂纹、无凸起、无硬化、无磨损、无损坏,安装牢靠,漏项每项扣2分,超三项不得分	
14	检查制动液液位	4	根据里程,确认制动液位处于最低与最高刻度之间,并记录,否则扣2分;未检查扣4分	
15	检查制动储液罐、制动管及接头有无泄漏	4	检查制动总泵、储液罐、管路1及接头、管路2及接头、ABS泵总成及接头1,2,3,4,5,6,管路3、管路4、管路5、管路6,以上部件、管路及接头均无泄漏、无扭结、磨损、腐蚀或其他损坏,1相关连接处安装可靠;漏项每项扣2分,超三项不得分	
16	检查制动管的安装情况及有无扭结、磨损、腐蚀或其他损坏	4		
17	检查燃油管及接头有无泄漏	4	供油管、脉动衰减器及接头、燃油导轨及接头均无泄漏,检查不到位扣2分;未检查扣4分	
18	检查燃油管的安装情况及有无裂纹、凸起、硬化、磨损或其他损坏	4	各油管卡夹安装可靠(采用适当拉伸形式检查管路接头是否有脱落及安装不到位),相关油管无裂纹、凸起、硬化、磨损或其他损坏,否则扣2分;未检查扣4分	

项目四　40000km维护

续上表

序号	操作内容	规定分	评分标准	得分
19	检查发动机传动带有无变形、裂纹、脱层、过度磨损或其他损坏	4	传动带与压缩机带轮、水泵带轮、发电机带轮、曲轴带轮处安装正常,传动带本身无变形、无裂纹、无脱层、无过度磨损及明显异常损坏,按压皮带张力正常;每项扣2分,超三项不得分	
20	检查发动机传动带的安装情况及传动带张力(按压)	4		
21	检查前风窗玻璃洗涤液液位	4	洗涤液位正常(注:如偏低,加注后并记录),未记录扣2分;未检查扣4分	
22	检查蓄电池的安装、污染及损坏情况	4	目测蓄电池外观无污染、无损坏,安装牢靠,正极端子及导线,负极端子及导线无腐蚀、无松动;检查不到位扣2分,未检查不得分	
23	检查蓄电池连接端子有无腐蚀、松动	4		
24	测量并记录蓄电池电压(静态)	4	发动机熄火,万用表外观检查良好,用欧姆挡对万用表校零,否则扣2分;测量并记录静态电压值,未记录扣2分	
总　分			100	

学习任务 14　顶起位置一　车外灯、悬架、加油口盖检查

 学习目标

 知识目标

1. 了解车辆灯光、悬架、加油口盖的重要性;
2. 学会判断车辆灯光、悬架、加油口盖是否正常。

★ **技能目标**

1. 掌握车辆外部灯光的检查方法;
2. 掌握如何判断汽车悬架阻尼状态是否正常;
3. 掌握汽油加注口盖的检查方法。

建议课时

4 课时。

任务描述

车外灯、悬架、加油口盖的检查是汽车40000km维护检查中的基础项目,这些项目的检查工作,对车辆的安全行驶起着重要的作用。

车外灯、悬架、加油口盖的检查项目内容包括:

(1)车辆外部车灯总成:检查尾灯总成情况、检查大灯总成情况。

(2)汽车悬架系统:检查左后减振器的阻尼状态、检查右后减振器的阻尼状态、检查左前减振器的阻尼状态、检查右前减振器的阻尼状态。

(3)汽油加注口:检查汽油加注口门损坏情况、检查汽油加注口门的打开和关闭情况、检查汽油加注口盖的连接和旋紧情况等。

一 理论知识准备

(1)前后外部灯光总成安装有无松动破损检查:主要检查灯外观有无划痕;大灯里侧的反光板是否有褪色、老化和损坏;晃动大灯,检查大灯安装是否牢固,有无松动现象。

(2)汽车悬架系统的阻尼状态检查方法:站在车辆悬架侧方,双手按压2~3次(借助车身起伏的缓冲力),目视车身下压后回弹状况应自如。

(3)检查汽油加注口门打开、关闭正常;外观无变形、无损坏,安装可靠;检查汽油加注口盖、密封圈无变形、无损坏,铰链连接可靠,旋紧、密封、连接可靠。

二 任务实施

1 准备工作

(1)将实训车辆平稳停放在实训区域。

(2)检查实训室的通风及防火系统设备工作是否正常。

(3)准备三件套、前格栅布和翼子板布、车轮挡块等教学用具。

2 技术要求与注意事项

(1)在操作开始前,检查好所有的设备并准备好工具。

(2)检查灯光总成外观时,视线与手的移动方向一致,安装检查推动要有力。

(3)检查汽油加注口门时车辆应解锁,应检查汽油加注口盖连接情况,旋紧应听到"咔嗒"声,检查连接情况时拉动不要太用力,防止连接线被人为拉断。

3 操作步骤

1)检查左侧尾灯总成

(1)双手放在左后翼子板的车灯上面,用手晃动车灯,检查车灯安装是否有松动。图14-1为翼子板尾灯松动检查。

注意:在操作时,向后稍用力,来回晃两次即可。

(2)打开行李舱盖,用同样的方法检查行李舱盖上的车灯是否有松动,如图14-2所示。

图 14-1 翼子板尾灯松动检查

图 14-2 行李舱盖尾灯松动检查

（3）双手放在车灯周围，通过检查确保各灯的灯罩和反光镜没有褪色或者因为碰撞而损坏。同时，检查灯内是否有污物或者有水进入。图 14-3 和图 14-4 分别为翼子板尾灯外观检查和行李舱盖尾灯外观检查。

图 14-3 翼子板尾灯外观检查

图 14-4 行李舱盖尾灯外观检查

2）检查右侧尾灯总成

此项操作请参考"检查左侧尾灯总成"方法。

3）检查左前大灯总成

（1）打开发动机罩，双手放在左前大灯总成上面，用手晃动车灯，检查车灯安装是否有松动。图 14-5 为左前大灯总成松动检查。

注意：在操作时，向前稍用力，来回晃两次即可。

（2）双手放在车灯周围，通过检查确保各灯的灯罩和反光镜没有褪色或者因为碰撞而损坏。同时，检查灯内是否有污物或者有水进入。图 14-6 为左前大灯总成外观检查。

注意：发动机罩在检查完右前大灯总成之后关闭，关闭方法参考"预检工作"。

4）检查右前大灯总成

此项操作请参考"检查左前大灯总成"方法。

5）检查左前减振器阻尼状态

（1）双手按在左前侧车身处，用力往下按，使减振器受压。图 14-7 为按压左前减振器。

图14-5 左前大灯总成松动检查

图14-6 左前大灯总成外观检查

注意:在按的时候要慢慢均匀用力压在加强筋处,不要用冲击力,防止车身变形。

(2)按下以后迅速将手离开车身,让减振器缓冲直到其停止不动,然后往复操作两次即可。图14-8为放松左前减振器。

注意:通过上下摇动车身确定减振器的缓冲力大小,并且检查车身停止摇动需要花多长时间。也可以观察其振动次数,一般1~2次就可以停下。

图14-7 按压左前减振器

图14-8 放松左前减振器

6)检查右前减振器阻尼状态

此项操作请参考"检查左前阻尼力状态"方法。

7)检查左后减振器阻尼状态

(1)双手按在左后侧车身处,用力往下按,使减振器受压。图14-9为按压左后减振器。

注意:在按的时候要慢慢均匀用力压在加强筋处,不要用冲击力,防止车身变形。

(2)按下以后迅速将手离开车身,让减振器缓冲直到其停止不动,然后往复操作两次即可。图14-10为放松左后减振器。

注意:通过上下摇动车身确定减振器的缓冲力大小,并且检查车身停止摇动需要多长时间。也可以观察其振动次数,一般1~2次就可以停下。

8)检查右后减振器阻尼状态

此项操作请参考"检查左后阻尼力状态"方法。

图14-9 按压左后减振器

图14-10 放松左后减振器

9)检查汽油加注口门

(1)检查汽油加注口门的打开和关闭情况。首先驾驶员侧车门解锁,按下加注口门,在弹簧弹力作用下,汽油加注口门打开。再次按下汽油加注口门,则关闭。图14-11为汽油加注口门打开。

注意:如果驾驶员侧车门不解锁,则按下汽油加注口门无法打开。

(2)然后用手轻轻晃动汽油加注口门的安装情况,确认是否安装牢固。图14-12为汽油加注口门紧固检查。

注意:此处不能太用力摆动。

图14-11 汽油加注口门打开

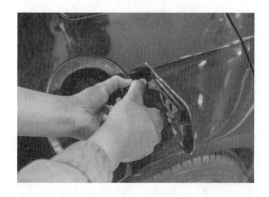
图14-12 汽油加注口门紧固检查

(3)再用手摸汽油加注口门的外表面和内表面,来检查其表面是否有变形和损坏。图14-13为加注口门外观检查。

注意:检查变形和损坏要结合手摸和眼看。在检查变形损坏时,还包括内盖里面是否有变形和损坏。

10)检查汽油加注口盖

(1)用手旋开汽油加注口盖,检查加注口盖和密封圈有没有变形和损坏。图14-14和图14-15分别为拧开加注口盖和检查加注口盖。

图14-13 加注口门外观检查

注意:同时检查真空阀是否锈蚀或者黏住。

图 14-14　拧开加注口盖

图 14-15　检查加注口盖

（2）通过检查螺纹查看是否有滑牙等情况,确保汽油加注口盖能够被正确上紧,检查橡胶连接线是否连接可靠。图 14-16 和图 14-17 分别为检查螺纹和检查橡胶连接线。

注意:橡胶连接线可防止汽油加注口盖丢失等情况发生。

图 14-16　检查螺纹

图 14-17　检查橡胶连接线

（3）检查力矩限制情况。进一步上紧加油口盖,确保加油口盖发出"咔嗒"声而且能够自由转动。图 14-18 为拧紧加油口盖。

图 14-18　拧紧加油口盖

注意:此时只听到有 2～3 响"咔嗒"声的时候则可以停止操作。

三　学习拓展

汽车悬架是汽车的车架与车桥或车轮之间的一切传力连接装置的总称,是传递作用在车轮和车架之间的力和力扭的桥梁,并且缓冲不平路面传给车架或车身的冲击力,并衰减由此引起的振动,以保证汽车能平顺的行驶。

典型的悬架结构由弹性元件、导向机构以及减振器等组成,有个别悬架的结构还有缓冲块、横向稳定杆等。弹性元件又有钢板弹簧、空气弹簧、螺旋弹簧以及扭杆弹簧等形式。

而现代轿车悬架多采用螺旋弹簧和扭杆弹簧,个别高级轿车则使用空气弹簧。

汽车悬架又可分为非独立悬架和独立悬架。非独立悬架的结构特点是两侧车轮由一根整体式车桥相连,车轮连同车桥一起通过弹性悬架与车架(或车身)连接。当一侧车轮因道路不平而发生跳动时,必然引起另一侧车轮在汽车横向平面内发生摆动,故称为非独立悬架。独立悬架的结构特点是车桥做成断开的,每一侧的车轮可以单独的通过弹性悬架与车架(或车身)连接,两侧车轮可以单独跳动,互不影响,故称为独立悬架。

悬架是汽车中的一个重要总成,它把车架与车轮弹性地联系起来,关系到汽车的多种使用性能。从外表上看,轿车悬架是一个较难达到完美要求的汽车总成,这是因为悬架既要满足汽车的舒适性要求,又要满足其操纵稳定性的要求,而悬架仅是由一些杆、筒以及弹簧组成,但千万不要以为它很简单。舒适性和操纵稳定性方面又是互相对立的。比如,为了取得良好的舒适性,需要大大缓冲汽车的振动,这样弹簧就要设计得软些,但弹簧软了却容易使汽车发生刹车"点头"、加速"抬头"以及左右侧倾严重的不良倾向,不利于汽车的转向,容易导致汽车操纵不稳定等。

四 评价与反馈

❶ 自我评价

(1)通过本学习任务的学习你是否已经知道以下问题:
①汽车尾灯和大灯总成的检查方法?＿＿＿＿＿＿＿＿＿＿＿＿＿＿＿＿＿＿。
②汽车悬架的工作情况如何判断?＿＿＿＿＿＿＿＿＿＿＿＿＿＿＿＿＿＿＿。
③汽油加油口盖的检查应注意哪些方面?＿＿＿＿＿＿＿＿＿＿＿＿＿＿＿。
(2)实训过程完成情况如何?
＿＿＿＿＿＿＿＿＿＿＿＿＿＿＿＿＿＿＿＿＿＿＿＿＿＿＿＿＿＿＿＿＿＿。
(3)通过本学习任务的学习,你认为自己的知识和技能还有哪些欠缺?
＿＿＿＿＿＿＿＿＿＿＿＿＿＿＿＿＿＿＿＿＿＿＿＿＿＿＿＿＿＿＿＿＿＿。

签名:＿＿＿＿＿＿　　　＿＿＿年＿＿月＿＿日

❷ 小组评价

小组评价见表14-1。

小组评价表　　　　　　　　　　　　　　　　表14-1

序号	评价项目	评价情况
1	着装是否符合要求	
2	是否能合理规范地使用仪器和设备	
3	是否按照安全和规范的流程操作	
4	是否遵守学习、实训场地的规章制度	
5	是否能保持学习、实训场地清洁	
6	团结协作情况	

参与评价的同学签名:＿＿＿＿＿＿＿＿＿＿　　　＿＿＿年＿＿月＿＿日

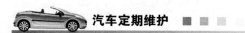

❸ 教师评价

_____。

教师签名：_____　　　　_____年___月___日

五 技能考核标准

技能考核标准见表 14-2。

技能考核标准表　　　　　　　　　　　　表 14-2

序号	操作内容	规定分	评分标准	得分
1	检查左侧尾灯总成的安装、污染和损坏情况	10	左侧尾灯总成外观无刮伤,灯罩灯室无污染、无损坏、无水汽,反光板无褪色、无腐蚀,安装牢靠,检查不到位扣 4 分;未检查不得分	
2	检查右侧尾灯总成的安装、污染及损坏情况	10	右侧尾灯总成外观无刮伤,灯罩灯室无污染、无损坏、无水汽,反光板无褪色、无腐蚀,安装牢靠,检查不到位扣 4 分;未检查不得分	
3	检查右前大灯的安装、污染和损坏情况	10	右前大灯总成外观无刮伤,灯罩灯室无污染、无损坏、无水汽,反光板无褪色、无腐蚀,安装牢靠,检查不到位扣 4 分;未检查不得分	
4	检查左前大灯的安装、污染及损坏情况	10	左前大灯总成外观无刮伤,灯罩灯室无污染、无损坏、无水汽,反光板无褪色、无腐蚀,安装牢靠,检查不到位扣 4 分;未检查不得分	
5	检查左后减振器的阻尼状态	9	左后减振器,阻尼正常,检查不到位扣 5 分;未检查不得分	
6	检查右后减振器的阻尼状态	9	右后减振器,阻尼正常,检查不到位扣 5 分;未检查不得分	
7	检查左前减振器的阻尼状态	9	左前减振器,阻尼正常,检查不到位扣 5 分;未检查不得分	
8	检查右前减振器的阻尼状态	9	右前减振器,阻尼正常,检查不到位扣 5 分;未检查不得分	
9	检查汽油加注口门的安装情况及有无变形、损坏	8	检查汽油加注口门与右后叶子板整体平顺情况,开启、关闭功能顺畅,无变形、无损坏,安装牢靠,检查不到位扣 4 分;未检查不得分	
10	检查汽油加注口门的打开和关闭情况	8		
11	检查汽油加注口盖的连接、旋紧(力矩限制)情况	8	汽油加注口盖、密封圈无变形、无损坏;铰链转动灵活,安装牢靠;旋紧、连接可靠;检查不到位扣 4 分,未检查不得分	
总　　分			100	

学习任务 15　顶起位置一　灯光检查

学习目标

知识目标

1. 了解车辆灯光检查的重要性;
2. 学会判断汽车各个灯光是否正常。

技能目标

1. 掌握汽车灯光的检查方法;
2. 正确掌握汽车各种灯光的开启和关闭方法;
3. 熟练掌握车辆灯光检查工作中的各个检查与操作项目。

建议课时

4 课时。

 任务描述

汽车灯光检查是汽车40000km维护检查中的必做项目,汽车灯光是否正常工作直接影响到汽车能否安全行驶。

汽车灯光检查项目的内容包括:

(1)车内灯光:前部阅读灯的检查、中部阅读灯的检查。

(2)前部灯光:示宽灯的检查、近光灯的检查、远光灯的检查、转向灯的检查、侧面转向灯的检查、转向灯开关的自动返回功能检查、前部危险警告灯的检查。

(3)后部灯光:后部危险警告灯的检查、后部示宽灯的检查、牌照灯的检查、制动灯的检查、高位制动灯的检查、倒车灯的检查。

(4)仪表盘指示灯:示宽灯指示灯的检查、远光灯指示灯的检查、左右转向灯的指示灯检查、危险警告灯指示灯的检查。

一　理论知识准备

(1)检查阅读灯通过开关点亮、熄灭判断是否正常,结束后开关置于车门图标位置。

(2)车辆灯光检查应起动发动机后进行;检查前照灯闪光(根据闪光的使用情况),应在所有灯都不亮和近光灯点亮的两种条件下检查;应在后示宽灯点亮的情况下检查制动灯;为了安全检查,倒车灯放在灯光检查最后,且要求熄灭发动机。

(3)仪表盘指示灯检查,打开车灯时相应的指示灯应点亮,有些车辆没有近光灯的指示灯。

二 任务实施

❶ 准备工作

(1)将实训车辆平稳停放在实训区域。
(2)检查实训室的通风及防火系统设备工作是否正常。
(3)准备三件套、车轮挡块等教学用具。

❷ 技术要求与注意事项

(1)在操作开始前,检查好所有的设备并准备好工具。
(2)检查灯光时一名同学负责室内操作开关和目视检查相应指示灯工作情况,另外一名同学负责外部车身目视检查各灯工作情况。
(3)检查倒车灯时,为了安全起见,需将发动机关闭后进行检查。

❸ 操作步骤

1)检查仪表盘灯

将点火开关旋至"ON"位置后,检查仪表盘灯是否点亮,如果没有点亮说明有故障。图15-1为检查仪表盘灯。

注意:如果点火开关钥匙不能旋转,则说明转向盘被锁住,此时可边转动转向盘边转钥匙。

2)检查前部阅读灯

将两盏前部阅读灯开关按下,检查能否正常点亮。再按一下即可关闭。图15-2为检查前部阅读灯。

注意:此灯位于车辆的前方中间位置,有驾驶侧和副驾驶侧两盏。

图15-1 检查仪表盘灯

图15-2 检查前部阅读灯

3)检查中部阅读灯

(1)将中部阅读灯开关置于灯亮图标位置,检查灯能否正常点亮。将开关置于灯灭图标位置,检查灯能否正常熄灭。图15-3为检查中部阅读灯。

(2)检查完之后将中部阅读灯开关置于车门图标位置,以便检查门控灯。图15-4为将开关置于车门图标位置。

注意:一定要确认开关在车门图标位置,否则会引起后面门控灯检查的误操作。

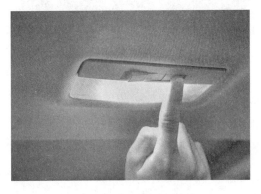
图15-3 检查中部阅读灯

图15-4 将开关置于"DOOR"位置

4)检查示宽灯

(1)确认点火开关处于"ON"位置,将灯光组合开关顺时针旋动一挡,检查仪表盘上示宽指示灯是否点亮。图15-5为打开示宽灯。

(2)检查车外前部示宽灯和后部示宽灯是否正常点亮。图15-6为前部示宽灯点亮。

提示:检查灯光也可借助镜子来观察车外的灯是否点亮。

图15-5 打开示宽灯

图15-6 前部示宽灯点亮

5)检查前照灯近光

起动发动机,将灯光组合开关顺时针旋动两挡后,检查前照近光灯是否正常点亮。在示宽灯打开的前提下,只要再将灯光组合开关顺时针旋动一挡即可。图15-7为前照灯近光点亮。

注意:检查近光灯,必须起动发动机,且起动机起动持续时间不能超过5s,两次起动间隔15s以上。

6）检查前照灯远光

（1）将变光器开关向下压一下,检查仪表盘上的远光灯指示灯是否正常点亮。图15-8为压下变光开关。

注意:检查远光灯,必须起动发动机。变光器开关位于转向盘左侧下方。

图15-7　前照灯近光点亮

图15-8　压下变光开关

（2）检查车外前照远光灯是否正常点亮。图15-9为前照灯远光点亮。

7）检查前照灯闪光

（1）将变光器开关由下往上拉起,重复操作两次,检查仪表盘上的远光灯指示灯是否正常闪烁两次。图15-10为拉起变光器开关。

注意:检查远光灯,必须起动发动机。如果起始位置为远光灯点亮,则向上拉起变为远光灯熄灭。

图15-9　前照灯远光点亮

图15-10　拉起变光器开关

（2）同时检查车外前照灯是否能够正常的在近光灯和远光灯之间切换。

注意:变光器开关拉起以后远光灯点亮,近光灯熄灭。松手后远光灯熄灭,近光灯点亮。

8）检查转向灯（含侧面）

（1）将变光器开关向左边拨动,检查仪表盘上的左转向指示灯是否正常闪烁。图15-11为向左拨动变光器开关。

注意:检查转向灯指示灯的频率应该和车外转向灯的闪烁频率一致。

（2）检查车外前部、中部和后部左转向灯能否同时闪烁。图15-12为左转向灯闪烁。

注意:如果有一个转向灯损坏了,则其余两盏转向灯的频率会加快。

图 15-11　向左拨动变光器开关

图 15-12　左转向灯闪烁

(3) 将变光器开关向右边拨动，检查仪表盘上的右转向指示灯是否正常闪烁。图 15-13 为右转向指示灯闪烁。

(4) 检查车外前部、中部和后部右转向灯能否同时闪烁。图 15-14 为右后转向灯闪烁。

图 15-13　右转向指示灯闪烁

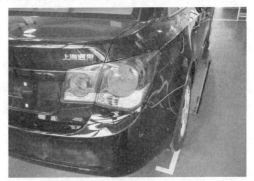
图 15-14　右后转向灯闪烁

9) 检查转向信号多功能开关的自动返回功能

(1) 将车辆方向置于水平正前方位置，转向盘保持在正中间位置，然后将变光器开关向左打，左转向灯和指示灯闪烁。图 15-15 为将车辆方向置于水平正前方。

(2) 双手平握转向盘，向左打方向约 90°，接下来将转向盘转到水平位置。检查左转向灯和指示灯能否正常熄灭。图 15-16 为转向盘向左转 90°。

(3) 将变光器开关向右打，右转向灯和指示灯闪烁。图 15-17 为打开右转向灯。

图 15-15　车辆方向置于水平正前方

图 15-16　转向盘向左转 90°

（4）双手平握转向盘，向右打方向约90°，接下来将转向盘转到水平位置。检查右转向灯和指示灯能否正常熄灭。图15-18为转向盘向右转90°。

图15-17　打开右转向灯

图15-18　转向盘向右转90°

10）检查危险警告灯

（1）用手按下红色三角形的危险警告灯的按钮，检查左右转向指示灯能否同时正常闪烁。图15-19为按下危险警告灯按钮。

注意：危险警告灯指示灯与左转向、右转向指示灯相同。

（2）检查左转向和右转向所有的转向灯能否同时正常闪烁。图15-20为危险警告灯闪烁。

注意：危险警告灯是一种提醒其他车辆与行人注意本车发生了特殊情况的信号灯。

图15-19　按下危险警告灯按钮

图15-20　危险警告灯闪烁

11）检查牌照灯

将灯光组合开关顺时针旋动一挡，检查牌照灯是否点亮。图15-21为牌照灯点亮。

注意：牌照灯可以和示宽灯同时检查。

12）检查制动灯

用力踩下制动器踏板，检查制动灯能否正常点亮。图15-22和图15-23分别为踩下制动踏板和制动灯点亮。

注意：高位制动灯应同时亮起。

图15-21　牌照灯点亮

13）检查倒车灯

踩下制动踏板，将变速器换挡杆挂入"R"挡，检查倒车灯能否正常点亮。图 15-24 和图 5-25 分别为换挡杆挂入 R 挡和倒车灯点亮。

注意：检查倒车灯时，发动机应处于熄火状态，以防安全隐患。

图 15-22　踩下制动踏板

图 15-23　制动灯点亮

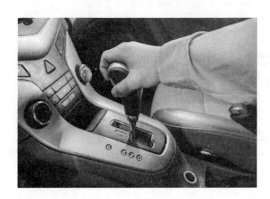

图 15-24　换挡杆挂入"R"挡

图 5-25　倒车灯点亮

三　学习拓展

在有路灯或者其他照明较好的道路上行车时不应开启远光灯。开启远光灯的车辆应该在会车前 150m 之外切换至近光灯。汽车灯光的正确使用方法如下：

（1）放慢车速：夜晚视线不好，放慢车速永远要比开启远光更加有助于安全。

（2）尽可能少使用远光灯：如今城市照明设施比较丰富，夜晚也很难遇到漆黑一片的道路，一般这样的路况下行车，尽量不使用远光灯。

（3）必要时灯光可以交替使用：在一些照明情况不佳的道路中行驶，为了不对对向来车造成影响，远光灯可以伴随近光灯交替使用，对向有来车时应即时切换。

（4）经常检查自己的灯光状态：当遇到对面来车频繁切换灯光照射自己时，应当检查自己的远光灯是否在无意中开启。

（5）大雾天气禁用远光灯：因为此时空气透明度较差，灯光会在空气中形成漫反射效果，不仅不会让你看得更远，反而会加大对来车的影响。

(6) SUV 车型如果可以调节大灯高度请尽量调节:不少 SUV 车型由于车身较高,即便开启近光灯也会对来车造成一些类似于远光灯的视觉影响,建议经常在城市中使用的车主,如果有大灯调节功能的,尽量将大灯角度调低,以尽可能地避免干扰其他车辆。

(7) 如果对方开了远光灯,你也可以用远近光灯转换来提醒对方车辆关闭远光灯。

四 评价与反馈

❶ 自我评价

(1) 通过本学习任务的学习你是否已经知道以下问题:

①汽车各个灯光的检查方法? _____。

②灯光检查包括哪些内容? _____。

③灯光检查中应注意哪些安全方面的问题? _____。

(2) 实训过程完成情况如何?

_____。

(3) 通过本学习任务的学习,你认为自己的知识和技能还有哪些欠缺?

_____。

签名:_____   ____年___月___日

❷ 小组评价

小组评价见表 15-1。

小 组 评 价 表   表 15-1

序号	评 价 项 目	评 价 情 况
1	着装是否符合要求	
2	是否能合理规范地使用仪器和设备	
3	是否按照安全和规范的流程操作	
4	是否遵守学习、实训场地的规章制度	
5	是否能保持学习、实训场地清洁	
6	团结协作情况	

参与评价的同学签名:_____   ____年___月___日

❸ 教师评价

_____。

教师签名:_____   ____年___月___日

五 技能考核标准

技能考核标准见表 15-2。

项目四 40000km 维护

技能考核标准表 表15-2

序号	操作内容	规定分	评分标准	得分
1	检查前部阅读灯	6	左、右各3分	
2	检查中部阅读灯（左、右）的工作情况，检查完毕后将开关置于"DOOR 位置"	8	左、右各3分，未置于"DOOR"位置扣2分	
3	检查前部示宽灯的工作情况	6	内部检查3分，外部检查3分	
4	检查前照灯近光的工作情况	8	内部检查3分，外部检查3分，未起动发动机扣2分	
5	检查前照灯远光及其指示灯的工作情况	8	内部检查3分，外部检查3分，未起动发动机扣2分	
6	检查前照灯闪光及远光指示灯的工作情况	8	内部检查3分，外部检查3分，未起动发动机扣2分	
7	检查前部转向灯（含侧面）及其指示灯的工作情况	6	内部检查3分，外部检查3分	
8	检查转向信号/多功能开关的自动返回功能	6	内部检查3分，外部检查3分	
9	检查前部危险警告灯（含侧面）及其指示灯的工作情况	6	内部检查3分，外部检查3分	
10	检查后部示宽灯的工作情况	6	内部检查3分，外部检查3分	
11	检查后部转向灯的工作情况	6	内部检查3分，外部检查3分	
12	检查后部危险警告灯及其指示灯的工作情况	6	内部检查3分，外部检查3分	
13	检查牌照灯的工作情况	6	内部检查3分，外部检查3分	
14	检查制动灯（含高位）的工作情况	6	内部检查3分，外部检查3分	
15	检查倒车灯的工作情况	6	内部检查3分，外部检查3分；要求发动机熄火，否则扣2分	
总 分			100	

学习任务16　顶起位置一　洗涤器、刮水器、制动系统检查

学习目标

知识目标

1. 了解前风窗玻璃洗涤器、刮水器、制动系统的重要性;
2. 学会判断各个检查项目是否正常工作。

技能目标

1. 掌握汽车前风窗玻璃洗涤器、刮水器的检查方法;
2. 正确掌握汽车制动系统的检查方法。

建议课时

6课时。

 任务描述

前风窗玻璃洗涤器、刮水器、制动系统的检查工作是汽车40000km维护检查中的基础项目,十分关键。

车检查项目的内容包括:

(1)前风窗玻璃洗涤器:检查前风窗玻璃洗涤器的喷射力和喷射位置。

(2)前风窗玻璃刮水器:检查前风窗玻璃洗涤器喷射时的刮水器联动情况,检查前风窗玻璃刮水器的低速工作情况及有无异响,检查前风窗玻璃刮水器的高速工作情况及有无异响,检查前风窗玻璃刮水器的自动回位功能,检查前风窗玻璃刮水器的刮拭情况。

(3)制动系统:检查并记录驻车制动器拉杆的行程,检查驻车制动器指示灯的工作情况,检查制动器踏板工作时有无松旷和异响,检查并记录制动踏板的自由行程,检查制动踏板踩下时的行程和感觉,检查并记录制动踏板的行程,检查制动助力器的密封性,检查制动助力器的助力能力。

一　理论知识准备

(1)打开刮水器清洗挡时,目视检查洗涤器左右喷嘴(共6个喷孔)的喷射力和喷射

位置应处于前风窗玻璃中部附近。

（2）检查刮水器喷水时，目视检查左右刮水器应联动，刮水器在各种速度下工作时应正常无异响。关闭刮水器开关时，左右刮水器应回位至前风窗玻璃底部正确的位置，并且能刮拭干净。

（3）驻车制动杆指示灯应在第一个棘轮锁止前点亮，释放驻车制动杆后指示灯应熄灭；用力踩下制动踏板，上提驻车制动器拉杆，从第一响开始计数，直到拉杆被拉紧，记下响声数（12响左右）。另外也可目视制动器拉杆与前地板操作台的夹角，角度应大于45°。

（4）踩下制动踏板3~5次，排除真空，踩下制动踏板并左右晃动，应无松旷、无异常噪声、无行程过大和软绵感觉。

（5）制动踏板自由行程标准为1~8mm，制动踏板行程标准为40~55mm。

（6）发动机运转1min后熄火，以紧急制动的方式按5s间隔踩制动踏板，踏板应一次比一次高，说明密封可靠。

二 任务实施

1 准备工作

（1）将实训车辆平稳停放在实训区域。
（2）检查实训室的通风及防火系统设备工作是否正常。
（3）准备三件套、车轮挡块、钢板尺等教学用具。

2 技术要求与注意事项

（1）在操作开始前，检查好所有的设备并准备好工具。
（2）检查刮水器喷水时水会四溅，应提醒注意；检查时应注意左右刮水器的工作情况。
（3）测量自由行程时，直尺放置与踏板垂直且紧靠转向盘边缘，轻踩踏板，至少测量2次，取平均值。
（4）测量制动踏板行程时，按紧急制动的情况，踩下踏板，至少测量2次，取平均值；读数时，不应太用力而造成直尺变形、弯曲。

3 操作步骤

1）检查前风窗玻璃洗涤器

（1）起动发动机，拉起玻璃洗涤器开关，使洗涤器开始工作。图16-1为拉起洗涤器开关。
注意：前风窗玻璃洗涤器开关在转向盘右下方。
（2）检查风窗玻璃洗涤器的喷射压力是否足够，同时检查喷射位置是否集中在刮水器工作范围内。
注意：检查洗涤器时，必须起动发动机，否则蓄电池的电量可能难以提供足够的喷洒动力。
（3）当前风窗玻璃洗涤器喷射时，检查刮水器的联动情况是否正常。图16-2为检查喷射力和刮水器的联动。
注意：如果刮水器启动无清洗液喷出，则电动机可能烧坏。

2)检查前风窗玻璃刮水器

(1)将风窗玻璃刮水器开关向左打一挡到间歇挡,检查两只刮水器的摆动情况是否正常。

注意:有些型号的刮水器的工作间隙可以调节。

图 16-1　拉起洗涤器开关

图 16-2　检查喷射力和刮水器的联动

(2)将前风窗玻璃刮水器开关再向左打一挡到低速挡,检查两只刮水器的摆动情况是否正常。

(3)将前风窗玻璃刮水器开关再向左打一挡到高速挡,检查两只刮水器的摆动情况是否正常。图 16-3 和图 16-4 分别为拨刮水器开关和刮水器摆动检查。

注意:为防止划破风窗玻璃,在使用刮水器前要喷洒清洗液。

图 16-3　拨刮水器开关

图 16-4　刮水器摆动检查

(4)关闭刮水器开关,检查两只刮水器的自动回位功能是否正常。图 16-5 为自动回位功能检查。

注意:刮水器开关关闭时刮水器应自动停止在其停止位置,即车窗玻璃下沿。

(5)检查前风窗玻璃刮水器的刮拭情况是否正常。图 16-6 为刮拭效果检查。

注意:喷洒喷洗液,检查刮水器不会产生以下问题:

①条纹式的刮水痕迹;

②刮水效果不好。

3)检查驻车制动器拉杆的行程

(1)将驻车制动拉杆释放。图 16-7 为释放驻车制动杆。

注意:要释放驻车制动器拉杆,需要按下其顶端的锁止按钮,这样才能将其放下。

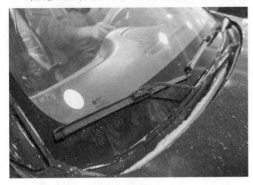

图16-5 自动回位功能检查

图16-6 刮拭效果检查

(2)慢慢拉起驻车制动杆,拉动时可以听到"咔嗒"声,记下此时响声的次数,即为驻车制动杆的行程,一般要求能听到12次以上。图16-8为拉起驻车制动杆。

注意:国标规定,对于乘用车一般应在操纵装置全行程的2/3以内产生规定的制动效能;如装有自动调节装置,允许在全行程的3/4以内达到规定的制动效能。

图16-7 释放驻车制动杆

图16-8 拉起驻车制动杆

4)检查驻车制动器指示灯

(1)将点火开关置于"ON"位置,释放驻车制动器,检查驻车制动指示灯工作状态,此时应熄灭。图16-9为驻车制动指示灯熄灭。

(2)慢慢拉起驻车制动器,在拉杆到达第一个棘轮锁止位置前,检查驻车制动器指示灯工作状态,此时应点亮。图16-10为驻车制动指示灯点亮。

注意:应慢慢拉起驻车制动器,要确认未到达第一个槽口前灯就应该点亮。

5)检查制动器踏板

(1)松开驻车制动器,起动发动机,连续踩制动器踏板数次(3次以上),检查制动器踏板有无松旷和异响。图16-11为踩制动踏板。

注意:起动发动机可以使制动踏板踩得更深,有助于彻底检查。

(2)将发动机熄火并关闭点火开关,连续踩踏几次制动踏板使真空制动助力器完全泄放真空,再以紧急制动的方式踩下制动踏板,检查制动踏板有无绵软、行程过大、坚实后又轻微下降、缓慢回弹等现象。图16-12为关闭点火开关。

注意：检查前必须先对真空制动助力器进行泄放。

图 16-9　驻车制动指示灯熄灭

图 16-10　驻车制动指示灯点亮

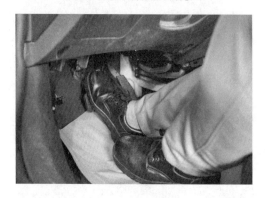
图 16-11　踩制动踏板

图 16-12　关闭点火开关

6）检查制动踏板的行程

（1）关闭点火开关，将制动助力器完全泄放真空后，采用紧急制动的方式踩制动踏板，用 1000mm 钢直尺测量制动踏板到转向盘轮缘的距离并记录。图 16-13 和图 16-14 分别为施加制动力的制动踏板行程测量和制动踏板行程记录。

注意：测量时制动踏板必须踩到底且不能放松。

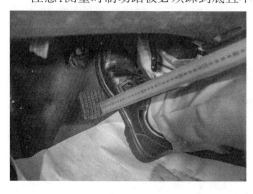
图 16-13　施加制动力的制动踏板行程测量

图 16-14　制动踏板行程记录

（2）松开制动器后，再次重复上述步骤，将两次测到的数值进行平均并记录。

（3）松开制动器，不要对制动踏板施加任何的力，用 1000mm 钢直尺测量制动踏板到转向盘轮缘的距离并记录。图16-15为未施加制动力的制动踏板行程测量。

（4）然后将施加制动时的平均测量值减去未施加制动力时的初始测量值,即为制动踏板的行程距离。

7）检查制动踏板的自由行程

（1）关闭点火开关,将制动助力器完全泄放真空后,用手指轻轻按动制动踏板,当手按下去的阻力突然增大时停住不动,用1000mm钢直尺测量制动踏板到转向盘轮缘的距离并记录。图16-16为制动踏板自由行程测量。

图16-15　未施加制动力的制动踏板行程测量　　　图16-16　制动踏板自由行程测量

（2）将上述测得的值减去未施加任何制动力时的初始测量值,即为制动踏板的自由行程距离。

注意：在这阶段制动器不工作,只是消除制动传动机构的间隙。踏板自由行程是为保证不发生制动拖滞,彻底解除制动而设置的。

8）检查制动助力器的密封性

（1）起动发动机并运转1min后熄火,按照紧急制动的方式以5s的间隔踩制动踏板,检查制动踏板,此时踏板应一次比一次高。

（2）再次起动发动机并运转1min后,踩下制动踏板数次,并在踏板的最低位置保持不动。此时再将发动机熄火,检查在之后的30s内制动踏板高度能否保持不变且无回弹现象。

9）检查制动助力器的助力能力

（1）发动机熄火后,踩下制动踏板数次,并在踏板的最低位置保持踏板不动。

（2）起动发动机,检查此时的制动踏板能否稍有下沉（但不应过大）。

注意：如果能下沉,表明制动助力器有助力作用。

三　学习拓展

车主注意一定不要因为只是简单的清洁,就放弃使用汽车玻璃水,转而自制。事实上车主将洗洁精、洗涤剂、洗衣粉等兑一点水来替代专用玻璃水的方法是非常伤害汽车的,时间长了,不仅会腐蚀橡胶管,而且会堵塞喷水口,严重情况下会损坏到电动机。一般洗涤剂都呈碱性,对橡胶会有一定的腐蚀性,会加速催化刮水器胶条的硬化,硬化的胶条刮拭风窗玻璃时,会使风窗玻璃表面被刮毛、刮花。

汽车玻璃水在使用的时候，车主一定要确保汽车玻璃水的定期更换，懂得在何种情况下、多久更换玻璃水才是最重要的。因为如果风窗玻璃缺少玻璃水，那么会影响驾驶员的行车。其实并不是非要有一定的标准才行，但是玻璃水的添加基本保持在1.25L以上就可以，所以爱车的朋友也一定要时不时地看看储液罐中的玻璃水还有多少，以免需要的时候手忙脚乱。

在使用的时候一定要注意保质期，目前的玻璃水产品的保质期都是3年以上，所以不要怕过期会影响使用效果，但买时也要注意生产日期，不要买就快过期的产品，假如一次用不完，那就造成浪费了。在清洗汽车玻璃时，也注意不要用没过滤的水，因为水中的杂志和沉淀物会造成堵塞，也会擦伤玻璃，造成反光。

车主还需要注意的一点是千万不要购买劣质的玻璃水，因为这种玻璃水多数是用水和酒精等配制而成，不仅损害汽车漆面光泽度、橡胶条的硬度，严重的还会引起橡胶件或其他塑料件产生色差、胀溶等。而玻璃水在清洗完玻璃后，会流到空调进风口附近，玻璃水挥发的气味也会沿着汽车空调的通风管道进入到驾驶室内，劣质的玻璃水挥发的气体是有害的，会成为危害车主健康的隐形杀手。

四 评价与反馈

❶ 自我评价

（1）通过本学习任务的学习你是否已经知道以下问题：

①风窗玻璃洗涤器和刮水器的检查方法？＿＿＿＿＿＿＿＿＿＿＿＿＿＿＿＿。

②制动系统的检查包括哪些内容？＿＿＿＿＿＿＿＿＿＿＿＿＿＿＿＿＿＿＿。

③制动系统的检查应注意哪些方面的内容？＿＿＿＿＿＿＿＿＿＿＿＿＿＿。

（2）实训过程完成情况如何？

＿＿＿＿＿＿＿＿＿＿＿＿＿＿＿＿＿＿＿＿＿＿＿＿＿＿＿＿＿＿＿＿＿＿＿。

（3）通过本学习任务的学习，你认为自己的知识和技能还有哪些欠缺？

＿＿＿＿＿＿＿＿＿＿＿＿＿＿＿＿＿＿＿＿＿＿＿＿＿＿＿＿＿＿＿＿＿＿＿。

签名：＿＿＿＿＿＿＿　　　＿＿＿年＿＿＿月＿＿＿日

❷ 小组评价

小组评价见表16-1。

小组评价表　　　　　表16-1

序号	评价项目	评价情况
1	着装是否符合要求	
2	是否能合理规范地使用仪器和设备	
3	是否按照安全和规范的流程操作	
4	是否遵守学习、实训场地的规章制度	
5	是否能保持学习、实训场地清洁	
6	团结协作情况	

参与评价的同学签名：＿＿＿＿＿＿＿＿＿＿＿＿　　＿＿＿年＿＿＿月＿＿＿日

项目四 40000km维护

3 教师评价

_____
_____。

教师签名：_____　　　　　　_____年___月___日

五 技能考核标准

技能考核标准见表16-2。

技能考核标准表　　　　　　　　　　　　　表16-2

序号	操作内容	规定分	评分标准	得分
1	检查前风窗玻璃洗涤器的喷射力和喷射位置	8	目测喷射力和喷射位置是否正常；未检查不得分	
2	检查前风窗玻璃洗涤器喷射时的刮水器联动情况	6	要求左右联动正常；未检查不得分	
3	检查前风窗玻璃刮水器的低速工作情况及有无异响	6	低速，左右刮拭效果良好、无异响；未检查不得分	
4	检查前风窗玻璃刮水器的高速工作情况及有无异响	6	高速，左右刮拭效果良好、无异响；未检查不得分	
5	检查前风窗玻璃刮水器的自动回位情况	6	自动回位功能左右正常；未检查不得分	
6	检查前风窗玻璃刮水器的刮拭情况	6	刮拭效果左右良好；未检查不得分	
7	检查并记录驻车制动器拉杆的行程	6	拉起驻车制动器一格，指示灯点亮，解除指示灯熄灭，检查不到位扣2分；拉杆无变形、无损坏，按钮灵敏，检查不到位扣2分；踩下踏板后检查，行程12响，拉杆与水平操作台夹角大于45°，检查不到位扣2分	
8	检查驻车制动器指示灯的工作情况	6		
9	检查制动器踏板工作时有无松旷和异响	6	起动发动机检查；未起动发动机扣2分，未检查不得分	
10	检查并记录制动踏板的自由行程	10	制动踏板无变形、无损坏；踩下数次踏板排放真空，行程不过大，无软绵，动作工况良好（不起动发动机），并记录自由行程；未记录扣2分，未检查不得分	
11	检查制动踏板踩下时的行程和感觉	8	清洁直尺、检查误差、检查刻度，未做扣2分；测量自由行程，未做扣2分；释放驻车制动器，测量行程，未做扣2分；必须排放真空，否则扣2分	
12	检查并记录制动踏板的行程	8		
13	检查制动助力器的密封性	8	熄火后，踩制动踏板3次，踏板一次比一次高，密封可靠；未检查不得分	
14	检查制动助力器的助力能力	10	点火开关置于"ON"挡，制动踏板下沉，助力泵电动机工作正常，起动发动机，踏板下沉，助力可靠；未按要求操作不得分	
	总　分	100		

学习任务17　顶起位置－发动机舱盖、车门、行李舱盖、备用轮胎检查

 学习目标

知识目标

1. 了解发动机舱盖、车门、行李舱盖、备用轮胎检查工作的重要性；
2. 学会检查并判断发动机舱盖、车门、行李舱盖、备用轮胎项目是否正常。

 技能目标

1. 掌握汽车车门的检查方法；
2. 掌握备用轮胎的检查方法；
3. 熟练掌握本任务中的各个检查与操作项目。

建议课时

6课时。

 任务描述

车检查项目的内容包括：

(1)发动机舱盖和行李舱盖：检查发动机舱盖铰链有无松动，检查发动机舱盖锁和微开开关的工作情况，检查行李舱盖铰链有无松动，检查行李舱照明灯是否点亮，检查行李舱盖锁和微开开关的工作情况。

(2)汽车车门：检查汽车车门门锁和微开开关的工作情况，检查门控灯是否正常工作，检查汽车车门指示灯是否正常工作，检查车门铰链是否松动和异响。

(3)备用轮胎：检查备用轮胎外观情况，检查并记录胎面沟槽的深度，检查钢圈有无损坏或腐蚀，检测轮胎气压及轮胎是否漏气。

一　理论知识准备

(1)车门锁扣应无松动；用手指将锁钩上锁，拉动车门内把手，锁钩应回弹自如；用手指将锁钩上锁，拉动车门外把手，锁钩应回弹自如；上下晃动外把手应无松旷，拉出外把手

项目四 40000km维护

应伸缩自如;轻轻关闭车门检查车门一级锁应锁止可靠,此时中部阅读灯和仪表盘上的车门未关好指示灯应点亮;关闭车门检查车门二级锁应锁止牢靠,此时中部阅读灯和仪表盘上的车门未关好指示灯应熄灭,说明车门微开开关工作正常。

(2)打开行李舱盖,照明灯应点亮,拉动锁扣应无松动;目视仪表盘指示灯应点亮,关闭行李舱盖,指示灯应熄灭;用力上提行李舱应锁止牢靠。

(3)拉起发动机舱盖锁钩,往上提,应锁止可靠,观察发动机舱盖微开开关是否工作正常;用力按下发动机舱盖,上锁后上提,应锁止牢靠,说明发动机舱盖锁工作正常。

二 任务实施

1 准备工作

(1)将实训车辆平稳停放在实训区域。
(2)检查实训室的通风及防火系统设备工作是否正常。
(3)准备一字螺丝刀、轮胎架、毛刷、气枪和深度尺等教学用具。

2 技术要求与注意事项

(1)在操作开始前,检查好所有的设备并准备好工具。
(2)检查发动机舱盖和行李舱盖时,应注意观察仪表盘的指示灯显示情况,并检查微开开关的工作情况。
(3)检查车门时,应注意观察门控灯和仪表盘指示灯的点亮情况,并检查各扇车门的微关开关情况。
(4)备用轮胎胎面沟槽深度正常值应大于1.6mm,备用轮胎气压标准值为420kPa。

3 操作步骤

1)检查发动机舱盖铰链

(1)拉起发动机舱盖释放杆,打开发动机舱盖,如图17-1所示。
(2)双手握住舱盖前端,用力上下晃动两次,检查发动机舱盖铰链有无松动情况。图17-2为检查发动机舱盖铰链。

注意:双手一定要扶住舱盖确保安全。

图17-1 打开发动机舱盖

图17-2 检查发动机舱盖铰链

2）检查发动机舱盖锁和微开开关

（1）打开点火开关，检查发动机舱盖锁扣安装是否牢固，锁钩转动是否灵活、无松旷。图 17-3 和图 17-4 分别为发动机舱盖锁扣检查和发动机舱盖锁钩检查。

图 17-3　发动机舱盖锁扣检查　　　　　图 17-4　发动机舱盖锁钩检查

（2）将舱盖慢慢放下，使发动机舱盖副锁闩起作用，检查副锁闩锁止可靠，并确认仪表盘上的发动机舱盖微开指示灯是否点亮。图 17-5 和图 17-6 分别为发动机舱盖副锁闩检查和微开指示灯点亮。

注意：车型不同，指示灯的形式有所区别。

图 17-5　发动机舱盖副锁闩检查　　　　图 17-6　微开指示灯点亮

（3）用双手放在发动机舱盖的中间轻轻用力将盖子盖上，应确认主锁闩锁止牢靠，再检查仪表盘上的发动机舱盖微开指示灯是否正常熄灭。图 17-7 为关闭发动机舱盖。

注意：压发动机舱盖的时候，一定不能太大力，以防止其变形。

3）检查左前车门门锁和微开开关情况

（1）检查外把手、锁钩工作是否正常，内把手、锁钩工作是否正常。图 17-8 和图 17-9 分别为外把手开门检查和内把手开门检查。

注意：内、外门把手应能正常打开车门。

（2）检查车门锁扣安全是否牢靠。图 17-10 为左前车门锁扣检查。

图 17-7　关闭发动机舱盖

(3)把车门置于微开状态,检查第一道锁锁止是否牢靠,确认顶灯、微开开关指示灯是否点亮。图 17-11 为左前车门第一道锁锁止检查。

注意:用手把车门向外拉,车门应无法打开。

图 17-8　外把手开门检查

图 17-9　内把手开门检查

图 17-10　左前车门锁扣检查

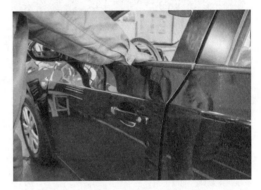

图 17-11　左前车门第一道锁锁止检查

(4)确认完全将车门关闭,检查第二道锁锁止是否牢靠,顶灯和微开开关指示灯是否正常熄灭。图 17-12 和图 17-13 分别为左前车门第二道锁锁止检查和微开开关指示灯熄灭。

注意:用手把车门向外拉,车门应无法打开。

图 17-12　左前车门第二道锁锁止检查

图 17-13　微开开关指示灯熄灭

4)检查右前车门门锁和微开开关情况

检查方法参考"左前车门门锁和微开开关情况检查"。

5)检查左后车门门锁和微开开关情况

(1)打开左后车门,检查外把手、锁钩工作是否正常,内把手、锁钩工作是否正常。

(2)检查车门锁扣安全是否牢靠。

(3)把车门置于微开状态,检查第一道锁锁止牢靠,确认顶灯、微开开关指示灯是否点亮。

(4)确认完全将车门关闭,检查第二道锁锁止牢靠,顶灯和微开开关指示灯是否正常熄灭。

注意:以上四部参考左前车门的检查方法。

(5)用一字螺丝刀打开儿童锁,关闭车门,检查内把手能否打开。图 17-14 为打开儿童锁。

注意:此时内把手应无法打开。

图 17-14 打开儿童锁

(6)用一字螺丝刀关闭儿童锁,关闭车门,检查内把手能否打开。

注意:此时内把手应可以打开。

6)检查右后车门门锁和微开开关情况

检查方法参考左后车门门锁和微开开关情况检查。

7)检查行李舱盖铰链

(1)长按遥控钥匙行李舱解锁键,打开行李舱盖。图 17-15 和图 17-16 分别为长按行李舱锁钥匙和打开行李舱盖。

注意:另外一种打开方式为把车门解锁,按动行李舱锁上的开关。

图 17-15 长按行李舱锁钥匙

图 17-16 打开行李舱盖

(2)双手轻轻左右摇动行李舱盖,检查铰链有无松动。图 17-17 为检查行李舱盖铰链。

注意:摇动力不可太用力,以防损坏。

8)检查行李舱照明灯

(1)打开行李舱盖,检查照明灯是否点亮。图 17-18 和图 17-19 分别为行李舱灯点亮和检查行李舱灯。

注意：检查时可低头检查，也可把手放在灯下，看是否有反光。

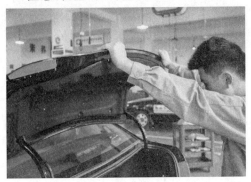

图17-17　检查行李舱盖铰链

图17-18　行李舱灯点亮

（2）关闭行李舱盖，检查行李舱照明灯是否正常熄灭。

注意：此过程可用螺丝刀把行李舱盖锁锁上以后检查。图17-20为用螺丝刀锁止行李舱盖锁。

图17-19　检查行李舱灯

图17-20　用螺丝刀锁止行李舱盖锁

9）检查行李舱盖锁和微开开关工作情况

（1）打开行李舱盖，检查行李舱盖锁扣安装是否牢固，并确认仪表盘微开开关指示灯是否正常点亮。图17-21为行李舱盖锁扣检查。

a)

b)

图17-21　行李舱盖锁扣检查

图17-22　行李舱盖锁闩检查

(2) 关闭行李舱盖，检查锁闩是否锁止牢靠，并确认仪表盘微开开关指示灯是否正常熄灭。图17-22为行李舱盖锁闩检查。

10) 检查备用轮胎

(1) 挂好行李舱隔板，取出备胎并将轮胎放在轮胎架上。图17-23和图17-24分别为挂行李舱隔板和取出备胎。

(2) 缓慢把车轮内外两侧钢圈检查一次，查看内、外侧钢圈有无腐蚀和损坏。图17-25为检查钢圈。

图17-23　挂行李舱隔板

图17-24　取出备胎

(3) 再次慢慢转动车轮，检查轮胎内、外侧胎壁及胎面有无裂纹、割伤、起鼓、异物嵌入和异常磨损。图17-26为检查轮胎。

图17-25　检查钢圈

图17-26　检查轮胎

(4) 把胎压表和高压气管相连，检查轮胎气压是否在正常范围内，若气压不足，调整至标准值。图17-27和图17-28分别为连接胎压表和轮胎气压检查。

注意：检查前胎压表指针归零，刻度必须清晰，气压标准420kPa。

(5) 检查轮胎气嘴有无漏气，轮胎内、外侧胎沿有无漏气现象。图17-29为检查轮胎漏气。

注意：可借助肥皂水涂在检查的地方，检查有无气泡产生，检查完注意清洁。

项目四 40000km维护

图17-27 连接胎压表

图17-28 轮胎气压检查

a)

b)

图17-29 检查轮胎漏气

（6）使用深度尺检查胎面两侧沟槽的深度，共4个位置，8个点。图17-30和图17-31分别为深度尺校零和胎面沟槽深度测量。

注意：深度尺检查前校零，清洁。

图17-30 深度尺校零

图17-31 胎面沟槽深度测量

三 学习拓展

轮胎的主要成分是橡胶，而橡胶最怕的就是各种油品的侵蚀。车主经常在行李舱内存放润滑油等油品，这些油一旦沾到轮胎，会使轮胎发生胀蚀，将大大降低轮胎的使用寿命。如果轮胎沾到油污,要及时用中性的洗涤剂把油污冲洗掉,因此最好不要把油品与备胎放在一起。

很多车主认为,只要把备胎一直放在行李舱里不使用,就可以"长命百岁",这是不对的。经常会出现这样的情况:车主在爆胎后想更换备胎,但却发现备胎在放置多年后,已严重老化,早已是废胎。因为轮胎是橡胶制品,存放时间太长会出现老化现象,一般轮胎的老化期为4年左右,因此,到4年之后就应该更换备胎。

备胎因为使用频率低、与地面的摩擦少,而且部分备胎的尺寸会比正胎尺寸小一些,其扁平率、胎宽或轮胎直径都与正常使用的轮胎不一样,因此换上备胎后,四个轮胎的摩擦系数不同,地面附着力不同,气压不同,长时间使用会对车辆的制动系统、转向系统及悬架系统产生一定的影响,给行车安全带来隐患,还会使同向的其他轮胎产生摩擦不均匀等现象。

有的车主会将修补过的轮胎作为备胎,这些轮胎如果要再次使用,一定要放在非驱动轮上,一般我们驾驶的中级及以下的车辆都是前驱车,而且由于前轮爆胎后汽车的方向更不容易控制,所以修补后的轮胎要放在后轮。另外,使用备胎尤其是小型化的备胎时,要注意控制车速,一般的情况下以不超过80km/h为宜。

四 评价与反馈

❶ 自我评价

(1)通过本学习任务的学习你是否已经知道以下问题:

①发动机舱盖和车门的检查方法?_____。

②行李舱的检查包括哪些内容?_____。

③备用轮胎检查应注意哪些方面?_____。

(2)实训过程完成情况如何?

_____。

(3)通过本学习任务的学习,你认为自己的知识和技能还有哪些欠缺?

_____。

签名:_____   ____年____月____日

❷ 小组评价

小组评价见表17-1。

小组评价表   表17-1

序号	评价项目	评价情况
1	着装是否符合要求	
2	是否能合理规范地使用仪器和设备	
3	是否按照安全和规范的流程操作	
4	是否遵守学习、实训场地的规章制度	
5	是否能保持学习、实训场地清洁	
6	团结协作情况	

参与评价的同学签名:_____   ____年____月____日

3 教师评价

_____。

教师签名：_____　　　　　_____年____月____日

五 技能考核标准

技能考核标准见表17-2。

技能考核标准表　　　　　　　　　　　　　　　　　　　　　　　　　　　　表17-2

序号	操作内容	规定分	评分标准	得分
1	检查发动机舱盖铰链有无松动	6	未上下晃动扣3分，未检查不得分	
2	检查发动机舱盖锁和微开开关的工作情况	8	发动机舱盖锁扣安装牢靠，锁钩转动灵活，无松旷；副锁闩锁止可靠，主锁闩锁止牢靠；未检查不得分	
3	检查左前车门门锁和微开开关的工作情况	10	左前车门：外把手、锁钩工作正常，锁扣安装牢靠；第一道锁锁止牢靠，顶灯、指示灯点亮，第二道锁锁止牢靠，顶灯、指示灯熄灭，微开开关工作正常。每项操作不正确扣2分	
4	检查左后车门门锁和微开开关的工作情况	10	左后车门：外把手、锁钩工作正常，内把手、锁钩工作正常；锁扣安装牢靠；第一道锁锁止牢靠，顶灯、指示灯点亮，第二道锁锁止牢靠，顶灯、指示灯熄灭，微开开关工作正常。每项操作不正确扣2分	
5	检查右前车门门锁和微开开关的工作情况	10	右前车门：外把手、锁钩工作正常，内把手、锁钩工作正常；锁扣安装牢靠；第一道锁锁止牢靠，顶灯、指示灯点亮，第二道锁锁止牢靠，顶灯、指示灯熄灭，微开开关工作正常。每项操作不正确扣2分	
6	检查右后车门门锁和微开开关的工作情况	10	右后车门：外把手、锁钩工作正常，内把手、锁钩工作正常；锁扣安装牢靠；第一道锁锁止牢靠，顶灯、指示灯点亮，第二道锁锁止牢靠，顶灯、指示灯熄灭，微开开关工作正常；每项操作不正确扣2分。检查儿童锁，未做检查扣3分	
7	检查行李厢盖铰链有无松动	6	轻轻左右摇动行李厢盖，确认铰链有无松动；未检查不得分	
8	检查行李舱照明灯是否点亮	6	打开行李舱盖，照明灯点亮；未检查不得分	
9	检查行李舱盖锁和微开开关的工作情况	6	挂好行李舱隔板，取出备胎；未检查不得分	
10	检查轮胎有无有裂纹、割伤、起鼓、异物嵌入和异常磨损	6	外侧胎壁、胎面、内侧胎壁，无裂纹、无损坏、无异常磨损，无异物嵌入；未检查不得分	

续上表

序号	操作内容	规定分	评分标准	得分
11	检查并记录胎面沟槽的深度	8	检查深度尺刻度误差,清洁后测量,记录最小值,否则扣2分;未检查不得分	
12	检查钢圈有无损坏或腐蚀	6	外侧钢圈无损坏、无腐蚀,内侧钢圈无损坏、无腐蚀;未检查不得分	
13	检测轮胎气压及轮胎是否漏气,必要时调整气压	8	胎压表指针归零,刻度清晰,检查轮胎气压(充注至420kPa,参照维修手册);气嘴无漏气,轮胎外侧胎沿无漏气,内侧胎沿无漏气;检查不到位扣2分,未检查不得分	
	总 分		100	

学习任务18 顶起位置— 喇叭、转向系统、组合仪表、安全带、读取故障码检查

学习目标

⭐ **知识目标**

1. 了解喇叭、转向系统、组合仪表、安全带、读取故障码检查工作的重要性;
2. 学会检查并判断喇叭、转向系统、组合仪表、安全带、读取故障码项目是否正常。

⭐ **技能目标**

1. 掌握汽车喇叭、转向盘、组合仪表、安全带的正确检查方法;
2. 掌握汽车故障码的正确读取方法;
3. 熟练掌握本任务中的各个检查与操作项目。

建议课时

6课时。

本检查项目的内容包括:
(1)喇叭:检查喇叭按钮及喇叭的工作情况。

(2)转向系统:检查转向盘和转向柱有无松动,检查转向盘转动时有无摆动及异响,检查转向柱的倾斜调整及锁止情况。

(3)组合仪表:检查组合仪表背景灯的亮度调节功能,检查 MIL、AIRBAG、ABS 等故障指示灯和充电、防盗指示灯的工作情况,检查换挡杆及挡位指示灯的工作情况。

(4)安全带:检查前后位置安全带的拉伸和卷收情况及安全带有无撕裂或磨损,检查前后位置安全带惯性开关和安全带扣锁止开关的工作情况。

(5)读取故障码:发动机控制系统检测并记录故障码。

一 理论知识准备

(1)检查汽车喇叭时先向左打方向大于180°,按下喇叭按钮喇叭应鸣响,再向右打方向大于180°,按下喇叭按钮喇叭应鸣响,转向盘回正后再按下喇叭按钮喇叭应鸣响;每次按压、释放喇叭按钮后,按钮应灵敏。

(2)检查转向系统时双手紧握转向盘,轴向、横向拉拽应无任何松动;将转向盘置于轴向上下极限位置并锁止时,转向盘在轴向、纵向、横向拉拽时应无任何松旷现象。

(3)检查组合仪表时将点火开关置于"ON"位置后,目视检查仪表盘内各系统警告灯点亮后是否熄灭(发动机故障指示灯、驻车制动器指示灯、安全带指示灯除外);起动发动机后,目视检查仪表盘内各系统警告灯点亮后是否熄灭(驻车制动器指示灯、安全带指示灯除外)。

(4)检查安全带时拉伸出安全带约2/3长,目视检查带表面应无撕裂和磨损;释放安全带,拉伸卷收应自如;瞬间发力拉伸安全带应能锁死(说明惯性开关工作正常);将锁扣插入安全带开关内,目视检查仪表盘内安全带未系指示灯应熄灭,拉拽安全带应锁止牢靠,按下红色释放开关,锁扣应能弹出。

(5)读取发动机故障码时,检查诊断仪、数据线、诊断接头,确认完好后,将其正确连接;确认点火开关关闭,将诊断仪与车载诊断接口连接,打开点火开关至"ON"位置,诊断仪开机;按照诊断步骤进入,读取故障码,若有故障码,记录后清除,清除故障码后再次读取故障码。

二 任务实施

1 准备工作

(1)将实训车辆平稳停放在实训区域。
(2)检查实训室的通风及防火系统设备工作是否正常。
(3)准备三件套、前格栅布和翼子板布、发动机故障诊断仪等教学用具。

2 技术要求与注意事项

(1)在操作开始前,检查好所有的设备并准备好工具。
(2)按下喇叭按钮前需按车辆实际的运行工况,左右打方向来检查按钮触点及转向盘触点。

(3)起动发动机前,确认驻车制动器是否拉起,变速器换挡杆是否置于"P"挡。

(4)检查组合仪表背景灯时,应先点亮示宽灯。

(5)检查安全带惯性开关时,应双手拽住安全带瞬间拉动。

(6)连接车载诊断接口前,确认点火开关处于关闭位置,观察接口形状后连接,连接应可靠。

3 操作步骤

1)检查喇叭

(1)起动发动机,向左打方向大于180°,按喇叭;向右打方向大于180°,按喇叭;检查音量和音质是否稳定,按钮是否灵敏可靠。图18-1和图18-2分别为向左转向检查喇叭和向右转向检查喇叭。

图18-1　向左转向检查喇叭

图18-2　向右转向检查喇叭

(2)最后把转向盘回正,按喇叭两次,检查音量和音质是否稳定,按钮是否灵敏可靠。图18-3为转向盘回正按喇叭。

2)检查转向柱的倾斜调整及锁止情况

将转向盘分别置于轴向上、下极限位置,调整转向盘做纵向上、下运动,并且分别在上、下极限位置时锁止,检查转向盘调整是否正常,锁止是否牢靠。图18-4和图18-5分别为调整转向盘上下位置和转向盘锁止牢靠检查。

注意:转向盘轴向伸缩至上下极限时,不要发生金属撞击。

图18-3　转向盘回正按喇叭

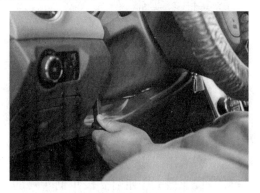
图18-4　调整转向盘上下位置

3）检查转向盘和转向柱有无松动

将转向盘分别置于轴向上、下极限位置并锁止,检查转向盘在轴向、纵向、横向拉拽时有无松旷。图18-6为转向盘松旷检查。

注意:此步骤可穿插在检查转向盘倾斜调整及锁止的两步骤之间,以节约时间。

图18-5　转向盘锁止牢靠检查　　　　　图18-6　转向盘松旷检查

4）检查转向盘转动时有无摆动及异响

在向前正中位置,分别向左和向右转动方向360°,检查转向盘转动时有无摆动及异响。图18-7和图18-8分别为向左转向检查摆动和异响及向右转向检查摆动和异响。

注意:转动时要确认转向柱已经锁止牢靠。

图18-7　向左转向检查摆动和异响　　　　图18-8　向右转向检查摆动和异响

5）检查组合仪表

(1)检查各种指示灯工作情况。

点火开关打开置于"ON"位置,检查各系统警告灯(安全带指示灯、驻车制动指示灯、发动机故障灯除外)能否正常点亮并熄灭;起动发动机,检查各系统警告灯(安全带指示灯、驻车制动指示灯除外)能否正常点亮并熄灭。图18-9为所有警告灯点亮。

注意:不起动发动机时,发动机故障灯应点亮,起动发动机后熄灭。

(2)检查组合仪表背景灯调节功能。

上下按住背景灯亮度调节旋钮,检查组合仪表背景灯的亮度能否正常变化。图18-10为背景灯调节。

注意:背景灯亮度调节旋钮只需要按住不动即可,不必一下一下地按动。

图18-9 所有警告灯点亮

图18-10 背景灯调节

6）检查自动变速器挡位指示灯工作情况

（1）点火开关打开置于"ON"位置，将变速器换挡杆置于"P"位置，检查仪表盘挡位指示灯工作是否正常，应显示为"P"。图18-11和图18-12分别为"P"挡位和"P"挡位指示灯。

注意：检查挡位指示灯时，不要起动发动机。

图18-11 "P"挡位

图18-12 "P"挡位指示灯

（2）踩住制动踏板，按下换挡杆上端的锁止开关，依次把换挡杆分别置于其他挡位，检查仪表盘挡位指示灯工作是否正常。图18-13和图18-14分别为"D"挡位和"D"挡位指示灯。

注意："P"代表驻车挡，"R"代表倒挡，"N"代表空挡，"D"代表前进挡。

图18-13 "D"挡位

图18-14 "D"挡位指示灯

(3)将换挡杆切入手动模式,首先向前推换挡杆,然后向后拉换挡杆,检查仪表盘指示灯能否正常变化。

注意:向前推时升挡,向后拉时降挡,最高可升到"3"挡,最低"1"挡。图18-15 和图18-16分别为手动挡位模式和"1"挡指示灯。

图18-15 手动挡位模式

图18-16 "1"挡指示灯

7)检查发动机控制系统

(1)正确组装诊断仪连接线,关闭点火开关,连接诊断接口。图18-17 和图18-18 分别为组装诊断仪连接线和连接诊断接口。

注意:OBDⅡ接口位于转向盘左下方,灯光组合开关下端。

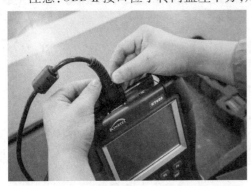

图18-17 组装诊断仪连接线

图18-18 连接诊断接口

(2)点火开关打开置于"ON"位置,打开诊断仪。图18-19 为打开诊断仪。

注意:长按开机键,打开KT600。

(3)依次选择汽车诊断—美国、通用—2013雪佛兰—科鲁兹—发动机控制模块—1.6L4LDE(发动机类型)—Edge Mounted Connectors,选择读取故障码并记录。图18-20为功能选择界面,图18-21为车型选择界面,图18-22为系统选择界面,图18-23为读取故障码界面。

图18-19 打开诊断仪

图 18-20　功能选择界面

图 18-21　车型选择界面

图 18-22　系统选择界面

图 18-23　读取故障码界面

（4）按两次"ESC"退出按钮，清除故障码并再次读取发动机故障码。图 18-24 为"ESC"退出按钮。

图 18-24　"ESC"退出按钮

注意：再次读取故障码要起动发动机，此故障码为真实故障码。

（5）退出诊断系统，关闭 KT600，关闭发动机。

8）检查驾驶员座椅安全带

（1）缓慢拉伸驾驶员座椅安全带，检查拉伸是否顺滑，有无卡滞现象。检查安全带安装是否牢靠，带面有无撕裂和磨损。然后以缓慢方式松开安全带，检查卷收是否正常，有无卡滞现象。图 18-25 和图 18-26 分别为拉出安全带和检查安全带。

注意：拉伸时用力要均匀，否则有可能使惯性开关起作用。

（2）调整安全带高度，分别检查在四个位置锁止是否牢靠；突然用力拉动驾驶员座椅安全带，检查惯性开关锁止是否牢靠。图 18-27 为惯性开关检查，图 18-28 为安全带最低位置检查，图 18-29 为安全带中间位置检查，图 18-30 为安全带最高位置检查。

注意：突然用力拉动安全带应停住，否则就是锁止失效。

项目四 40000km 维护

图 18-25　拉出安全带

图 18-26　检查安全带

图 18-27　惯性开关检查

图 18-28　安全带最低位置检查

图 18-29　安全带中间位置检查

图 18-30　安全带最高位置检查

（3）插好安全带锁扣，检查锁扣锁止是否牢靠，安全带指示灯能否正常熄灭。图 18-31 和图 18-32 分别为安全带锁扣检查和安全带指示灯熄灭。

注意：此时副驾驶位置上不能放重物，否则指示灯不会熄灭。

9）拆下机油加注口盖

拉起发动机舱盖释放杆，打开舱盖，逆时针拧松机油加注口盖，并把拆下后的盖子放在加注口上或放置在其他安全位置。图 18-33 为拧下机油加注口盖。

注意：若加注口上不放盖子，应该放抹布遮挡。

图 18-31 安全带锁扣检查

图 18-32 安全带指示灯熄灭

10）释放驻车制动杆

将换挡杆置于"N"挡位置，用力按下驻车制动杆前段锁止按钮，放下驻车制动器，检查驻车制动指示灯能否正常熄灭。图 18-34 为驻车制动指示灯熄灭。

注意：换挡杆在"N"位置时，点火开关不能完全关到底。

图 18-33 拧下机油加注口盖

图 18-34 驻车制动指示灯熄灭

三 学习拓展

（1）安全带预收紧装置：当事故发生时，人向前，座椅往后，此时如果安全带过松则后果很可能是乘员从安全带下面滑出去；或者人已碰到了气囊，而此时安全带由于张紧余量过大而未能及时绷紧，即未能像希望的那样先缓冲一部分冲力，而是将全部负担都交给了气囊。这两种情况都有可能导致乘员严重受伤。但问题是，正确安装的安全带，其松动余地来自何方？一是由于乘员的衣服本身有一定的厚度，二是在安全带装置中隐藏了部分松动余地，这种余地无法消除；但真遇到事故时，就应该尽量消除。为此出现了安全带预收紧装置，它负责提供瞬间绷紧的安全带。其作用过程是先由一个探头负责收集撞车信息，然后释放出电脉冲，该脉冲传递到气体发生器上，引爆气体；爆炸产生的气体在管道内迅速膨胀，压向所谓的球链，使球在管内往前窜，带动棘爪盘转；棘爪盘跟轴连为一体，安全带就绕在轴上。简单地讲，就是气体压力使球动，球带动棘爪盘转，棘爪盘带动轴转一瞬间实现了安全带的预收紧功能。从感知事故到完成安全带预收紧的全过程仅持续千分之几秒。管道末端是一截空腔，用于容留滚过来的球。

(2)安全带拉力限制器:事故发生后,安全带在预收紧装置的作用下,已经绷紧了。但我们希望在受力峰值过去后,安全带的张紧力度马上降低,以减小乘员受力,这份特殊任务就由安全带拉力限制器来完成。在安全带装置上,有一个如前所述的预收紧装置,底下卷绕着安全带,轴芯里边是一根钢质扭转棒。当负荷达到预定情况时,扭转棒即开始扭曲,这样就在一定程度上放松了安全带,实现了安全带的拉力限制功能。

在安全带预收紧装置和安全带拉力限制器的共同作用下,安全带的保护能力几乎达到了理想状态。所谓于细微处见精神,先进的安全带确实能给乘员提供可以信赖的安全保护。

四 评价与反馈

❶ 自我评价

(1)通过本学习任务的学习你是否已经知道以下问题:
①转向系统在各个位置的检查方法?＿＿＿＿＿＿＿＿＿＿＿＿＿＿＿＿。
②正确的发动机故障码读取方法?＿＿＿＿＿＿＿＿＿＿＿＿＿＿＿＿。
③安全带的检查应注意哪些方面?＿＿＿＿＿＿＿＿＿＿＿＿＿＿＿＿。
(2)实训过程完成情况如何?
＿＿＿＿＿＿＿＿＿＿＿＿＿＿＿＿＿＿＿＿＿＿＿＿＿＿＿＿＿＿＿＿。
(3)通过本学习任务的学习,你认为自己的知识和技能还有哪些欠缺?
＿＿＿＿＿＿＿＿＿＿＿＿＿＿＿＿＿＿＿＿＿＿＿＿＿＿＿＿＿＿＿＿。

签名:＿＿＿＿＿＿　　　＿＿＿＿年＿＿月＿＿日

❷ 小组评价

小组评价见表18-1。

小组评价表　　　　　　　　　　表18-1

序号	评价项目	评价情况
1	着装是否符合要求	
2	是否能合理规范地使用仪器和设备	
3	是否按照安全和规范的流程操作	
4	是否遵守学习、实训场地的规章制度	
5	是否能保持学习、实训场地清洁	
6	团结协作情况	

参与评价的同学签名:＿＿＿＿＿＿＿＿＿＿＿　　＿＿＿＿年＿＿月＿＿日

❸ 教师评价

＿＿＿＿＿＿＿＿＿＿＿＿＿＿＿＿＿＿＿＿＿＿＿＿＿＿＿＿＿＿＿＿
＿＿＿＿＿＿＿＿＿＿＿＿＿＿＿＿＿＿＿＿＿＿＿＿＿＿＿＿＿＿＿＿。

教师签名:＿＿＿＿＿＿　　　＿＿＿＿年＿＿月＿＿日

五　技能考核标准

技能考核标准见表18-2。

技能考核标准表　　　　　表18-2

序号	操作内容	规定分	评分标准	得分
1	检查喇叭按钮及喇叭的工作情况	8	向左打方向大于180°，按喇叭；向右打方向大于180°，按喇叭；回正按两次；喇叭音量、音质正常，按钮灵敏可靠；未360°转动转向盘来确认喇叭扣4分，未检查不得分	
2	检查转向盘和转向柱有无松动	8	轴向、纵向、横向拉拽无松旷，轴向伸缩至上、下极限时，要求无金属撞击，否则一次扣4分	
3	检查转向盘转动时有无摆动及异响	8	转向时拉动，左右各360°，否则各扣4分	
4	检查转向柱的倾斜调整及锁止情况	8	位置1、2、3、4，调整正常，锁止牢靠，锁止后检查，否则扣4分；未检查不得分	
5	检查组合仪表背景灯的亮度调节功能	8	组合仪表背景灯点亮正常，旋钮转动灵活，亮度调节功能正常，未检查到位扣4分，未检查不得分	
6	检查MIL、AIRBAG、ABS等故障指示灯和充电、防盗指示灯的工作情况	8	点火开关打开置于"ON"位置，各系统警告灯点亮（安全带指示灯、驻车制动指示灯除外）并熄灭；起动发动机，各系统警告灯点亮、熄灭（安全带指示灯、驻车制动指示灯除外）；其中一项未做扣4分	
7	检查换挡杆及挡位指示灯的工作情况，检查完毕后将换挡杆置于"N"位置	8	换挡杆无弯曲、无损坏，挡位"P"、"R"（门锁工作正常）、"N"、"D"、"1"、"2"、"3"显示正常；换挡杆至"N"挡，未按要求操作扣4分，未检查不得分	
8	检测并记录发动机系统故障码	16	正确组装诊断仪连接线—连接诊断接口（转向盘左下方，点火开关关闭）—开机（打开点火开关置于"ON"位置）—汽车诊断—美国、通用—2013雪佛兰科鲁兹（Cruze）发动机控制模块—1.6L4LDE（发动机类型）—Edge Mounted Connectors，选"读取故障码"—DTC显示屏，记录（按两次退出，若有码则记录相关故障代码及含义，清除后再读取）；诊断仪未正确连接扣4分，车型未正确选择扣4分，未记录相关故障代码及含义扣4分，超三项扣16分；第二次检查故障码起动发动机，否则扣4分	
9	检查驾驶员座椅安全带的拉伸和卷收情况及安全带有无撕裂或磨损	8	驾驶员座椅安全带安装牢靠，带面无撕裂、无磨损，拉伸卷收正常；惯性开关锁止牢靠；指示灯熄灭；锁扣锁止牢靠；每项操作不到位扣2分	
10	检查驾驶员座椅安全带惯性开关和安全带扣锁止开关的工作情况	8		

续上表

序号	操作内容	规定分	评分标准	得分
11	拆下机油加注口盖	8	拆下后放在加注口上或置在其他安全位置；若加注口上无盖,应放抹布遮挡；未用抹布遮挡,扣2分；未按要求操作不得分	
12	释放驻车制动杆	4	释放驻车制动杆,未操作不得分	
	总　　分		100	

学习任务 19　顶起位置二　底盘检查

学习目标

知识目标

1. 了解汽车底盘检查工作的重要性；
2. 学会检查并判断汽车底盘项目是否正常。

技能目标

1. 掌握汽车底盘泄漏的检查方法；
2. 熟练掌握本任务中的各个检查与操作项目。

建议课时

6课时。

 任务描述

底盘检查项目的内容包括：

(1) 发动机：检查发动机各部位结合面有无漏油,检查发动机各油封有无漏油,检查机油滤清器及油底壳放油螺栓有无漏油。

(2) 发动机冷却系统：检查散热器有无泄漏、脏污、变形或损坏。

(3) 传动系统：检查左右两侧驱动轴护套外侧有无泄漏、裂纹或损坏,检查左右两侧驱动轴护套内侧有无泄漏、裂纹或损坏。

(4) 转向系统：检查左右转向横拉杆防尘罩有无漏油、裂纹或损坏。

(5) 燃油供给系统：检查燃油管及接头有无泄漏,检查燃油管的安装情况及有无扭结、磨损、腐蚀或其他损坏。

（6）制动系统：检查制动管及接头有无泄漏，检查制动管的安装情况及有无扭结、磨损、腐蚀或其他损坏。

（7）排气系统：检查三元催化器、排气管、消声器有无凹陷、刮伤、腐蚀或其他损坏，检查排气系统各密封垫片有无泄漏，检查排气管、消声器的吊挂有无裂纹、损坏或脱落。

（8）悬架：检查稳定杆有无松旷、变形、裂纹或其他损坏，检查稳定杆左右两侧连杆有无松旷、变形、裂纹或其他损坏，检查左右后减振器有无漏油、变形、刮伤或其他损坏。

（9）后桥：检查后桥有无松旷、变形、裂纹或其他损坏。

一 理论知识准备

（1）检查机油泄漏情况时，机油滤清器处、发动机缸盖、缸体接合面、油底壳接合面、曲轴前油封、后油封、排放塞应无漏油现象。

（2）检查发动机各油液系统时，可用手电筒照明仔细检查是否存在泄漏或其他损坏情况。

（3）检查排气系统时用手电筒照明，目视检查三元催化器、密封垫片、排气管、消声器应无损坏、无泄漏，晃动检查排气管吊挂应无损坏、无脱落。

（4）检查悬架时，应横向、轴向拉动稳定杆，用手电筒检查前后悬架及后桥应无变形、无损坏。

二 任务实施

1 准备工作

（1）将实训车辆平稳停放在实训区域。

（2）检查实训室的通风及防火系统设备工作是否正常。

（3）准备头灯、前格栅布和翼子板布、升车垫块、举升机等教学用具。

2 技术要求与注意事项

（1）在操作开始前，检查好所有的设备并准备好工具。

（2）检查发动机各油液系统时，如发现有油液迹，应用纱布擦除后，过一段时间再去确认是否存在泄漏现象。

（3）检查排气系统时，为避免烫伤，应戴手套进行检查。

（4）检查制动管路时，可将前车轮（后轮直接转动）转至最大转向角度，用手从左至右扒开，同时辅以手电筒检查驱动轴护套应无裂纹、无损坏、无润滑脂泄漏，转动车轮约 1/3 圈，用同样方法检查至少 3 次（约 120°/次），摇动护套两端卡子应无松动。

3 操作步骤

1）车辆举升工作

（1）检查车辆停放位置是否适合举升，如果不适合则调整位置。在车身的规定位置安装四个升车垫块。图 19-1 为安装车轮挡块。

注意:规定位置即车身下方的凸起位置或专用顶车点。

a)

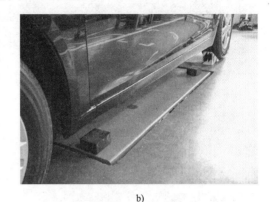
b)

图 19-1　安装车轮挡块

（2）检查车辆周围有无障碍物,确认安全以后打开举升机电源开关,按举升机"上升"按钮,当升车垫块快要与顶起位置接触时,停止举升。图 19-2 和图 19-3 分别为打开举升机电源开关和"上升"按钮。

注意:举升机按钮必须长按。

图 19-2　打开举升机电源开关

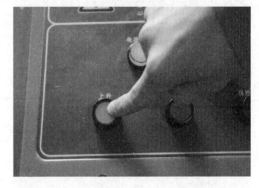

图 19-3　"上升"按钮

（3）重新检查升车垫块安装位置是否与规定的顶起位置对齐,若没对齐则调整。检查四个垫块的高度是否一致,若不一致则调整。图 19-4 为调整升车垫块。

注意:若发现四个垫块高度不一致或者没对齐顶起位置,则必须重新调整,否则有可能影响安全。

（4）继续按举升机"上升"按钮,开始举升车辆。当车辆举到离地 10cm 的时候可以停止举升。图 19-5 为举升车辆距地面 10cm。

注意:此时举升不可距地面过高,以免发生危险。

（5）分别在车辆的前、后方的中间位置双手按压车辆,然后迅速离开车辆,检查车辆是否有振动或有声音,如果此时有声音则必须降下来重新进行调整。图 19-6 和图 19-7 分别为按压车辆前部和按压车辆后部。

注意:此时向下压的时候,不要用力过大,以防止车身被压变形。

图 19-4　调整升车垫块

图 19-5　举升车辆距地面 10cm

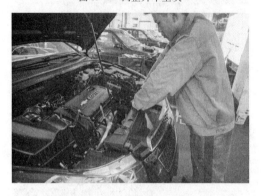

图 19-6　按压车辆前部

图 19-7　按压车辆后部

（6）用双手将车辆左右两侧的车轮挡块拆除并放置在合适位置。图 19-8 为拆除车轮挡块。

图 19-8　拆除车轮挡块

（7）然后继续举升车辆直到合适位置停住，按住"保险锁"按钮，车辆缓慢下降，待车辆平稳后检查举升机的齿条是否完全啮合到位，以确认安全。图 19-9 和图 19-10 分别为举升车辆至合适位置和"保险锁"按钮。

注意：举升高度到达过人头顶 10cm 时候可以停止举升。

2）检查发动机各部位结合面有无漏油

佩戴头灯及白色棉纱布手套，用双手去触摸发动机缸盖与缸体的结合面和缸体与油底壳的配合表面，检查是否有漏油的现象。如果出现漏油的现象时，可以先用纱布把漏油表面擦干净，然后过一段时间再来检查确认是否漏油。图 19-11 为发动机结合面漏油检查。

注意：由于车辆底部较暗，目视检查时要用头灯或者手电筒照明。戴手套则可以防止烫伤，而且利于检查。

3）检查发动机各油封有无漏油

用双手去触摸发动机飞轮侧油封和正时侧油封，检查是否有漏油的现象。如果出现漏油的现象时，可以先用纱布把漏油表面擦干净，然后过一段时间再来检查确认是否漏油。图 19-12 为发动机油封漏油检查。

注意：由于车辆底部较暗，目视检查时要用头灯或者手电筒照明。戴手套则可以防止烫伤，而且利于检查。

图 19-9　举升车辆至合适位置

图 19-10　"保险锁"按钮

图 19-11　发动机结合面漏油检查

图 19-12　发动机油封漏油检查

4）检查机油滤清器及油底壳放油螺栓有无漏油

用手去触摸机油滤清器接合处和放油螺栓密封垫处，检查是否有漏油的现象。如果出现漏油的现象时，可以先用纱布把漏油表面擦干净，然后过一段时间再来检查确认是否漏油。图 19-13 为放油螺栓漏油检查。

5）检查散热器

用头灯或者手电筒照明，目视检查散热器安装是否到位，内侧、外侧有无脏污、变形、泄漏和损坏。

注意：由于车辆底部较暗，目视检查时要用头灯或者手电筒照明。戴手套则可以防止烫伤，而且利于检查。

图 19-13　放油螺栓漏油检查

6）检查左驱动轴防护套和左转向横拉杆防尘套

（1）首先用双手将前轮（驱动轮）拨向最右边，拨开左驱动轴防护套检查有无泄漏、裂纹和其他损坏。然后转动左驱动轮，再检查一次。共需转三次，检查三次，每次都需拨开检查。图19-14和图19-15分别为拨动前轮至最右和左驱动轴防护套检查。

注意：

①转动三次之和必须大于一圈。

②检查两个护套卡箍，确保其已经正确安装并且没有损坏。

③由于车辆底部较暗，目视检查时要用头灯或者手电筒照明。戴手套则可以防止烫伤，而且利于检查。

图19-14 拨动前轮至最右

图19-15 左驱动轴防护套检查

（2）用手拨开左转向横拉杆防尘套，检查有无漏油、裂纹和其他损坏。图19-16为左横拉杆防尘套检查。

图19-16 左横拉杆防尘套检查

注意：

①检查两个防尘套卡箍，确保其已经正确安装并且没有损坏。

②由于车辆底部较暗，目视检查时要用头灯或者手电筒照明。戴手套则可以防止烫伤，而且利于检查。

7）检查右驱动轴防护套和右转向横拉杆防尘套

（1）首先用双手将前轮（驱动轮）拨向最左边，拨开右驱动轴防护套检查有无泄漏、裂纹和其他损坏。然后转动右驱动轮，再检查一次。共需转三次，检查三次，每次都需拨开检查。图19-17和图19-18分别为拨动前轮至最左和右驱动轴防护套检查。

注意：

①转动三次之和必须大于一圈。

②检查两个护套卡箍，确保其已经正确安装并且没有损坏。

③由于车辆底部较暗，目视检查时要用头灯或者手电筒照明。戴手套则可以防止烫伤，而且利于检查。

（2）用手拨开右转向横拉杆防尘套，检查有无漏油、裂纹和其他损坏。图19-19为右横拉杆防尘套检查。

项目四　40000km维护

图19-17　拨动前轮至最左

图19-18　右驱动轴防护套检查

注意：

①检查两个防尘套卡箍，确保其已经正确安装并且没有损坏。

②由于车辆底部较暗，目视检查时要用头灯或者手电筒照明。戴手套则可以防止烫伤，而且利于检查。

8) 检查燃油管情况

(1) 用手轻轻拉动燃油管路，检查燃油管路各定位卡扣安装是否可靠，各连接处有无泄漏，软管处卡箍安装是否牢靠。图19-20为燃油管安装情况检查。

注意：如果出现燃油的渗漏，可以先用纱布把漏油表面擦干净，然后过一段时间再来检查确认是否漏油。

图19-19　右横拉杆防尘套检查

(2) 然后检查整个燃油管路排列是否整齐，燃油管有无扭结、磨损、腐蚀或其他损坏。

注意：从后向前依次检查，两条燃油管和两条制动管应排列整齐，安装牢固。

a)

b)

图19-20　燃油管安装情况检查

9) 检查制动管情况

(1) 用手转动左后轮，检查左后侧制动管路会不会因为振动而与车轮或者车身相互干扰。检查排气阀有无泄漏，帽有无缺失，制动管和软管及两个接头有无泄漏，两个卡箍安装是否牢靠。图19-21为左后制动管路检查。

注意：如果出现燃油的渗漏，可以先用纱布把漏油表面擦干净，然后过一段时间再来检查确认是否漏油。

（2）用手转动右后轮，检查右后侧制动管路会不会因为振动而与车轮或者车身相互干扰。检查排气阀有无泄漏，帽有无缺失，制动管和软管及两个接头有无泄漏，两个卡箍安装是否牢靠。图19-22为右后制动管路检查。

注意：如果出现燃油的渗漏，可以先用纱布把漏油表面擦干净，然后过一段时间再来检查确认是否漏油。

图19-21　左后制动管路检查

图19-22　右后制动管路检查

（3）然后检查整个制动管路排列是否整齐，制动管路有无扭结、磨损、腐蚀或其他损坏。图19-23为制动管路检查。

注意：从后向前依次检查，两条燃油管和两条制动管应排列整齐，安装牢固。

10）检查排气系统

（1）佩戴头灯及白色棉纱布手套，边看边摸，检查三元催化器外观有无明显变形和泄

图19-23　制动管路检查

漏。图19-24为三元催化器检查。

（2）用手轻轻拉动，检查第一个法兰连接是否可靠，密封垫片有无泄漏。图19-25为检查第一个法兰。

图19-24　三元催化器检查

图19-25　检查第一个法兰

项目四 40000km维护

注意:前面汽车运行过,此时的排气系统温度会很高,要注意安全别烫伤。

(3)沿着排气管一直向后走,边走边检查前排气管有无凹陷、刮伤和泄漏,吊挂一和吊挂二有无损坏和脱落。图 19-26 和图 19-27 分别为前排气管检查和吊挂一、吊挂二检查。

图 19-26　前排气管检查

图 19-27　吊挂一、吊挂二检查

(4)用手轻轻拉动,检查第二个法兰连接是否可靠,密封垫片有无泄漏。图 19-28 为检查第二个法兰。

(5)先检查前排消音器有无凹陷、刮伤、损坏和泄漏,然后再检查后排消音器有无凹陷、刮伤、损坏和泄漏,各个焊接处有无泄漏。图 19-29 和图 19-30 分别为前排消音器检查和后排消音器检查。

(6)再向后走依次检查后排气管有无凹陷、刮伤和泄漏,吊挂三、吊挂四和吊挂五有无损坏和脱落。图 19-31 和图 19-32 分别为后排气管检查和吊挂五检查。

图 19-28　检查第二个法兰

图 19-29　前排消音器检查

图 19-30　后排消音器检查

(7)双手依次触摸所有的隔热罩,检查隔热罩安装是否可靠,有无脱落现象。图19-33 为检查隔热罩。

图19-31　后排气管检查

图19-32　吊挂五检查

11）检查前悬架稳定杆及连杆

（1）目视检查前悬架稳定杆有无变形和裂纹,然后用手摸并轻轻的轴向晃动,检查安装是否牢靠,有无其他损坏。图19-34为检查前悬架稳定杆。

注意:轴向晃动稳定杆,应无轴向移动量。

图19-33　检查隔热罩

图19-34　检查前悬架稳定杆

（2）目视检查稳定杆左侧连杆有无变形和裂纹,上球节防尘套有无裂纹和损坏,下球节防尘套有无裂纹和损坏,轻轻晃动检查有无松旷和其他损坏。图19-35为检查稳定杆左侧连杆。

（3）目视检查稳定杆右侧连杆有无变形和裂纹,上球节防尘套有无裂纹和损坏,下球节防尘套有无裂纹和损坏,轻轻晃动检查有无松旷和其他损坏。图19-36为检查稳定杆右侧连杆。

注意:由于车辆底部较暗,目视检查时要用头灯或者手电筒照明。

12）检查后悬架减振器

（1）目视检查左后减振器有无变形和刮伤,双手从上向下慢慢检查减振器有无漏油和其他损坏。图19-37为检查左后减振器。

（2）目视检查右后减振器有无变形和刮伤,双手从上向下慢慢检查减振器有无漏油和其他损坏。图19-38为检查右后减振器。

注意:如果出现漏油的现象时,可以先用纱布把漏油表面擦干净,然后过一段时间再来检查确认是否漏油。

项目四 40000km维护

图19-35 检查稳定杆左侧连杆

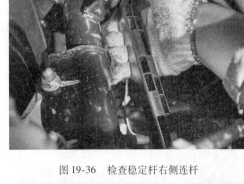

图19-36 检查稳定杆右侧连杆

图19-37 检查左后减振器

图19-38 检查右后减振器

三 学习拓展

在二手车市场上，车主判断车辆的成色好坏，看底盘是最直观的判断标准之一。那么汽车底盘是怎样被损坏的呢？

（1）小小沙石的大伤害。一般在夏天，太阳对地面的烘烤、雨水的侵袭以及大气中的潮气、盐分等都会侵蚀车底，使车辆底盘老化。现在大部分城市道路都有在修建，路上沙石较多，这些沙子石头的不断撞击，也会使底盘的防锈漆被破坏，从而使金属裸露在底盘表面，很快就与水分直接接触发生氧化而生锈。

（2）底盘损坏影响全车架构。对于汽车来说，底盘能确保车辆和车主的安全。一般新车出厂时都会喷涂防锈底漆，但一段时间后还是会慢慢氧化。一旦底盘零部件生锈腐蚀，就会导致整车的架构松动，带来安全隐患，而很多交通事故都由底盘松动导致。有些生产厂家会给汽车发动机加装底盘护板，车主可以根据需求进行选装。

（3）底盘的日常养护。汽车众多的养护项目中，底盘护理最容易被驾驶员忽视，但在冬季或湿滑天气时，底盘维护的重要性就很明显。如果车主经常跑长途、到工地等地方，那么就要经常冲刷底盘，彻底做底盘清洗及防锈处理。对于底盘的清洗，车主一般很难自行完成，如果底盘上的污泥过多，还要用去油污的清洁剂清洗一遍。在日常的洗车当中，注意不要用碱性清洗剂、洗衣粉等冲洗车身和底盘，否则会影响防锈效果并缩短防锈时间。

(4)为底盘加一层保护膜。小心保护底盘的最好办法,除了定期检查之外,还可以为爱车进行底盘装甲的施工。并非所有的车辆都需要做底盘装甲,譬如经常行驶于较好的公路就可以不装。一般来说,底盘装甲的施工过程要求较高。首先,工作人员会卸下轮胎、刹车片等一些底盘附件,对车辆底部进行彻底清洗;将底盘的残留杂质洗干净之后,工作人员会吹干底盘的水迹,然后对底盘喷涂具备弹性的塑料材质,从而保护底盘。底盘装甲对专业的要求非常高,因此车主要选择正规的服务店。

四 评价与反馈

❶ 自我评价

(1)通过本学习任务的学习你是否已经知道以下问题:
①汽车举升要做的工作包括哪些,有什么注意事项?_____。
②汽车底盘检查工作包括哪些内容?_____。
③底盘检查应注意哪些方面?_____。
(2)实训过程完成情况如何?
_____。
(3)通过本学习任务的学习,你认为自己的知识和技能还有哪些欠缺?
_____。

签名:_____　　　____年____月____日

❷ 小组评价

小组评价见表19-1。

小 组 评 价 表　　　　　　　　表19-1

序号	评价项目	评价情况
1	着装是否符合要求	
2	是否能合理规范地使用仪器和设备	
3	是否按照安全和规范的流程操作	
4	是否遵守学习、实训场地的规章制度	
5	是否能保持学习、实训场地清洁	
6	团结协作情况	

参与评价的同学签名:_____　　　____年____月____日

❸ 教师评价

_____
_____。

教师签名:_____　　　____年____月____日

五 技能考核标准

技能考核标准见表19-2。

项目四 40000km维护

技能考核标准表　　　　　　　　　　　　　　　　　　　　　　　　　　表19-2

序号	操作内容	规定分	评分标准	得分
1	检查发动机各部位结合面有无漏油	5	发动机缸盖与缸体结合面、缸体与油底壳接合面；检查不到位扣3分，未使用手电筒照明扣2分	
2	检查发动机各油封有无漏油	5	飞轮侧油封、正时侧油封；检查不到位扣2分，未查检不得分	
3	检查机油滤清器及油底壳放油螺栓有无漏油	5	机油滤清器接合处、放油螺栓密封垫处；检查不到位扣2分，未检查不得分	
4	检查散热器有无泄漏、脏污、变形或损坏	5	散热器内侧、外侧，无脏污、无变形、无泄漏、无损坏；检查不到位扣2分，未检查不得分	
5	检查左驱动轴护套有无泄漏、裂纹或损坏（外侧）	5	左驱动轴护套无泄漏、无裂纹、无损坏（转三次，每次拨开检查）；夹箍1、2，安装牢靠，检查不到位扣2分，未检查不得分	
6	检查右驱动轴护套有无泄漏、裂纹或损坏（外侧）	5	右驱动轴护套无泄漏、无裂纹、无损坏（转三次，每次拨开检查）；夹箍1、2，安装牢靠，检查不到位扣2分，未检查不得分	
7	检查左转向横拉杆防尘罩有无漏油、裂纹或损坏	5	左转向横拉杆防尘罩无漏油、无裂纹、无损坏（拨开检查）；夹箍1、2，确认安装部位正常；检查不到位扣2分，未检查不得分	
8	检查右转向横拉杆防尘罩有无漏油、裂纹或损坏	5	右转向横拉杆防尘罩无漏油、无裂纹、无损坏（拨开检查）；夹箍1、2，确认安装部位正常；检查不到位扣2分，未检查不得分	
9	检查燃油管及接头有无泄漏	5	燃油管路各定位卡扣安装可靠，各连接处无泄漏，软管处卡夹安装牢靠；燃油管无扭结、磨损、腐蚀或其他损坏；检查不到位各扣2分，未检查不得分	
10	检查燃油管的安装情况及有无扭结、磨损、腐蚀或其他损坏	5		
11	检查制动管及接头有无泄漏	5	左侧制动管路与车轮无干扰，排气阀无泄漏、帽无缺失，制动管、软管及接头1、2无泄漏，卡夹1、2安装牢靠（右侧检查方法相同）；制动管路无扭结、磨损、腐蚀或其他损坏；检查不到位各扣2分，未检查不得分	
12	检查制动管的安装情况及有无扭结、磨损、腐蚀或其他损坏	5		
13	检查三元催化器、排气管、消声器有无凹陷、刮伤、腐蚀或其他损坏	5	检查排气系统三元催化器外观无明显变形，无泄漏，法兰1连接可靠、密封垫片1无泄漏；前排气管无凹陷、无刮伤、无损坏、无泄漏，吊挂1、吊挂2无损坏、无脱落，法兰2连接可靠、密封垫片2无泄漏，隔热罩安装可靠；前排消音器无凹陷、无刮伤、无损坏、无泄漏，后排消音器无凹陷、无刮伤、无损坏、无泄漏，各焊接处无泄漏，吊挂3、吊挂4、吊挂5无损坏无脱落，隔热罩安装可靠；检查不到位各扣2分，未检查不得分	
14	检查排气系统各密封垫片有无泄漏	5		
15	检查排气管、消声器的吊挂有无裂纹、损坏或脱落	5		
16	检查稳定杆有无松旷、变形、裂纹或其他损坏	5	稳定杆无轴向移动量，安装牢靠，无变形；检查不到位扣2分，未检查不得分	

续上表

序号	操作内容	规定分	评分标准	得分
17	检查稳定杆左侧连杆有无松旷、变形、裂纹或其他损坏	5	稳定杆左侧连杆无松旷、无变形、无损坏,上球节防尘套、下球节防尘套无裂纹、无损坏;检查不到位扣2分,未检查不得分	
18	检查稳定杆右侧连杆有无松旷、变形、裂纹或其他损坏	5	稳定杆右侧连杆无松旷、无变形、无损坏,上球节防尘套、下球节防尘套无裂纹、无损坏;检查不到位扣2分,未检查不得分	
19	检查左后减振器有无漏油、变形、刮伤或其他损坏	5	左后减振器安装牢靠,无变形、无损坏、无漏油;检查不到位扣2分,未检查不得分	
20	检查右后减振器有无漏油、变形、刮伤或其他损坏	5	右后减振器安装牢靠,无变形、无损坏、无漏油;检查不到位扣2分,未检查不得分	
总 分			100	

学习任务 20 顶起位置二 发动机机油排放、底盘螺栓螺母紧固

 学习目标

★ 知识目标

1. 了解发动机机油的作用和更换发动机机油的重要性;
2. 熟悉发动机机油消耗的原因及更换间隔期。

★ 技能目标

1. 学会此任务中的各个维护操作项目;
2. 重点掌握发动机机油排放的操作方法;
3. 规范任务中的各个维护动作。

 建议课时

6课时。

此任务是整个汽车定期维护中底盘维护项目,此时车辆的位置处于最高位(过人的头

顶)。由于车辆底盘零部件和发动机机油使用时间和使用条件的影响,机油性能和数量都会降低和减少,底盘螺栓螺母可能会出现松动。通过实施定期维护,确保顾客满意和放心。

此任务的内容包括:

(1)发动机机油排放。

(2)底盘螺栓螺母紧固。

本任务中发动机机油排放为机油更换的部分内容,底盘螺栓螺母为紧固项目。

一 理论知识准备

(1)发动机机油的作用:润滑功能、清洁功能、密封功能、防锈功能、冷却功能。

(2)更换发动机机油的重要性:发动机机油长时间使用后会出现变质,或者即使没有使用也可能会变质。由于发动机机油去除了发动机中的污垢和油污,它会变脏,然后变黑。如果不更换发动机机油,会导致油品下降,损坏发动机。

(3)发动机机油消耗的原因:发动机机油在正常情况下也会一点点地被消耗掉,一小部分机油会随燃油燃烧。

(4)发动机机油更换间隔期:一般根据行驶距离或时间更换机油。汽油发动机为每10000km或1年,柴油发动机为每5000km或6个月。更换间隔期随车型和使用状况的不同而不同。

二 任务实施

❶ 准备工作

(1)将实训车辆平稳停放在实训区域。

(2)检查实训室的通风及防火系统设备工作是否正常。

(3)准备预制式扭力扳手、棘轮扳手和套筒、棉手套和抹布等教学用具。

❷ 技术标准与要求

(1)后桥托架×车身螺栓——标准力矩90N·M+45°。

(2)后减振器下螺栓——标准力矩150N·M+60°。

(3)前副车架×车身螺栓——标准力矩100N·M+45°。

❸ 操作步骤

1)准备放油桶

(1)当汽车举到顶起位置2以后,学员走到放置油桶的地方,准备推油桶。图20-1为准备油桶。

注意:双手必须放在油桶的手柄处。

(2)先旋松油桶上的锁止螺母,然后将油桶升到最高位置,最后旋紧锁止螺母。图20-2为调节油桶高度。

注意:根据车辆顶起高度的不同,也可做适当的调整。

图20-1 准备油桶

图20-2 调节油桶高度

（3）打开放油桶的进油阀门，以便机油能够流到油桶里面。图20-3为打开进油阀门。

注意：阀门的开关如果垂直于油管，则处于关闭状态；阀门的开关如果平行于油管，则处于打开状态。

（4）打开空气阀门，关闭出油阀门。图20-4为打开空气阀门。

注意：空气阀门处于关闭的情况下，油从上面进来，而桶里面的空气就无法出去，就会影响油的流速并且还会发出声音。相反，空气阀门处于打开状态，多余的空气就会被放出来，使油能够正常流入到油桶中。关闭出油阀是为了防止机油从出油阀中流出。

图20-3 打开进油阀门

图20-4 打开空气阀门

（5）将油桶推到发动机油底壳的正下方，如图20-5所示。

注意：油桶的位置，要在油底壳放油螺栓稍稍后面一点，以防止刚放油的时候，油的压力过大而流出油桶。

2）排放发动机机油（学习任务18中机油口盖已经打开）

（1）从工具车中拿来一把棘轮扳手（中）和梅花内六（T45）并装好，然后拧松放油螺栓。图20-6为拧松放油螺栓。

注意：拧松放油螺栓之前，应先检查工具的旋向。在拧松放油螺栓的时候必须一次性均匀用力拧松，不能用冲击力。

（2）一只手拿抹布，另一只手去旋出放油螺栓。图20-7为拧出放油螺栓。

注意：

①在旋出放油螺栓的过程中，要用力顶住放油螺栓，当完全松掉的时候，要迅速将放

油螺栓从油底壳中拿出来。

②在操作过程中,如果手碰到机油,必须马上用布擦干净。

图20-5 将油桶推至油底壳正下方

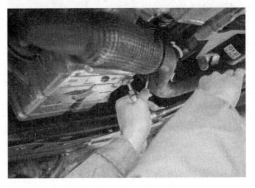

图20-6 拧松放油螺栓

3)更换放油螺栓密封圈

取下旧密封圈,用少量机油涂抹在新密封栓上,然后安装在放油螺栓上。图20-8 为更换放油螺栓密封圈。

注意:在更换密封圈时,要检查新密封圈的好坏。

图20-7 拧出放油螺栓

图20-8 更换放油螺栓密封圈

4)安装放油螺栓(待机油流速成液滴状态后)

(1)先将放油螺栓安装在螺栓孔上,然后用手旋紧,再用抹布擦一下放油螺栓表面。图20-9 为安装放油螺栓。

(2)从工具车拿一把扭力扳手(5~20N·M),将力矩调到14N·M,装上梅花内六(T45)。用扭力扳手把放油螺栓紧固到规定的力矩并清洁放油螺栓表面。图20-10 为拧紧放油螺栓。

注意:紧固放油螺栓前,要确认扭力扳手的旋向。

5)准备紧固螺栓工具

从工具车中先拿来扭力扳手(40~340N·M),装上短接杆和18号套筒,再将力矩调到90N·M并锁止,准备检查后桥托架×车身螺栓。图20-11 为调整力矩。

注意:安装好短接杆和套筒后,要确认扭力扳手的旋向。

图20-9　安装放油螺栓

图20-10　拧紧放油螺栓

6）紧固左侧后桥托架×车身螺栓（内侧）

拿着工具走到左侧后桥托架×车身螺栓的下方，然后左手握住扭力扳手手柄，右手握接杆连接处，将套筒套进螺栓，然后左手慢慢用力旋紧，当听到"嗒"一声时就可以停止操作。图20-12为紧固左侧后桥托架螺栓。

注意：

①螺栓类型：2×18（数量×大小）；

②使用工具：扭力扳手、短节杆、18号套筒；

③标准值：90N·M+45°。

图20-11　调整力矩

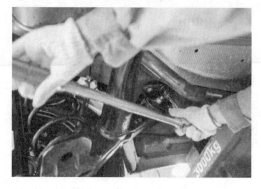

图20-12　紧固左侧后桥托架螺栓

7）紧固右侧后桥托架×车身螺栓（内侧）

在右侧后桥托架×车身螺栓的下方，然后左手握住扭力扳手手柄，右手握接杆连接处，将套筒套进螺栓，然后左手慢慢用力旋紧，当听到"嗒"一声时就可以停止操作。图20-13为紧固右侧后桥托架螺栓。

注意：

①螺栓类型：2×18（数量×大小）；

②使用工具：扭力扳手、短节杆、18号套筒；

③标准值：90N·M+45°。

8）更换套筒

学员走到工具车处，拆下刚才使用的18号套筒，装上21号套筒，准备检查减振器下螺栓。图20-14为更换套筒。

注意：各种扳手的用力方向一定要朝向操作人员自身，以免造成伤害。

图20-13　紧固右侧后桥托架螺栓

图20-14　更换套筒

9）紧固减振器下螺栓（左后）

将力矩调到150N·M。在左后减振器下螺栓处，左手握住扭力扳手手柄，右手握接杆连接处，将套筒套进螺栓，然后左手慢慢用力旋紧，当听到"嗒"一声时就可以停止操作。图20-15为紧固左后减振器下螺栓。

注意：

①螺栓类型：1×21（数量×大小）；

②使用工具：扭力扳手、短节杆、21号套筒；

③标准值：150N·M+60°。

10）紧固减振器下螺栓（右后）

在右后减振器下螺栓处，左手握住扭力扳手手柄，右手握接杆连接处，将套筒套进螺栓，然后左手慢慢用力旋紧，当听到"嗒"一声时就可以停止操作。图20-16为紧固右后减振器下螺栓。

注意：

①螺栓类型：1×21（数量×大小）；

②使用工具：扭力扳手、短节杆、21号套筒；

③标准值：150N·M+60°。

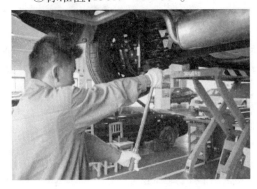

图20-15　紧固左后减振器下螺栓

图20-16　紧固右后减振器下螺栓

11）紧固前副车架×车身螺栓（左前）

将力矩调到100 N·M。在左前副车架×车身螺栓的下方，左手握住扭力扳手手柄，右手握接杆连接处，将套筒套进螺栓，然后左手慢慢用力旋紧，当听到"嗒"一声时就可以停止操作。图20-17为紧固左前副车架螺栓。

注意：

①螺栓类型：1×21（数量×大小）；

②使用工具：扭力扳手、短节杆、21号套筒；

③标准值：100N·M+45°。

12）紧固前副车架×车身螺栓（右前）

在右前副车架×车身螺栓的下方，左手握住扭力扳手手柄，右手握接杆连接处，将套筒套进螺栓，然后左手慢慢用力旋紧，当听到"嗒"一声时就可以停止操作。图20-18为紧固右前副车架螺栓。

注意：

①螺栓类型：1×21（数量×大小）；

②使用工具：扭力扳手、短节杆、21号套筒；

③标准值：100N·M+45°。

图20-17　紧固左前副车架螺栓　　　　图20-18　紧固右前副车架螺栓

三　学习拓展

钢结构连接用螺栓性能等级分为3.6、4.6、4.8、5.6、6.8、8.8、9.8、10.9、12.9等10余个等级。其中8.8级及以上螺栓材质为低碳合金钢或中碳钢并经过热处理（淬火、回火），通称为高强度螺栓，其余通称为普通螺栓。螺栓性能等级标号有两部分数字组成，分别表示螺栓材料的公称抗拉强度值和屈强比值。以性能等级4.6级的螺栓和性能等级10.9级高强度螺栓为例。

性能等级4.6级螺栓的含义：螺栓材质公称抗拉强度达400MPa级；螺栓材质的屈强比值为0.6；螺栓材质的公称屈服强度达400×0.6=240MPa级。

性能等级10.9级高强度螺栓的含义：螺栓材质公称抗拉强度达1000MPa级；螺栓材质的屈强比值为0.9；螺栓材质的公称屈服强度达1000×0.9=900MPa级。

四 评价与反馈

❶ 自我评价

(1)通过本学习任务的学习你是否已经知道以下问题:
①发动机机油排放时应注意哪些方面?＿＿＿＿＿＿＿＿＿＿＿＿＿＿＿＿＿＿＿。
②汽车底盘螺栓紧固的注意事项?＿＿＿＿＿＿＿＿＿＿＿＿＿＿＿＿＿＿＿＿。
③预置式扭力扳手的使用方法?＿＿＿＿＿＿＿＿＿＿＿＿＿＿＿＿＿＿＿＿＿。
(2)实训过程完成情况如何?
＿＿＿＿＿＿＿＿＿＿＿＿＿＿＿＿＿＿＿＿＿＿＿＿＿＿＿＿＿＿＿＿＿＿＿。
(3)通过本学习任务的学习,你认为自己的知识和技能还有哪些欠缺?
＿＿＿＿＿＿＿＿＿＿＿＿＿＿＿＿＿＿＿＿＿＿＿＿＿＿＿＿＿＿＿＿＿＿＿。

签名:＿＿＿＿＿＿　　＿＿＿＿年＿＿＿月＿＿＿日

❷ 小组评价

小组评价见表20-1。

小组评价表　　　　　　　　　　　表20-1

序号	评价项目	评价情况
1	着装是否符合要求	
2	是否能合理规范地使用仪器和设备	
3	是否按照安全和规范的流程操作	
4	是否遵守学习、实训场地的规章制度	
5	是否能保持学习、实训场地清洁	
6	团结协作情况	

参与评价的同学签名:＿＿＿＿＿＿＿＿＿＿＿＿　　＿＿＿＿年＿＿＿月＿＿＿日

❸ 教师评价

＿＿＿＿＿＿＿＿＿＿＿＿＿＿＿＿＿＿＿＿＿＿＿＿＿＿＿＿＿＿＿＿＿＿＿
＿＿＿＿＿＿＿＿＿＿＿＿＿＿＿＿＿＿＿＿＿＿＿＿＿＿＿＿＿＿＿＿＿＿＿。

教师签名:＿＿＿＿＿＿　　＿＿＿＿年＿＿＿月＿＿＿日

五 技能考核标准

技能考核标准见表20-2。

技能考核标准表　　　　　　　　　表20-2

序号	操作内容	规定分	评分标准	得分
1	准备放油桶	5	未检查机油收集器液面、各阀门,扣5分	
2	排放发动机机油	10	未正确选用工具扣5分,油落在地面扣5分	
3	更换新密封件	10	未更换扣5分,未涂抹机油扣5分	

续上表

序号	操作内容	规定分	评分标准	得分
4	安装放油螺栓	20	安装时机不合理扣5分,未正确使用工具扣5分,力矩不正确扣5分,未清洁扣5分	
5	紧固后桥托架×车身螺栓	25	未正确规范使用工具扣5分(4个螺栓,共20分),力矩不正确扣5分	
6	紧固减振器下螺栓	15	未正确规范使用工具扣5分(2个螺栓,共10分),力矩不正确扣5分	
7	紧固前副车架×车身螺栓	15	未正确规范使用工具扣5分(2个螺栓,共10分),力矩不正确扣5分	
	总　　分		100	

学习任务 21　顶起位置三　底盘检查、车轮拆装换位

 学习目标

 知识目标

1. 了解车轮轴承的主要类型;
2. 掌握检查车轮的重要性和检查更换的间隔期;
3. 了解车轮换位的必要性和换位周期及方法。

★ 技能目标

1. 学会此任务中的各个维护操作项目;
2. 掌握车轮螺母拆装的顺序和方法;
3. 规范任务中的各个维护动作。

建议课时

6课时。

 任务描述

此任务是整个汽车定期维护中底盘维护项目,此时车辆的位置处于与人胸口平齐的高度。由于车辆受到行驶时间和使用条件的影响,会受到磨损、老化、腐蚀等而降低零件

性能。通过实施定期维护,确保顾客满意和放心。

此任务的内容包括:

(1)车轮轴承检查:摆动、转动状况、噪声。

(2)车轮检查:裂纹、损坏、金属损坏、异物、异常磨损、气压、漏气等。

(3)车轮拆装。

(4)车轮换位。

本任务中车轮轴承、车轮为检查项目,如有不符合要求的需维修或更换;车轮拆装、车轮换位为操作更换项目。

一 理论知识准备

(1)车轮轴承主要有径向推力球轴承和锥形滚柱轴承。径向推力球轴承用于承受径向负荷和单方向的推力负荷,由两个轴承组合起来支撑车桥,它预紧到指定的力矩。锥形滚柱轴承是可以承受径向和轴向负荷,由两个轴承组合起来支撑车桥,它应当进行预紧载荷调整。

(2)检查车轮的重要性:车辆在路上行驶,轮胎与地面接触会导致轮胎磨损、气压降低、嵌入异物等情况发生。轮胎磨损沟槽消失会导致车轮易滑动,高速行驶在潮湿的地面,因不能排水会在水面滑动导致车辆失控。轮胎气压降低会导致车轮无法正常工作,油耗增加,缩短轮胎寿命,严重时会导致异常磨损或轮胎爆裂。

(3)车轮检查和更换的间隔期:每10000km或6个月检查一次磨损情况和气压。当轮胎的胎面花纹深度磨损小于3mm时,需要更换轮胎。当花纹深度达到1.6mm(磨损极限),必须更换轮胎。当轮胎气压异常低时,可能是轮胎漏气,当轮胎不正常磨损(例如羽状磨损、单侧磨损、两边磨损、中间磨损等)时,不仅仅是轮胎气压问题,可能车轮定位也有问题。

(4)车轮换位的必要性:由于各轮胎工作条件和负荷不同,车辆行驶一般前轮负荷大于后轮,同轴左右侧轮胎磨损情况也不同,所以定期进行车轮换位能使各轮磨损均匀,延迟使用寿命。

(5)车轮换位周期和方法:根据驾驶员不同的驾驶习惯和驾驶路线,应参照维护手册定期进行车轮换位。一般每10000km进行一次车轮换位。子午线轮胎应保持在车辆的同一侧使用,即保持相同的旋转方向。子午线轮胎的旋转走向是固定的,如果旋转方向弄反了,会使车辆失去操纵稳定性,使汽车行驶不顺并产生振动。

二 任务实施

❶ 准备工作

(1)将实训车辆平稳停放在实训区域。

(2)检查实训室的通风及防火系统设备工作是否正常。

(3)准备头灯、风动扳手和套筒、棘轮扳手,以及套筒、气压表、深度规等教学用具。

汽车定期维护

❷ 技术要求与注意事项

(1) 轮胎沟槽深度标准——大于 3mm。

(2) 轮胎气压标准——前轮 230kPa,后轮 230kPa。

(3) 子午线轮胎进行前后车轮换位。

❸ 操作步骤

1) 下降车辆

首先一学员走到举升机操作台,经呼应确认周围无障碍后,操作学员就可以按下下降按钮,进行"降车"操作,将车辆降至车轮与人胸口基本平齐的高度并锁止。

注意:两位学员操作必须前后呼应,检查举升机四周安全后才可以降车。图 21-1 为降车至胸口高度。

2) 检查左前减振器

3) 检查右前减振器

用双手去摸左、右前减振器,并使用头灯检查是否有漏油、裂纹、凹痕、弯曲、变形之类的损坏。图 21-2 为检查前减振器。

注意:检查减振器漏油等损坏时要求戴手套。

图 21-1　降车至胸口高度

图 21-2　检查前减振器

4) 检查车轮轴承(右前)

(1) 将一只手放在车轮左面,而另一只手放在车轮右面,紧紧地推拉车轮检查是否有松旷,如图 21-3a) 所示。

注意:在检查时学员必须站在车轮的正前方。

(2) 将一只手放在车轮上面,而另一只手放在车轮下面,紧紧地推拉轮胎检查是否有松旷,如图 21-3b) 所示。

注意:出现摆动时,用制动踏压器压住制动踏板并再次检查。如果没有更大的摆动是车轮轴承问题;仍然摆动是球节、主销、悬架问题。

5) 检查转动状况和异响(右前)

用手转动车轮检查其是否能够无任何噪声地平稳转动。图 21-4 为右前车轮转动状况和异响检查。

注意:在检查噪声时,耳朵可侧向车轮来听噪声。

项目四 40000km维护

a)　　　　　　　　　　　　　　　　b)

图21-3　右前车轮轴承检查

6）检查车轮轴承（右后）松旷、转动情况和异响

7）检查车轮轴承（左后）松旷、转动情况和异响

8）检查车轮轴承（左前）松旷、转动情况和异响

提示：步骤6）至步骤8），请参考步骤4）和步骤5）。

9）拆卸车轮（左前）

（1）用双手将车轮轮毂罩从车轮上取下。图21-5为取下轮毂罩。

注意：双手用力部位在同一个轮毂罩辐条两边。

图21-4　右前车轮转动状况和异响检查

（2）从气管收集器中拉出足够的气管长度并打开气阀，将气管插入风动扳手。图21-6为连接风动扳手。

注意：在拉的过程中，一只手拿住气管的一端，另一只手从里往外拉，然后将拉出来的部分用另一只手拿住，直到拉取所需要的长度并锁止气管。

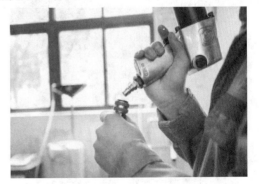

图21-5　取下轮毂罩　　　　　图21-6　连接风动扳手

（3）选择好风动扳手的挡位与旋转方向，再把19号风动套筒装上。图21-7为调整挡位和旋向。

注意:风动扳手的挡位选择应适宜,旋向正确。

(4)将风动扳手放入到车轮的各个螺栓中,按对角线的方式将车轮螺母第一次打松。图 21-8 为拧松车轮螺母。

注意:风动套筒和螺母要充分接触,打松车轮螺母需要另一学员辅助。

图 21-7　调整挡位和旋向　　　　　　　　图 21-8　拧松车轮螺母

(5)再按照同样的顺序一个个将车轮螺母打下来放于工具车上。

(6)打下螺母以后,将螺母按照直线的顺序排好。图 21-9 为放置螺母。

(7)另一学员将车轮取下放于轮胎架上并标记。图 21-10 为将轮胎置于轮胎架。

注意:

①在搬运轮胎过程中,双手必须放在轮胎的外胎侧,不能将手放到里面钢圈处。另外,不可将轮胎放在地上或在地上滚动。

②轮胎放下后,在轮胎上用粉笔做上记号,为车轮换位作准备。

图 21-9　放置螺母　　　　　　　　图 21-10　将轮胎置于轮胎架

10)拆卸左后车轮

11)拆卸右后车轮

12)拆卸右前车轮

提示:步骤 10)至步骤 12),请参考步骤 9)。

13)工具设备归位

将风动扳手从气管中拔出来,然后将风动扳手放在工具车上并将气管归位。图 21-11 为取下风动扳手。

注意:拔气管时,一手拿好风动扳手,另一手按下气管扣子,用力向下拉。

14）检查轮胎（左前）

先将轮胎在轮胎架上转动一圈，每转动一次为120°，分三次完成，以便进行下列项目的检查。图21-12为检查轮胎。

（1）检查是否有裂纹和损坏。

（2）检查是否嵌入金属颗粒或其他异物。

（3）检查是否有异常磨损。

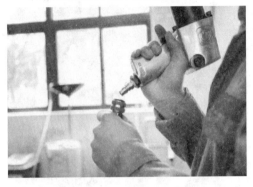

图21-11　取下风动扳手

图21-12　检查轮胎

15）检查钢圈是否损坏或腐蚀

在检查时，戴手套用手轻轻地去摸钢圈，并用眼睛查看其是否有损坏或腐蚀的情况。图21-13为检查钢圈。

注意：钢圈内外侧都需检查。

16）测量胎面沟槽深度

（1）从工具车中取来轮胎深度规并寻找磨损标记。图21-14为确认磨损标记。

注意：测量点应避开磨损标记。

（2）在轮胎胎面外侧槽避开磨损标记处进行测量，然后在同一道槽内每转动车轮90°测量一次；然后在内侧槽避开磨损标记处进行测量，在同一道槽内每转动车轮90°测量一次。图21-15为测量沟槽深度。

图21-13　检查钢圈

图21-14　确认磨损标记

图21-15　测量沟槽深度

注意：

①标准值：大于3mm。

②轮胎深度规在测量前需进行清洁与校零。

17）检查气压

(1) 在轮胎上找到气嘴，旋出气嘴盖，以便进行轮胎气压和漏气的检查。图21-16为拧出气嘴盖。

(2) 从工具车中取来轮胎气压表，连接气管后校零。图21-17为气压表校零。

注意：在检查气压之前，需要对气压表进行校零，以确保其是否标准。

图21-16　拧出气嘴盖　　　　　　　图21-17　气压表校零

(3) 将轮胎气压表插入到气嘴处，然后观察气压表，读取轮胎气压值，检查气压是否在正常范围内。图21-18为测量轮胎气压。

注意：胎压标准值为230kPa。

18）检查是否漏气

将肥皂水涂在气门嘴和钢圈边缘处，检查是否漏气。如果有气泡出来，说明有漏气。图21-19为漏气检查。

注意：确保肥皂水要涂在整个气门嘴上，钢圈边缘内外侧都需检查。

图21-18　测量轮胎气压　　　　　　图21-19　漏气检查

19）清洁安装面

用钢丝刷或砂皮清除车轮与制动鼓或制动盘安装面上的锈蚀。图21-20为清洁车轮安装面。

注意:

①若安装面金属之间接触不紧密,会引起车轮螺母松动,可能导致车辆行驶时车轮脱落。

②在教学过程中,可用抹布代替钢丝刷。

其他车轮的检查请参考步骤14)至步骤19)。

20)左后车轮换位至左前车轮并预安装

(1)将左后车轮装到左前制动盘上面,并用双手固定。图21-21为固定车轮。

注意:

①手不可以放在钢圈里面去搬动车轮。

②车轮上面的孔必须与制动盘上的螺栓对上,不要损坏螺纹。

图21-20　清洁车轮安装面

图21-21　固定车轮

(2)一位学员扶住车轮,不要让车轮倾斜。然后另一学员从工具车上拿来车轮螺母,将螺母装到上面的螺栓上并带紧。图21-22为安装车轮螺栓。

注意:扶车轮的学员要保持车轮平衡稳定。

(3)从工具车中拿来短接杆、19号套筒和棘轮扳手(大)并装好,然后按照上、右下、左上、右上、左下的顺序将车轮临时紧固。图21-23为预紧车轮螺栓。

注意:

①套筒和螺母要充分接合。

②在一次紧固好后,再用力紧固一次,以保证其有一定的紧度。

图21-22　安装车轮螺栓

图21-23　预紧车轮螺栓

21）左前车轮换位至左后车轮并预安装

22）右后车轮换位至右前车轮并预安装

23）右前车轮换位至右后车轮并预安装

提示：步骤21）至步骤23），请参考步骤20）。

三 学习拓展

(1) 常见的轮胎规格的含义。

例：185/70R14　86H

185——胎面宽(mm)；

70——高宽比(胎高÷胎宽)；

R——子午线结构；

14——钢圈直径14in；

86——载重指数(表示对应的最大载荷为530kg)；

H——速度代号(表示最高安全极速是210km/h)。

(2) 轮胎标识：轮胎侧面注有"△"、"－"、"□"等符号或注有"W"、"D"等文字，表示轮胎最轻的部分；安装内胎时，应将气门嘴对准符号安装，以使轮胎周围的质量平均，保持轮胎高速转动时平稳。如为箭头则表示有方向性的轮胎，按箭头指的方向为旋转方向安装。

(3) 轮胎的使用技巧：捷达车建议一般每20000km，前后车轮互换使用，可以后轮平行移至前面，也可以前轮交叉换至后面。总的来说，汽车轮胎的磨损是前面大于后面，由于前面有转向动作；由于路有弧度，右面的轮胎行程会更长些，右面的磨损大于左面。轮胎的时间性老化不明显，是老化、磨损还是行驶里程和路面状况占了绝大部分的原因(即不能以行驶年限作为判断是否更换轮胎的标准，而应以行驶公里数作为主要参数)，最关键是以轮胎的磨损程度为准。

四 评价与反馈

❶ 自我评价

(1) 通过本学习任务的学习你是否已经知道以下问题：

①车轮轴承检查要注意哪些方面？ _____。

②车轮检查的项目有哪些，应注意什么？ _____。

③车轮换位的目的和原因有哪些，如何换位？ _____。

(2) 实训过程完成情况如何？

_____。

(3) 通过本学习任务的学习，你认为自己的知识和技能还有哪些欠缺？

_____。

签名：_____　____年____月____日

❷ 小组评价

小组评价见表21-1。

小组评价表　　　　　　　　　　　　　　　　　　　　　　　表 21-1

序号	评价项目	评价情况
1	着装是否符合要求	
2	是否能合理规范地使用仪器和设备	
3	是否按照安全和规范的流程操作	
4	是否遵守学习、实训场地的规章制度	
5	是否能保持学习、实训场地清洁	
6	团结协作情况	

参与评价的同学签名：_____　　_____年____月____日

❸ 教师评价

_____
_____。

教师签名：_____　　_____年____月____日

五 技能考核标准

技能考核标准见表 21-2。

技能考核标准表　　　　　　　　　　　　　　　　　　　　表 21-2

序号	操作内容	规定分	评分标准	得分
1	下降车辆	2	前后未呼应扣 2 分	
2	检查减振器	2	检查不到位各扣 2 分（左、右）	
3	检查车轮轴承	16	未规范检查松旷各扣 2 分（4 个车轮，共 8 分），未规范检查异响各扣 2 分（4 个车轮，共 8 分）	
4	拆卸车轮	16	未按对角顺序拆卸各扣 2 分（4 个车轮，共 8 分），未分两次拧松各扣 2 分（4 个车轮，共 8 分）	
5	检查轮胎有无裂纹、割伤、起鼓、异物嵌入和异常磨损	8	无裂纹、无损坏、无异常磨损、无异物嵌入，检查不到位各扣 2 分（4 个车轮，共 8 分）	
6	检查钢圈有无损坏或腐蚀	16	外侧钢圈无损坏、无腐蚀，检查不到位各扣 2 分（4 个车轮，共 8 分）；内侧钢圈无损坏、无腐蚀，检查不到位各扣 2 分（4 个车轮，共 8 分）	
7	检查胎面沟槽的深度	16	检查深度尺刻度误差；未清洁后测量各扣 2 分（4 个车轮，共 8 分），未测最小值各扣 2 分（4 个车轮，共 8 分）	
8	检测轮胎气压及轮胎是否漏气	16	胎压表指针归零，刻度清晰，检查轮胎气压，检查不到位各扣 2 分（4 个车轮，共 8 分）；气嘴无漏气，轮胎外侧胎沿无漏气，内侧胎沿无漏气，检查不到位各扣 2 分（4 个车轮，共 8 分）	
9	车轮换位	4	换位正确各得 1 分（4 个车轮，共 4 分）	
10	车轮螺母预紧	4	未按对角预紧顺序各扣 1 分（4 个车轮，共 4 分）	
	总　　分	100		

学习任务 22　顶起位置三　前轮制动器(盘式)拆装检查
　　　　　　顶起位置四　盘式制动器调整、盘式制动拖滞检查

 学习目标

 知识目标

1. 熟悉更换制动器摩擦片的重要性；
2. 熟悉制动摩擦片检查更换的间隔期。

 技能目标

1. 学会此任务中的各个维护操作项目；
2. 重点掌握盘式制动器的检查方法；
3. 掌握盘式制动器制动拖滞检查的方法；
4. 规范任务中各个维护动作。

建议课时

6 课时。

 任务描述

此任务是整个汽车定期维护中底盘维护项目,是"学习任务 21"中车轮拆卸后的延续任务。顶起位置三时,车辆的位置处于与人胸口平齐的高度；顶起位置四时,汽车举到距离地面 20cm 的高度。由于车辆行驶时间和使用条件的影响,其会受到磨损、老化或腐蚀等而降低零件性能。通过实施定期维护,确保顾客满意和放心。

此任务的内容包括：

(1) 前轮盘式制动器的拆装。

(2) 摩擦片检查。

(3) 转子盘厚度检查。

(4) 转子盘跳动量检查。

(5) 制动卡钳检查。

(6) 盘式制动拖滞检查。

本任务中前轮盘式制动器(摩擦片、转子盘厚度、转子盘跳动量、制动卡钳、制动拖滞

等)为检查项目,如有不符合要求的需维修或更换。

一 理论知识准备

(1)盘式制动器摩擦片更换的重要性:随着盘式制动器摩擦片的磨损,制动效能会慢慢降低。磨损到极限后,制动盘和摩擦片背面直接接触,会导致制动盘损坏。

(2)盘式制动器摩擦片检查更换的间隔期:一般每10000km或6个月检查一次,当制动器摩擦片的剩余厚度不足2.0mm时,应进行更换。

二 任务实施

❶ 准备工作

(1)将实训车辆平稳停放在实训区域。
(2)检查实训室的通风及防火系统设备工作是否正常。
(3)准备游标卡尺、千分尺、百分表和磁性表座、扭力扳手和套筒、砂皮等教学用具。

❷ 技术标准与要求

(1)制动盘厚度测量点:距离制动盘外边缘约13mm处。
(2)制动盘厚度:标准为26mm,极限为23mm。
(3)制动盘端面跳动量测量点:距离制动盘外边缘约13mm处。
(4)制动盘端面跳动量:小于等于0.05mm。
(5)摩擦片厚度:标准为12mm,极限为2mm。
(6)车轮螺母标准力矩:140N·M。
(7)制动卡钳安装螺母标准力矩:28N·M。

❸ 操作步骤

1)摆动右前车轮

用双手摆动右前车轮,使左前轮处于一定左转向位置。图22-1为摆动右前车轮。

注意:不要将车轮方向打死,以免损坏球头。

2)检查制动卡钳是否松动(左前)

用双手抓住制动卡钳壳体,相对于制动钳托架上、下、前、后移动壳体。图22-2为检查制动卡钳。

图22-1 摆动右前车轮

图22-2 检查制动卡钳

3) 拆卸制动卡钳下螺栓（左前）

（1）用一把 18 号开口扳手固定在里面的螺栓上，然后再用一把 10 号梅花扳手拧松外侧的制动卡钳下安装螺栓。图 22-3 为拧松制动卡钳螺栓。

（2）将两把扳手放回到工具车上，然后用手将拧松的螺栓旋出来并放好。图 22-4 为拧出制动卡钳螺栓。

注意：在旋松制动卡钳下螺栓的时候右手要按住制动分泵，并可以根据螺栓的松紧进行适当移动调节。

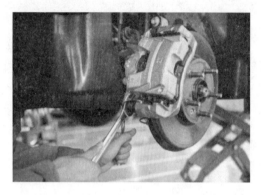 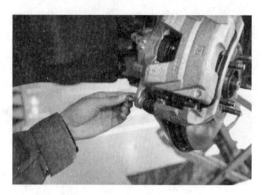

图 22-3　拧松制动卡钳螺栓　　　　　　图 22-4　拧出制动卡钳螺栓

4) 检查制动卡钳壳体（左前）

检查制动卡钳壳体是否开裂、严重磨损或损坏。图 22-5 为检查制动卡钳壳体。

注意：如果有上述情况，则需要更换制动卡钳。

5) 检查制动卡钳活塞防尘罩（左前）

检查制动卡钳活塞防尘罩是否开裂破裂、有切口、老化或未安装到位。图 22-6 为检查制动卡钳活塞防尘罩。

注意：如果有上述情况，则需要更换制动卡钳。

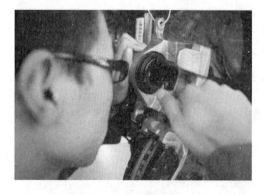 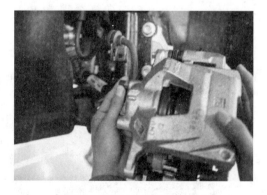

图 22-5　检查制动卡钳壳体　　　　　　图 22-6　检查制动卡钳活塞防尘罩

6) 检查制动卡钳的制动液泄漏

用手检查制动卡钳中是否有液体渗漏。图 22-7 为检查制动卡钳泄漏情况。

注意：如果有上述情况，则需要更换制动卡钳。

7）固定制动卡钳（左前）

掀起制动卡钳，再用钢丝钩一端将制动卡钳钩住，另一端钩到螺旋弹簧上。图22-8为固定制动卡钳。

注意：不要将制动管路弯曲和扭曲。

图22-7　检查制动卡钳泄漏情况

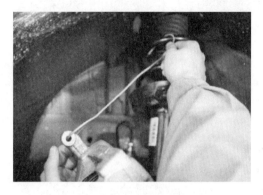

图22-8　固定制动卡钳

8）取下摩擦片（左前）

用双手将摩擦片从制动盘上拆下。安放摩擦片时，要区分开内外侧。图22-9为取下摩擦片。

注意：手不可以接触摩擦片的表面，以防止污染摩擦片从而影响制动效果。

9）取下摩擦片固定弹簧（左前）

用双手将固定弹簧从制动卡钳托架上拆下来，放于工具车上。图22-10为取下摩擦片固定弹簧。

注意：要注意放的位置要确定，可做标记。

图22-9　取下摩擦片

图22-10　取下摩擦片固定弹簧

10）检查制动卡钳托架（左前）

先用抹布清洁制动卡钳托架上的碎屑，然后检查制动卡钳托架是否松动。图22-11为检查制动卡钳托架。

注意：如有松动，需紧固或更换托架。

11）检查制动卡钳导销及护套（左前）

用手左右移动制动卡钳导销，感觉是否有卡死或卡滞现象，并观察护套是否开裂或破损。图22-12为检查制动卡钳导销及护套。

注意:检查制动卡钳导销时,不能将销滑出护套。

图22-11　检查制动卡钳托架

图22-12　检查制动卡钳导销及护套

12)清洁摩擦片(左前)

用砂皮清除两块摩擦片表面上的污垢。图22-13为清洁摩擦片。

注意:

①手不可以接触到摩擦片的表面。

②在教学过程中,多次用砂皮清洁摩擦片会将其磨薄,可以不清洁。

13)检查摩擦片的磨损情况(左前)

观察制动器摩擦片有无不均匀磨损。图22-14为检查摩擦片磨损情况。

注意:检查时,手不可以接触到摩擦片的表面。

图22-13　清洁摩擦片

图22-14　检查摩擦片磨损情况

14)检查游标卡尺

用抹布清洁游标卡尺外径测量端和深度测量端,然后将外径测量两端口合拢,锁止后水平观察主、副刻度尺零刻度线是否对齐。如果对齐,校零正常;未对齐,说明游标卡尺有误差。图22-15为游标卡尺校零。

注意:

①清洁后需观察游标卡尺刻度是否清晰。

②游标卡尺有误差,在使用过程中可以带误差测量,但最终结果要考虑误差值。

项目四 40000km维护

15)测量摩擦片厚度(左前、内侧)

测量摩擦片内侧两点摩擦片的厚度是否在标准范围内。如果制动器摩擦片的厚度低于磨损极限,则更换制动器摩擦片。图22-16为测量摩擦片内侧厚度。

注意:

①测量时,游标卡尺深度尺应垂直于测量端面。

②标准值为12mm,极限值为2mm。

图22-15 游标卡尺校零

图22-16 测量摩擦片内侧厚度

16)测量制动器摩擦片厚度(左前、外侧)

测量摩擦片外侧两点摩擦片的厚度是否在标准范围内。如果制动器摩擦片的厚度低于磨损极限,则更换制动器摩擦片。上述四点如有一点不正常,则必须同时更换两块摩擦片。图22-17为测量摩擦片外侧厚度。

注意:

①测量时,游标卡尺深度尺应垂直于测量端面,并水平读数。

②标准值为12mm,极限值为2mm。

17)临时安装车轮螺母(左前)

(1)从工具车中取出五个制动盘锥形垫圈并装于车轮螺栓上。图22-18为安装锥形垫圈。

注意:与车轮螺母配合的锥面应朝外。

图22-17 测量摩擦片外侧厚度

图22-18 安装锥形垫圈

(2)将五个车轮螺母旋在螺栓上面并用手带紧。图22-19为安装车轮螺母。

注意:五个车轮螺母需对角交叉安装。

（3）从工具车中取出19号套筒和棘轮扳手（大）并装好，然后按照上、右下、左上、右上、左下的顺序将螺母临时紧固。图22-20为紧固车轮螺母。

注意：

①套筒和螺母要充分接合。

②在一次紧固好后，再用力紧固一次，以保证其有一定的紧度。

图22-19　安装车轮螺母

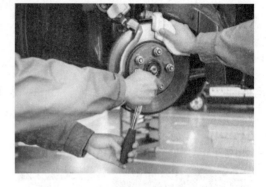
图22-20　紧固车轮螺母

（4）将扭力扳手调至40N·M，和19号套筒装好后按照上、右下、左上、右上、左下的顺序将螺母临时紧固至规定值，以便进行制动盘跳动量的检查。图22-21为紧固车轮螺母至规定值。

注意：

①套筒和螺母要充分接合。

②在教学过程中，可将扭力适当调小。

18）清洁制动盘（左前）

用砂皮清洁制动盘内外侧表面。图22-22为清洁制动盘。

注意：

①手不可以接触制动盘表面，以免影响测量。

②在教学过程中，由于多次使用砂皮会把制动盘磨薄，可用干净的抹布代替。

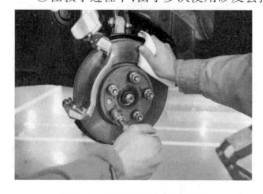
图22-21　紧固车轮螺母至规定值

图22-22　清洁制动盘

19）检查盘式制动盘磨损和损坏（左前）

检查制动盘内外侧上是否有刻痕、不均匀，或者异常磨损以及裂纹和其他损坏。

图22-23为检查盘式制动盘磨损和损坏情况。

注意：在检查时，边转动制动盘边用眼睛观察制动盘表面，特别是制动盘与摩擦片的接触部位。

20）做测量点标记（左前）

从工具车上取出游标卡尺，清洁校零后调至13mm并锁止。用粉笔在距离制动盘外边缘13mm处做标记，每90°做一标记。图22-24为做测量点标记。

注意：粉笔标记会导致一定的误差，但四个点必须离外边缘距离接近13mm，而且四点应均匀分配。

图22-23 检查盘式制动盘磨损和损坏情况

图22-24 做测量点标记

21）检查制动盘厚度（左前）

（1）清洁千分尺（25~50mm）后，进行千分尺的校零操作，要确定其零位正确。如果零位不正确，则必须进行调整，调整好以后才能进行测量。图22-25为千分尺校零。

注意：也可以带误差读数，最后结果考虑误差值。

（2）读取第一个测量位置厚度，然后拿出千分尺，转动制动盘90°再进行测量第二个位置的厚度，然后用同样的方法测量后两个位置，再将四个厚度的最小值与标准进行比较。图22-26为制动盘厚度测量。

图22-25 千分尺校零

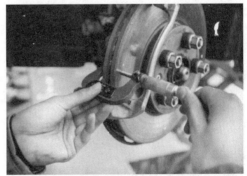

图22-26 制动盘厚度测量

注意：
①要求制动盘的厚度在标准的范围之内，如果超出则进行更换；
②标准值为26.00mm，极限值为23.00mm；

③测量点应该避开标记点,粉笔会带来误差。

(3)测量好以后,先清洁千分尺端口,再将千分尺旋转到原始位置(零位),然后再清洁千分尺。图22-27为清洁千分尺。

注意:清洁千分尺,保证量具不会被污损,确保以后能够继续使用。

22)检查制动盘跳动量(左前)

(1)清除其中三个标记,清洁磁性表座并组装好。图22-28为组装磁性表座。

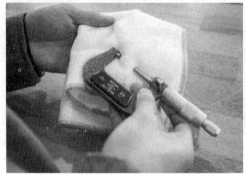

图22-27　清洁千分尺

(2)先关闭磁性表座的磁性开关,然后安装到减振器处,再打开磁性表座的磁性开关。图22-29为安装磁性表座。

图22-28　组装磁性表座

图22-29　安装磁性表座

(3)从工具车上取出百分表,用手轻拉百分表指针拉杆,检查百分表表盘是否卡滞,并清洁百分表。图22-30为检查百分表表盘。

(4)将百分表安装到磁性表座的支架上,再将百分表的探针位置调到标记的附近点。另外,百分表的探针必须与制动盘表面垂直。图22-31为安装百分表。

注意:

①标记位于高点位置;

②通过转动磁性表座支架的固定螺母,然后上下滑动支架来调节百分表的位置。

图22-30　检查百分表表盘

图22-31　安装百分表

（5）先将百分表预压1~2圈,然后进行固定。接着转动制动盘一圈,观察百分表读数最小位置,将百分表调到最小位置。图22-32为调整百分表位置。

注意:预压1~2圈主要是为了在测量时有一定的余量,才能进行正常的测量。

（6）转动制动盘,观察百分表指针的摆动量,以摆动量最大的为准,并读出此时的制动盘的跳动量。将测量出的数值与标准值进行对比,确定是否正常。如不正常则根据制动盘厚度和跳动量决定是否修复或更换。图22-33为转动制动盘。

注意:

①制动盘的转动圈数为3圈,保证数据的正确性;

②标准值为小于等于0.05mm。

图22-32 调整百分表位置

图22-33 转动制动盘

（7）测量完成以后,首先将磁性表座的支架向外移动,然后拆除百分表并清洁归位。图22-34为拆除百分表。

注意:由于百分表是精密量具,为了防止其损坏,应先将百分表拆除。

（8）从车辆上面拆除磁性表座,先关闭磁性表座的开关,再将磁性表座从车辆上面取下。图22-35为取下磁性表座。

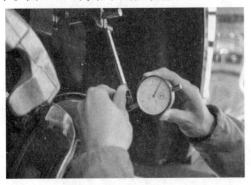
图22-34 拆除百分表

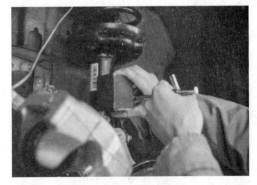
图22-35 取下磁性表座

23）润滑并安装摩擦片固定弹簧（左前）

在固定弹簧上涂抹一层高温硅润滑剂,按标记位置将其装至制动卡钳托架上。图22-36为安装摩擦片固定弹簧。

注意:在润滑之前,应先对固定弹簧清洁。

图22-36　安装摩擦片固定弹簧

24）安装摩擦片（左前）

（1）将摩擦片安装到制动卡钳托架上面，注意磨损指示器朝上。图22-37为安装摩擦片。

注意：安装过程中要注意内、外侧摩擦片不要搞错。

（2）拆下钢丝钩，将制动卡钳归位。图22-38为制动卡钳归位。

25）安装制动卡钳螺栓（左前）

（1）从工具车上拿来制动卡钳安装螺栓，检查有无弯曲和缺牙后再用手将其旋紧。图22-39为安装制动卡钳螺栓。

图22-37　安装摩擦片

图22-38　制动卡钳归位

（2）从工具车上取出一把扭力扳手（10~100N·M），然后调好力矩和10号套筒装好，再拿一把18开口扳手，来紧固制动卡钳安装螺栓。图22-40为拧紧制动卡钳螺栓至规定力矩。

注意：

①要紧固上面一个安装螺栓。

②标准值为28N·M。

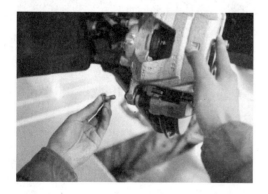

图22-39　安装制动卡钳螺栓

图22-40　拧紧制动卡钳螺栓至规定力矩

26）右前轮盘式制动器的拆装检查

请参考步骤1）至步骤25）。

27）下降车辆

首先一学员走到举升机操作台，经呼应确认周围无障碍后，操作学员就可以按下下降按钮，进行"降车"操作，将汽车举到离地面20cm的高度并锁止。图22-41为降车至离地20cm。

注意：操作两位学员必须前后呼应，检查举升机四周安全后才可以降车。

28）调整盘式制动器

用脚踩制动器踏板数次，使制动卡钳活塞和摩擦片复位。图22-42为踩踏制动踏板。

注意：制动卡钳安装过程中，活塞和摩擦片未处于复位状态。

图22-41　降车至离地20cm

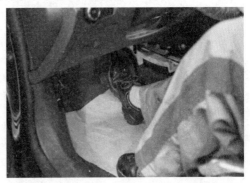

图22-42　踩踏制动踏板

29）检查制动液（补充）

观察制动总泵的储液箱内的制动液液位是否正常。如果不够，则进行加注补充。图22-43为制动液液位检查。

注意：制动液液位的检查是为了确保制动系统能够正常运行，应处于中间刻度位置。

30）检查盘式制动器拖滞（左前）

（1）学员在驾驶室里听辅助人员的口令，当辅助人员喊"刹"时，学员则迅速踩下制动踏板。

注意：该项目需要两个人来配合操作（驾驶室外操作人员为辅助）。

（2）当驾驶室操作人员踩下制动踏板后，外面辅助人员转动左前车轮制动盘，此时制动盘应不会转动；如会转动，则制动系统有故障。转好后向驾驶室人员喊"放"。图22-44为转动制动盘。

注意：前轮转动的阻力比较大，因此在转的时候双手稍稍加力。

（3）当驾驶室操作人员听到辅助人员喊"放"的时候，则马上释放制动踏板。

（4）当驾驶室的操作人员释放制动器踏板后，马上用双手转动制动盘，检查其是否能够转动，此时应该能立即转动。如果不会转动则制动系统有故障。如果过会转动，则为拖滞。

31）右前轮盘式制动器制动拖滞检查

请参考步骤30）。

图 22-43　制动液液位检查　　　　　　图 22-44　转动制动盘

三　学习拓展

制动系统按功用分为：行车制动系、驻车制动系、第二制动系和辅助制动系。

（1）行车制动系是由驾驶员用脚来操纵的，故又称脚制动系。它的功用是使正在行驶中的汽车减速或在最短的距离内停车。

（2）驻车制动系是由驾驶员用手来操纵的，故又称手制动系。它的功用是使已经停在各种路面上的汽车驻留原地不动。

（3）第二制动系是在行车制动系失效的情况下，保证汽车仍能实现减速或停车的一套装置。在许多国家的制动法规中规定，第二制动系也是汽车必须具备的。

（4）辅助制动系是经常在山区行驶的汽车以及某些特殊用途的汽车，为了提高行车的安全性和减轻行车制动系性能的衰退及制动器的磨损，用以在下坡时稳定车速。

四　评价与反馈

❶ 自我评价

（1）通过本学习任务的学习你是否已经知道以下问题：

①前轮盘式制动器的拆装及检查方法？_____。

②盘式制动器检查的内容包括哪些方面？_____。

③制动拖滞的检查应注意哪些方面？_____。

（2）实训过程完成情况如何？

_____。

（3）通过本学习任务的学习，你认为自己的知识和技能还有哪些欠缺？

_____。

签名：_____　　　　_____年____月____日

❷ 小组评价

小组评价见表 22-1。

项目四 40000km维护

小组评价表　　　　　　　　　　　　　　　　　　　　　　　　　表22-1

序号	评 价 项 目	评 价 情 况
1	着装是否符合要求	
2	是否能合理规范地使用仪器和设备	
3	是否按照安全和规范的流程操作	
4	是否遵守学习、实训场地的规章制度	
5	是否能保持学习、实训场地清洁	
6	团结协作情况	

参与评价的同学签名：_____　　　____年___月___日

❸ 教师评价

_____

_____。

教师签名：_____　　　____年___月___日

五 技能考核标准

技能考核标准见表22-2。

技能考核标准表　　　　　　　　　　　　　　　　　　　　　　表22-2

序号	操 作 内 容	规定分	评 分 标 准	得分
1	检查制动卡钳是否松动	3	未用双手去检查扣3分	
2	拆卸制动卡钳下安装螺栓	6	未正确选用工具扣3分，拆卸方法错误扣3分	
3	检查制动卡钳壳体	6	开裂、磨损、损坏，少检查其中一个扣2分	
4	检查制动卡钳活塞防尘罩	6	老化、开裂、安装，少检查其中一个扣2分	
5	制动卡钳的泄漏	3	液体泄漏3分	
6	取下摩擦片固定弹簧	6	拆卸方法错误扣3分，标记错误扣3分	
7	检查制动卡钳托架	6	未清洁扣3分，卡钳松动未检查扣3分	
8	检查制动卡钳导销及护套	6	销卡死未检查扣2分，护套开裂未检查扣2分，销滑出护套未检查扣2分	
9	检查摩擦片的磨损情况	3	未目测检查扣3分	
10	测量摩擦片厚度	9	游标卡尺未使用正确规范扣3分，10~12mm范围不正确扣3分，测量点少于四个扣3分	
11	临时安装车轮螺母	6	工具未使用正确规范扣2分，未对角交叉安装扣2分，未分两次拧紧扣2分	
12	检查盘式制动盘磨损和损坏	6	未检查目测划痕、磨损不均匀扣3分，未检查内外侧扣3分	
13	做测量点标记	6	未在四点平均分配扣3分，未在13mm处做标记扣3分	
14	检查盘式制动盘厚度	6	未正确规范使用千分尺扣3分，未在24~26mm之间扣3分	

续上表

序号	操作内容	规定分	评分标准	得分
15	检查盘式制动盘跳动量	6	工具的安装不正确扣2分,未旋转两圈以上扣2分,未按小于等于0.05mm标准各2分	
16	安装制动卡钳螺栓	4	未正确规范使用工具扣4分	
17	下降车辆	3	未相互呼应扣3分	
18	调整盘式制动器	3	未踩下数次扣3分	
19	检查盘式制动器拖滞	6	未呼应合作扣3分,未踩和放制动踏板扣3分	
总分			100	

学习任务 23　顶起位置三　后轮制动器(鼓式)拆装检查　顶起位置四　鼓式制动器调整、鼓式制动拖滞检查

 学习目标

 知识目标

1. 认识鼓式制动器的基本结构;
2. 掌握制动蹄和制动鼓间隙的计算方法;
3. 了解制动衬片检查的重要性和检查更换的周期。

⭐ 技能目标

1. 学会此任务中的各个维护操作项目;
2. 重点掌握制动蹄直径和制动鼓直径的测量方法;
3. 掌握鼓式制动器制动拖滞的检查方法;
4. 规范任务中的各个维护动作。

建议课时

6课时。

 任务描述

　　此任务是整个汽车定期维护中底盘维护项目,是"学习任务21"中车轮拆卸后的延续任务,此时车辆的位置处于与人胸口平齐的高度,顶起位置四时汽车举到离地面20cm高

度。由于车辆行驶时间和使用条件的影响,其会受到磨损、老化或腐蚀等而降低零件性能。通过实施定期维护,确保顾客满意和放心。

此任务的内容包括:

(1)制动鼓的拆装。

(2)制动鼓:表面、直径。

(3)摩擦衬片:裂纹、油污、缺损和厚度。

(4)制动分泵、调节弹簧、调节器总成。

(5)制动蹄:锈蚀、扭曲、卡滞和直径。

(6)鼓式制动拖滞检查。

本任务中制动分泵、调节弹簧、调节器总成、鼓式制动拖滞为检查项目,制动鼓、制动蹄、摩擦衬片为检查测量项目,如有不符合要求的需维修或更换。

一 理论知识准备

(1)鼓式制动器的基本组成:制动鼓、制动蹄、摩擦衬片、制动分泵、调节弹簧、调节器总成、回位弹簧、限位弹簧销和弹簧。

(2)制动衬片至制动鼓的间隙=制动鼓内径-制动衬片外径。

(3)制动衬片更换的重要性:随着制动衬片的磨损,制动蹄片和制动鼓之间的间隙变大,使制动效能慢慢降低。磨损到极限后,制动蹄片和制动鼓直接接触,导致制动鼓的损伤。

(4)制动衬片检查更换的间隔期:一般每20000km或1年检查一次,当制动衬片的剩余厚度不足1.6mm时,应进行更换。

二 任务实施

1 准备工作

(1)将实训车辆平稳停放在实训区域。

(2)检查实训室的通风及防火系统设备工作是否正常。

(3)准备游标卡尺、头灯、棘轮扳手和扭力扳手、螺丝刀、砂皮和粉笔等教学用具。

2 技术标准与要求

(1)制动蹄摩擦片厚度:标准值为5.0mm,极限值为1.6mm;

(2)制动鼓直径:标准值为254mm,极限值为256mm;

(3)制动衬片至制动鼓间隙:0.4~0.9mm;

(4)鼓式制动器安装螺栓:标准力矩为7N·m。

3 操作步骤

1)拆卸制动鼓(左后)

(1)用梅花内六(T30)和棘轮扳手(中)将制动鼓安装螺栓拧松拆下。图23-1为拧出制动鼓螺栓。

注意：拆之前应该检查棘轮扳手的旋向。

（2）拆下制动鼓以后，将制动鼓放置在工具车上。图23-2为取下制动鼓。

注意：放的时候不要与其他工具、零件重叠，凹面朝上。

图23-1　拧出制动鼓螺栓

图23-2　取下制动鼓

2）检查制动鼓表面状况（左后）

（1）用干净的抹布清洁制动鼓表面，观察表面是否有锈蚀、变蓝、开裂和缺失。图23-3为清洁制动鼓表面。

（2）用手去触摸制动鼓内表面，检查是否有明显的划痕。图23-4为检查制动鼓表面。

图23-3　清洁制动鼓表面

图23-4　检查制动鼓表面

3）测量制动鼓内径（左后）

（1）将游标卡尺（0~150mm）清洁校零后，调至24mm并锁止。图23-5为调整游标卡尺。

（2）在距离制动鼓外边缘24mm处，用粉笔在0°、45°、90°、135°位置分别做4个标记。图23-6为做标记。

注意：由于粉笔标记会给测量带来误差，所以测量点不能在标记点处。

（3）用内径游标卡尺（40~340mm）在距离制动鼓外边缘24mm的标记旁固定卡尺一端口，移动另一端口找到直径测量点并测量出第一个内径值，然后分别在其他3个点用同样方法测量出3个内径值。图23-7为测量制动鼓内径。

注意：游标卡尺移动端调整时，要使卡尺水平并要找到直径测量点位置。

图23-5 调整游标卡尺

图23-6 做标记

（4）清洁内径游标卡尺并归位，确保以后能够继续使用。图23-8为清洁内径游标卡尺。

注意：在游标卡尺放回去之前，需要对其进行校零复位。

图23-7 测量制动鼓内径

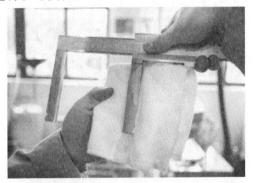
图23-8 清洁内径游标卡尺

4）清洁制动器衬片（左后）

从工具车取出一块砂皮，然后用砂皮分别清洁两侧的制动器衬片，以便进行检查和测量。图23-9为清洁制动器衬片。

5）检查制动器衬片损坏（左后）

目视检查两块制动器衬片是否有裂纹、蜕皮和损坏。图23-10为检查制动器衬片。

注意：用眼睛仔细观察两侧的制动器衬片，有其中任何一种情况出现，即为不正常。

图23-9 清洁制动器衬片

图23-10 检查制动器衬片

6）测量制动器衬片厚度（左后）

使用游标卡尺（0~150mm）测量制动器衬片上、中、下的厚度，把数据读取出来。然后与标准值进行比较，检查其是否能继续使用。再用同样的方法测量另一块制动器衬片的厚度。图23-11为测量制动器衬片厚度。

注意：

①如果测量出来其中有一块制动器衬片不符合标准，另一块符合标准，那么两块制动器衬片都要更换；

②标准值为5mm，极限值为1.6mm。

7）检查制动蹄和背板的锈蚀和磨损（左后）

从工具车中取出一把一字型螺丝刀，然后撬起左、右侧制动蹄，检查制动蹄和背板之间接触表面是否磨损。检查制动蹄片、背板是否生锈。图23-12为撬起制动蹄。

注意：在用螺丝刀的时候，要注意螺丝刀撬的位置和撬的力度。

图23-11 测量制动器衬片厚度

图23-12 撬起制动蹄

8）检查制动分泵（左后）

目视检查并用手触摸观察制动分泵中是否有制动液泄漏，护套有无裂纹和损坏。图23-13为检查制动分泵。

注意：护套裂纹和损坏检查要周全。

9）检查制动器调节弹簧（左后）

目视检查弹簧是否有缺失、弯曲、裂纹和腐蚀。图23-14为检查制动器调节弹簧。

图23-13 检查制动分泵

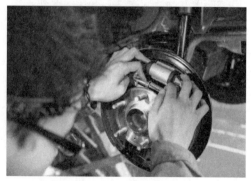

图23-14 检查制动器调节弹簧

10)检查调节器总成(左后)

目视检查调节器总成是否有缺失、弯曲、裂纹和过度磨损。图 23-15 为检查调节器总成。

11)检查制动蹄(左后)

观察制动蹄是否严重锈蚀、拉伸、扭曲,并双手左右移动制动蹄片检查移动是否顺利并复位。图 23-16 为检查制动蹄。

注意:手不要接触到制动衬片表面,以防有油污沾到上面去。

图 23-15　检查调节器总成

图 23-16　检查制动蹄

12)测量制动蹄直径(左后)

(1)将 40~340mm 的游标卡尺清洁校零后,把游标卡尺一端口固定在制动衬片中部位置,移动另一端口将卡尺调整好并测量出制动蹄直径。图 23-17 为测量制动蹄直径。

注意:测量调整时,选择最大值测量点读数。

(2)清洁内径游标卡尺并归位,确保以后能够继续使用。

注意:在游标卡尺放回去之前,需要对其进行对零复位。

13)计算制动蹄与制动鼓的间隙(左后)

将制动鼓 4 个内径值的最大测量值减去制动蹄直径获得间隙值,如该值不在标准范围内,需维修更换。

图 23-17　测量制动蹄直径

注意:标准值为 0.4~0.9mm。

14)安装制动鼓(左后)

(1)将调好力矩的扭力扳手(小)和梅花内六(T30)安装好,并将制动鼓安装螺栓紧固。图 23-18 为安装制动鼓螺栓。

注意:

①用工具预紧之前应该检查扭力扳手的旋向;

②标准力矩为 7N·m。

(2）用双手转动制动鼓,确保制动鼓能够转动无卡滞。图 23-19 为双手转动制动鼓。

图 23-18　安装制动鼓螺栓

图 23-19　双手转动制动鼓

15）右后轮鼓式制动器的拆装检查

请参考步骤 1）至步骤 14）。

16）下降车辆

请参考"学习任务 22"中的步骤 27）。

17）调整鼓式制动器

（1）由于刚才制动蹄位置移动过,脚踩制动踏板 10 次以上,使制动蹄片下陷。图 23-20 为踩制动踏板。

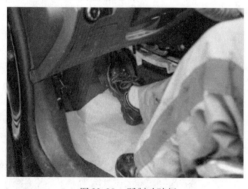

注意:踩制动踏板直到后制动器调节器的"咔嗒"声音消失。

（2）拉起驻车制动杆,检查驻车制动杆的行程是否正确。图 23-21 为拉起驻车制动杆。

注意:检查方法与"学习任务 16"中驻车制动杆的检查方法一样。

（3）放下驻车制动杆,然后再拉起驻车制动杆,这样重复操作几次。图 23-22 为放下驻车制动杆。

图 23-20　踩制动踏板

注意:检查方法与"学习任务 16"中驻车制动杆的检查方法一样。

图 23-21　拉起驻车制动杆

图 23-22　放下驻车制动杆

18）检查制动液（补充）

检查制动总泵的储液箱内的制动液液位是否正常。如果不够,则进行加注补充。图 23-23 为检查制动液液位。

注意:制动液液位的检查是为了确保制动系统能够正常运行,液位应处于中间刻度位置。

19）临时安装两个车轮螺母（左后）

从工具车取出两个车轮螺母,将两个车轮螺母旋在螺栓上面。图 23-24 为安装车轮螺栓。

注意:两个车轮螺母必须交叉安装。

图 23-23　检查制动液液位

图 23-24　安装车轮螺栓

20）检查鼓式制动器拖滞（左后）

(1)学员在驾驶室里听辅助人员的口令,当辅助人员喊"刹"时,学员则迅速踩下制动踏板。

注意:该项目需要两个人来配合操作（驾驶室外操作人员为辅助）。

(2)当驾驶室操作人员踩下制动踏板后,外面辅助人员转动左后车轮制动鼓,此时制动鼓应不会转动。如会转动,则制动系统有故障。然后转好后向驾驶室人员喊"放"。图 23-25 为转动制动鼓。

注意:此时在操作时一个手握住一个车轮螺母处进行旋转。

(3)当驾驶室操作人员听到辅助人员喊"放"的时候,则马上释放制动踏板。图 23-26 为松开制动踏板。

图 23-25　转动制动鼓

图 23-26　松开制动踏板

（4）当驾驶室的操作人员释放制动踏板后，马上用双手转动制动鼓，检查其是否能够转动，此时应该能立即转动。如果不会转动则制动系统有故障。如果稍后转动，则为拖滞。

（5）学员在驾驶室里听辅助人员的口令，当辅助人员喊"刹"时，学员则迅速拉起驻车制动杆。

（6）当驾驶室操作人员拉起驻车制动杆后，外面辅助人员转动右后车轮制动鼓，此时制动鼓应不会转动。如会转动，则制动系统有故障。然后转好后向驾室人员喊"放"。

（7）当驾驶室操作人员听到辅助人员喊"放"的时候，则马上释放驻车制动杆。

注意：此时驾驶室人一定要根据辅助人员的口令来进行操作。

（8）当驾驶室的操作人员释放驻车制动杆后，马上用双手转动制动鼓，检查其是否能够转动，此时应该能立即转动。如果不会转动则制动系统有故障。如果稍后转动，则为拖滞。

21）右后轮鼓式制动器制动拖滞检查

请参考步骤19）和步骤20）。

三 学习拓展

（1）制动系统按制动能量传输分为：机械式、液压式、气压式、电磁式和组合式。

（2）制动系统按回路多少分为：单回路制动系和双回路制动系。

（3）制动系统按能源分为：人力制动系、动力制动系和伺服制动系。

① 人力制动系——以驾驶员的肌体作为唯一的制动能源的制动系；

② 动力制动系——完全靠由发动机的动力转化而成的气压或液压形式的势能进行制动的制动系；

③ 伺服制动系——兼用人力和发动机动力进行制动的制动系。

四 评价与反馈

1 自我评价

（1）通过本学习任务的学习你是否已经知道以下问题：

① 后轮鼓式制动器的拆装及检查方法？_____。

② 鼓式制动器检查的内容包括哪些方面？_____。

③ 鼓式制动器的拖滞检查方法？_____。

（2）实训过程完成情况如何？

_____

（3）通过本学习任务的学习，你认为自己的知识和技能还有哪些欠缺？

_____。

签名：_____ ____年___月___日

2 小组评价

小组评价见表23-1。

项目四 40000km维护

小组评价表　　　　　　　　　　　　表23-1

序号	评价项目	评价情况
1	着装是否符合要求	
2	是否能合理规范地使用仪器和设备	
3	是否按照安全和规范的流程操作	
4	是否遵守学习、实训场地的规章制度	
5	是否能保持学习、实训场地清洁	
6	团结协作情况	

参与评价的同学签名：_____　　_____年___月___日

3 教师评价

_____

_____。

教师签名：_____　　_____年___月___日

五 技能考核标准

技能考核标准见表23-2。

技能考核标准表　　　　　　　　　　　表23-2

序号	操作内容	规定分	评分标准	得分
1	拆卸制动鼓	6	未正确规范使用工具扣3分,旋向错误扣3分	
2	检查制动鼓表面状况	3	划痕、锈蚀、开裂检查缺其中一项扣3分	
3	测量制动鼓内径	9	未正确规范使用工具扣3分;标记不合理扣3分;制动鼓直径应小于256mm,测量不准确扣3分	
4	检查制动器衬片损坏	4	裂纹、蜕皮和损坏,少检查其中一项扣2分	
5	测量制动器衬片厚度	9	未正确规范使用工具扣3分;外侧上、中、下未测量扣3分;厚度应大于1.6mm,测量不准确扣3分	
6	检查制动蹄和背板的锈蚀和磨损	3	目视检查不到位扣3分	
7	检查制动分泵	6	液体泄漏检查不到位扣3分,裂纹损坏检查不到位扣3分	
8	检查制动器调节弹簧	3	目视检查不到位扣3分	
9	检查调节器总成	3	目视检查不到位扣3分	
10	检查制动蹄	6	锈蚀、拉伸、扭曲检查不到位扣3分,复位检查不到位扣3分	
11	测量制动蹄直径	12	工具使用未正确规范扣3分,测量方法不正确扣3分,未分两次拧紧扣3分,未清洁制动蹄扣3分	
12	计算制动蹄与制动鼓的间隙	3	计算间隙范围应为0.4～0.9mm,计算数值不准确扣3分	

续上表

序号	操作内容	规定分	评分标准	得分
13	安装制动鼓	9	未正确规范使用工具扣3分,力矩(7N·m)测量不准确扣3分,卡滞检查不到位扣3分	
14	下降车辆	3	前后未呼应扣3分	
15	调整鼓式制动器	9	踩制动踏板未达到10次以上扣3分,听"咔嗒"声音消失检查不到位扣3分,检查驻车制动杆的行程不到位扣3分	
16	临时安装两个车轮螺母	3	未交叉安装扣3分	
17	检查鼓式制动器拖滞	9	未呼应合作扣3分,制动踏板刹和放操作错误扣3分,手制动刹和放操作错误扣3分	
	总分		100	

学习任务24　顶起位置五　紧固车轮螺母、更换机油滤清器、清洁(更换)空气滤清器芯、加注机油

学习目标

知识目标

1. 了解机油滤清器和空气滤清器芯的作用;
2. 掌握更换机油滤清器的必要性和间隔期;
3. 掌握清洁(更换)空气滤清器芯的必要性和间隔期。

★ 技能目标

1. 学会此任务中的各个维护操作项目;
2. 掌握更换机油滤清器和加注机油的方法;
3. 规范任务中的各个维护动作。

★ 建议课时

6课时。

此任务主要是整个汽车定期维护中发动机维护项目,此时车辆的位置处于低位(轮胎

项目四 40000km维护

接触地面)。由于车辆行驶时间和使用条件的影响,其会受到变质、老化、脏堵等而降低零件性能。通过实施定期维护,确保顾客满意和放心。

此任务的内容包括:

(1)车轮螺母的紧固。

(2)机油滤清器的更换。

(3)空气滤清器芯的清洁(更换)。

(4)机油的加注。

本任务中车轮螺母为紧固项目,机油滤清器和空气滤清器芯为清洁更换项目,机油的加注为添加项目。

一 理论知识准备

(1)机油滤清器的作用:发动机机油滤清器是清除机油中的碳、油污和金属颗粒的部件。

(2)空气滤清器芯的作用:清除灰尘、砂土等,清洁进入发动机的空气。

(3)更换机油滤清器的必要性:如果发动机机油滤清器没有更换而滤清器阻塞,机油就不能流过滤清器;当释放阀开启,脏的机油被送入发动机。

(4)清洁(更换)空气滤清器的必要性:如果滤清器滤芯被堵塞,由于进入到发动机的空气数量变少会使发动机的输出功率降低。

(5)更换机油滤清器的间隔期:由于很难通过目视来判断其变质的程度,所以按照行驶距离或者时间来更换发动机机油滤清器,每10000km或1年更换一次。更换的间隔期随车辆的车型和使用情况不同而不同。

(6)清洁(更换)空气滤清器芯的间隔期:由于很难通过目视来判断其变质的程度,所以按照行驶距离或者时间来清洁和更换滤芯,每20000km或2年检查一次,每40000km或4年更换一次。清洁(更换)的间隔期随车辆的车型和使用情况的不同而不同。

二 任务实施

1 准备工作

(1)将实训车辆平稳停放在实训区域。

(2)检查实训室的通风及防火系统设备工作是否正常。

(3)准备扭力扳手和套筒、接杆、螺丝刀、棘轮扳手、气枪等教学用具。

2 技术标准与要求

(1)车轮螺母标准力矩为140N·m。

(2)机油滤清器螺母力矩为25N·m。

(3)紧固车轮螺母和空气滤清器罩,安装螺钉需交叉分多次拧紧。

3 操作步骤

1)下降车辆

首先一学员走到举升机操作台,经呼应确认周围无障碍后,就可以按下下降按钮,进行"降车"操作,将车辆的位置降至低位(轮胎触及地面)。图24-1为下降车辆至低位。

注意:操作两位学员必须前后呼应,检查举升机四周安全后才可以降车。

图24-1　下降车辆至低位

2)拉起驻车制动杆

3)换挡杆置于"P"挡

4)安装车轮挡块

5)安装尾气管

提示:以上四个操作步骤参考"学习任务13"的预检工作内容。

6)准备预紧车轮螺母的工具

从工具车中先拿出扭力扳手(40~340N·m),装上短接杆和19号套筒,再将力矩调到40N·m并锁止,准备预紧车轮螺母。图24-2为准备扭力扳手。

注意:

①安装好短接杆和套筒后,应确认扭力扳手的旋向。

②在实际的教学过程中,可以将力矩适当减小,建议40N·m。

7)预紧车轮螺母(左后)

拿着工具走到左后车轮处,然后左手握住扭力扳手手柄,右手握接杆连接处,将套筒套进螺栓,然后左手慢慢用力旋紧,当听到"嗒"一声时就可以停止操作。图24-3为预紧车轮螺母。

注意:

①各种扳手的用力方向一定要朝向操作人员自身的方向用力,以免造成伤害。

②按上、左下、右上、左上、右下的顺序将车轮螺母预紧。

图24-2　准备扭力扳手

图24-3　预紧车轮螺母

8)预紧右后车轮螺母

9)预紧右前车轮螺母

10)预紧左前车轮螺母

提示:以上三个操作步骤请参考步骤7)。

项目四　40000km维护

11）紧固车轮螺母（左后）

（1）将扭力扳手调至规定力矩（140N·m）并锁住，准备紧固螺母。图24-4为调整力矩。

注意：在实际的教学过程中，可以将力矩适当减小，建议80 N·m。

（2）拿着扭力扳手走到左前车轮处，然后左手握住扭力扳手手柄，右手握接杆连接处，将套筒套进螺栓，然后左手慢慢用力旋紧，当听到"嗒"一声时就可以停止操作。图24-5为紧固车轮螺母。

注意：

①各种扳手的用力方向一定要朝向操作人员自身的方向用力，以免造成伤害。

②按上、左下、右上、左上、右下的顺序将车轮螺母紧固。

图24-4　调整力矩

图24-5　紧固车轮螺母

12）紧固右后车轮

13）紧固右前车轮

14）紧固左前车轮

提示：以上三个操作步骤请参考步骤11）。

15）拆卸机油滤清器盖和密封件

（1）将接油盆放到机油滤清器的正下方。图24-6为准备接油盆。

注意：使用接油盆主要是为了防止机油滴落到地面上。

（2）从工具车上拿出指针式扭力扳手、长接杆和24号套筒并装好，然后将机油滤清器预松。图24-7为预松机油滤清器。

注意：预松的时候要注意方向。另外，在预松时，不要一次性用很大的力，要均匀用力，以免造成机油滤清器的损坏。不同的车型使用的工具也不同。

（3）从工具车上拿出棘轮扳手（大）、长接杆和24号套筒并装好，然后将机油滤清器旋松。图24-8为拧松机油滤清器。

注意：旋松的时候要注意方向。

（4）将刚才使用的工具放在工具车上，然后一只手拿抹布，另一只手则去旋松机油滤清器盖。图24-9为拧出机油滤清器盖。

注意：在机油滤清器盖旋出来之前应先对其卸压几秒。

图24-6　准备接油盆

图24-7　预松机油滤清器

图24-8　拧松机油滤清器

图24-9　拧出机油滤清器盖

（5）当机油滤清器盖旋出来后，马上将其倒置并用抹布裹住。图24-10为倒置机油滤清器盖。

（6）将滤清器盖和滤芯放在接油盆里面，然后在滤清器盖上取下滤芯和密封件。图24-11为取下密封件。

图24-10　倒置机油滤清器盖

图24-11　取下密封件

16）准备更换件和机油

（1）从工具车中拿出预先准备好的新的机油滤清器芯和密封件。图24-12为新机油滤清器和密封件。

注意：新滤芯和密封件都需要检查。

（2）从工具车上拿出一桶机油，然后将机油桶的盖子打开。图24-13为打开新机油。

注意：此时我们打开机油桶的目的是为了取机油进行润滑操作。

图24-12　新机油滤清器和密封件

图24-13　打开新机油

17）润滑密封件

从工具车上拿出刚才已经取出来的新的O形圈密封件，并检查有无损坏，然后用手指伸进机油桶中蘸一点机油，再把机油均匀地涂抹在O形圈密封件表面上，并将机油桶的盖子盖上。图24-14为润滑密封件。

注意：在涂机油的时候一定要确保均匀。涂好后马上用抹布将手擦干净。

18）安装密封件和滤芯

将润滑好的O形圈密封件安装在机油滤清器盖上，然后安装新的滤芯。图24-15为安装密封件。

注意：在安装之前，应先对机油滤清器盖清洁和检查，并注意滤芯的安装位置。

图24-14　润滑密封件

图24-15　安装密封件

19）安装机油滤清器盖

（1）从工具车上拿一块抹布先清洁一下安装底座表面。图24-16为清洁安装底座。

（2）安装机油滤清器盖并用手旋紧。图24-17为安装机油滤清器。

注意：在用手旋的时候不要旋得很紧，只要使机油滤清器与其安装支座接触有点阻力即可。

图 24-16　清洁安装底座

图 24-17　安装机油滤清器

20）预紧机油滤清器盖

从工具车上取出棘轮扳手（大）、长接杆和 24 号套筒并安装好，然后将机油滤清器盖预紧固。图 24-18 为预紧机油滤清器盖。

注意：不同的车型使用的工具不同。

21）紧固机油滤清器盖

从工具车上取来扭力扳手并调至 25N·m，安装长接杆和 24 号套筒，然后将机油滤清器盖紧固。图 24-19 为紧固机油滤清器盖。

注意：紧固之前，应先检查旋向，紧固时应慢慢用力，防止用力过猛，超过标准力矩。

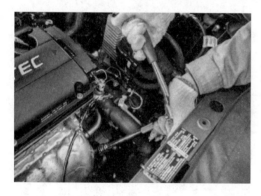
图 24-18　预紧机油滤清器盖

图 24-19　紧固机油滤清器盖

22）清洁机油滤清器各表面

用抹布清洁机油滤清器的各个表面，以防有机油滴落。图 24-20 为清洁机油滤清器表面。

注意：这个是为了确保在机油筒移出后不出现机油滴落现象。

23）加注机油

首先在机油加注口放块抹布，然后将机油桶口对准发动机的机油加注口进行加注，到了规定加注量的时候，停止加油。图 24-21 为加注机油。

注意：倒机油的过程中，机油桶要倾斜并适当调整角度，要让油桶的手柄处悬空通大气，以防止倒机油的时候产生气泡。

24）检查机油液位

请参考"学习任务13"中的预检工作内容。

图24-20 清洁机油滤清器表面

图24-21 加注机油

25）安装机油加注口盖

从工具车上拿出机油加注口盖，用手将加油加注口盖旋紧，然后再用抹布将其擦干净。图24-22为清洁机油加注口盖。

26）拆卸空气滤清器罩

用十字螺丝刀将空气滤清器罩的螺钉分两次交叉拧松。图24-23为拆卸空气滤清器罩。

注意：不需要完全将螺钉从空气滤清器罩拧出。

图24-22 清洁机油加注口盖

图24-23 拆卸空气滤清器罩

27）取出空气滤清器芯

打开空气滤清器罩，然后将里面的空气滤清器芯抽出来，放在工具车上，等待处理。图24-24为取出空气滤清器芯。

28）清洁和检查空气滤清器外壳

先用干净的抹布清洁空气滤清器外壳内部，然后检查空气滤清器外壳是否有破损。图24-25为清洁空气滤清器外壳。

29）空气滤清器芯的清洁和检查

用压缩空气清洁空气滤清器滤芯，检查空气滤清器滤芯上的橡胶密封是否良好，并且确保其没有裂纹或者其他损坏。图24-26为清洁空气滤清器芯。

注意：不管是新的还是使用过的空气滤清器滤芯，都需要检查。

图 24-24　取出空气滤清器芯

图 24-25　清洁空气滤清器外壳

30）安装空气滤清器芯

将新的或清洁过的空气滤清器芯放进去，并确认安放到位。图 24-27 为安装空气滤清器芯。

注意：在安装之前一定要先检查安装标记，有标记的一面朝上。

图 24-26　清洁空气滤清器芯

图 24-27　安装空气滤清器芯

31）安装空气滤清器罩

用十字螺丝刀将空气滤清器罩的螺钉分两次交叉拧紧。图 24-28 为安装空气滤清器罩。

图 24-28　安装空气滤清器罩

注意：要先确保空气滤清器的上下罩已经完全配合，此时才可以拧紧。

三　学习拓展

（1）机油级别：API 发动机油分为两类，"S"开头系列代表汽油发动机用油，规格有 API SA、SB、SC、SD、SE、SF、SG、SH、SJ、SL、SM、SN；"C"开头系列代表柴油发动机用油，规格有 API CA、CB、CC、CD、CE、CF、CF－2、

CF-4、CG-4、CH-4、CI-4。当"S"和"C"两个字母同时存在,则表示此机油为汽柴通用型。在"S"或"C"后面的字母表示的意义为从"SA"一直到"SN",每递增一个字母,机油的性能都会优于前一种,机油中会有更多用来保护发动机的添加剂;字母越靠后,质量等级越高,国际品牌中机油级别多是 SF 级别以上的。例如,壳牌非凡喜力(Shell Helix Plus)是 API SM 级,而壳牌红色喜力机油(Shell Helix Red Motor Oil)则是 API SG 级,这说明非凡喜力的质量等级要高于红喜力。

(2)机油型号:汽车机油的具体分类为夏季用油 4 种,冬季用油 6 种,冬夏通用油 16 种。其中夏季用油牌号分别为 20、30、40、50,数字越大其黏度越大,适用的最高气温越高;而冬季用油牌号分别为 0W、5W、10W、15W、20W、25W,符号 W 代表冬季 Winter(冬天)的缩写,W 前的数字越小,低温黏度越小,低温流动性越好,适用的最低气温越低;然后是冬夏通用油,牌号分别为 5W-20、5W-30、5W-40、5W-50、10W-20、10W-30、10W-40、10W-50、15W-20、15W-30、15W-40、15W-50、20W-20、20W-30、20W-40、20W-50,代表冬用部分的数字越小,代表夏季部分的数字越大者黏度越高,适用的气温范围越大。

四 评价与反馈

1 自我评价

(1)通过本学习任务的学习你是否已经知道以下问题:
①车轮螺栓紧固的正确步骤和方法? _____。
②发动机机油及机油滤清更换的方法及注意事项? _____。
③发动机空气滤清器的作用及更换方法? _____。
(2)实训过程完成情况如何?
_____。
(3)通过本学习任务的学习,你认为自己的知识和技能还有哪些欠缺?
_____。

签名:_____ ____年___月___日

2 小组评价

小组评价见表 24-1。

小组评价表　　　　　　　　　　　　表 24-1

序号	评价项目	评价情况
1	着装是否符合要求	
2	是否能合理规范地使用仪器和设备	
3	是否按照安全和规范的流程操作	
4	是否遵守学习、实训场地的规章制度	
5	是否能保持学习、实训场地清洁	
6	团结协作情况	

参与评价的同学签名:_____ ____年___月___日

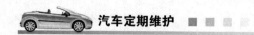

3 教师评价

_____

教师签名：_____   ____年___月___日

五 技能考核标准

技能考核标准见表24-2。

技能考核标准表　　　　　　　　　　　表24-2

序号	操作内容	规定分	评分标准	得分
1	下降车辆	6	前后未呼应扣6分	
2	安全防护工作	16	驻车制动杆、"P"挡、尾气管未按要求操作各扣4分，车轮挡块未安装扣4分	
3	预紧车轮螺母	8	未正确规范使用工具扣4分，未交叉预紧扣4分	
4	紧固车轮螺母	12	未正确规范使用工具扣4分，未交叉预紧扣4分，未按扭力80 N·m紧扣4分	
5	拆卸机油滤清器盖和密封件	12	未正确规范使用工具扣4分，未按要求放置油盘、拆卸机油滤清器盖扣4分，油液滴落扣4分	
6	安装密封件和滤芯	4	未润滑扣4分	
7	安装机油滤清器盖	12	未清洁表面扣4分，未正确规范使用工具扣4分，未按力矩25 N·m紧扣4分	
8	加注机油	8	未规范操作扣4分，液位不正确扣4分	
9	拆卸空气滤清器罩	8	未分两次对角拧松扣8分	
10	空气滤清器芯和壳的清洁检查	8	未密封、有破损扣8分	
11	安装空气滤清器罩	6	未分两次拧紧扣6分	
	总　分		100	

学习任务 25　顶起位置五　玻璃升降检查、车外后视镜检查、充电电压检查、空调的功能检查、尾气排放检测

 学习目标

★ 知识目标
1. 了解检查空调功能的间隔期；
2. 掌握检查充电电压的必要性；
3. 掌握尾气排放检测的必要性。

★ 技能目标
1. 学会此任务中的各个维护操作项目；
2. 重点掌握充电电压检查和尾气分析仪使用的方法；
3. 规范任务中的各个维护动作。

建议课时

4 课时。

 任务描述

在此任务中，车辆的位置处于低位（轮胎触及地面）。由于车辆行驶时间和使用条件的影响，会降低其工作性能和排放性能。通过实施定期维护，确保顾客满意和放心。

此任务的内容包括：
(1) 车外后视镜的检查。
(2) 玻璃升降的检查。
(3) 充电电压的检查。
(4) 空调功能的检查。
(5) 尾气排放的检查。

本任务中车外后视镜、玻璃升降、充电电压、空调的功能、尾气排放都为检查项目。

一　理论知识准备

(1) 检查空调功能的间隔期：按照行驶距离或者时间来检查空调功能，每 20000km 或

1年检查一次。检查的间隔期随车辆的车型和使用情况的不同而不同。

（2）检查充电电压的必要性：如果发电机不能正常地给蓄电池供电，蓄电池将会把电耗净，导致蓄电池寿命降低而损坏，不能为供电设备提供电，也不能保证下次顺利起动车辆。

（3）尾气排放检测的必要性：尾气中 CO、HC、CO_2、O_2 含量和过量空气系数能够反映发动机的状态，通过数据分析，为车辆故障诊断提供线索。尾气排放不合格会对环境带来污染、破坏大气等。

二 任务实施

1 准备工作

（1）将实训车辆平稳停放在实训区域。

（2）检查实训室的通风及防火系统设备工作是否正常。

（3）准备三件套、万用表、车轮挡块、尾气分析仪等教学用具。

2 技术标准与要求

（1）在转速 2500r/min 时，充电电压标准为 12.6～15.0V。

（2）尾气分析仪测量前必须要暖机 1min 以上。

（3）尾气分析取样探头插入排气管深度不小于 400mm。

3 操作步骤

1）安装车轮挡块

2）安装尾气管

请参考"学习任务13"中的预检工作内容。

3）发动机暖机

转动点火开关，起动发动机。图 25-1 为起动发动机。

注意：在发动机起动之前先喊"起动发动机"，使周围的人员引起注意。

4）检查车外后视镜（右）

转动后视镜旋钮至"R"位，然后上、下、左、右拨动旋钮，观察右后视镜是否能随拨动方向而相对应的转动。图 25-2 为检查车外后视镜。

图 25-1 起动发动机

图 25-2 检查车外后视镜

5)检查车外后视镜(左)

请参考步骤4)。

6)检查玻璃升降主控制开关(左前)

(1)快速点按左前玻璃升降主控制开关按钮,观察其能否正常下降,细听有无噪声。

(2)快速点拉左前玻璃升降主控制开关按钮,观察其能否正常上升,细听有无噪声。

图25-3为检查左前车窗主控制玻璃升降。

7)检查玻璃升降主控制开关(右前)

(1)快速点按右前玻璃升降主控制开关按钮,观察其能否正常下降,细听有无噪声。

(2)保持拉起右前玻璃升降主控制开关按钮,观察其能否正常上升,细听有无噪声。

图25-4为检查右前车窗主控制玻璃升降。

图25-3 检查左前车窗主控制玻璃升降　　图25-4 检查右前车窗主控制玻璃升降

8)检查玻璃升降主控制开关(左后)

(1)保持按下左后玻璃升降主控制开关按钮,观察其能否正常下降,细听有无噪声。

(2)保持拉起左后玻璃升降主控制开关按钮,观察其能否正常上升,细听有无噪声。

图25-5为检查左后车窗主控制玻璃升降。

9)检查玻璃升降主控制开关(右后)

请参考步骤8)。

10)检查玻璃升降分开关(右前)

(1)保持按下右前玻璃升降分开关按钮,观察其能否正常下降,细听有无噪声。

(2)保持拉起右前玻璃升降分开关按钮,观察其能否正常上升,细听有无噪声。

图25-6为检查右前玻璃升降分开关。

11)检查玻璃升降分开关(左后)

12)检查玻璃升降分开关(右后)

提示:以上两个步骤请参考步骤10)。

13)充电系统测试

(1)在无任何负荷的情况下,一学员踩下加速踏板并保持发动机转速2500r/min,另一学员将万用表校零后,用20V直流电压挡测量蓄电池正负极电压,观察充电电压是否符合标准。图25-7为充电系统空载测试。

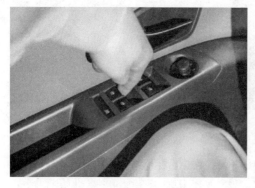

图25-5 检查右前车窗主控制玻璃升降

图25-6 检查右前玻璃升降分开关

（2）在开启三项或以上大功率负荷的情况下，一学员踩下加速踏板并保持发动机转速2500r/min，另一学员用20V直流电压挡测量蓄电池正负极电压，观察充电电压是否符合标准。图25-8为充电系统大负荷测试。

注意：大灯、空调、后窗除雾等都是连续性的大负荷，测试中应选用连续性的大负荷。

图25-7 充电系统空载测试

图25-8 充电系统大负荷测试

14）检查风速调节功能（前窗除雾模式）

起动发动机，打开A/C开关（最冷）和前窗除雾模式。旋转风速开关1-6挡，感觉除雾风道风速变化情况。图25-9和图25-10分别为打开风速开关和检查前窗除雾模式。

注意：打开空调之前，需将前格栅布收起。

图25-9 打开风速开关

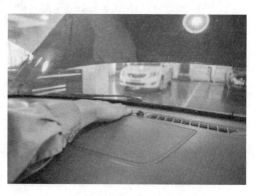

图25-10 检查前窗除雾模式

15）检查风向切换和空调制冷功能（吹脚/除雾模式）

打开吹脚/除雾模式。检查除雾风道及脚部出风口（驾驶室下侧1、2、3，副驾下侧1、2、3、4、5，右后排座椅下侧1、2，左后排座椅下侧1、2）工作情况。图25-11为检查吹脚/除雾模式。

16）检查风向切换和空调制冷功能（吹脚模式）

打开吹脚模式。检查脚部出风口（驾驶室下侧1、2、3，副驾下侧1、2、3、4、5，右后排座椅下侧1、2，左后排座椅下侧1、2）工作情况。图25-12为检查吹脚模式。

图25-11　检查吹脚和除雾模式

图25-12　检查吹脚模式

17）检查风向切换和空调制冷功能（吹脚/吹脸模式）

打开吹脚/吹脸模式。检查脚部风道及面部风道左1、左2、右1、右2的出风及开关情况。图25-13为检查吹脚/吹脸模式。

18）检查风向切换和空调制冷功能（吹脸模式）

打开吹脸模式。检查吹脸风道左1、左2、右1、右2的出风工作情况。图25-14为检查吹脸模式。

图25-13　检查吹脚/吹脸模式

图25-14　检查吹脸模式

19）检查空气循环模式和后窗除雾按钮

按下空气循环开关，检查其工作情况。按下后窗除雾按钮，观察能否工作。图25-15为后窗除雾按钮。

20）检查暖风工作

关闭A/C开关（最热），感觉温度是否明显上升。检查完后关闭风速开关等所有开关。图25-16为检查暖风工作。

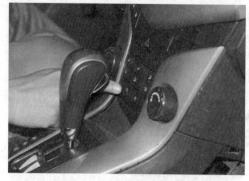

图 25-15　后窗除雾按钮

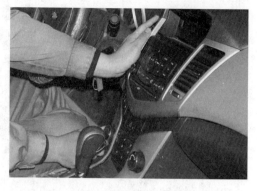

图 25-16　检查暖风工作

21）测量怠速时尾气排放值（发动机已经暖机状态）

（1）开启尾气分析仪（学习任务 13 中已经完成）。图 25-17 为打开尾气分析仪。

（2）点击桌面上的"Bosch – Emision – Analysis"图标打开尾气分析仪软件。图 25-18 为尾气分析软件图标。

图 25-17　打开尾气分析仪

图 25-18　尾气分析软件图标

（3）按 F5 进入测试界面。图 25-19 为测试界面。

（4）按 F12 进入自诊断测试大约 30s（校零及 HC 残余测试）。图 25-20 为自诊断测试界面。

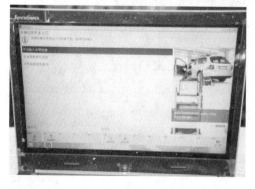

图 25-19　测试界面

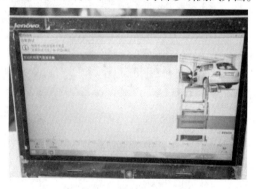

图 25-20　自诊断测试界面

（5）在发动机暖机怠速下，将取样探头插入排气管中，深度不少于 400mm，并固定在排气管上。图 25-21 为取样探头插入排气管。

(6)当 CO_2 含量大于6%时,按下F5进行单点采样。图25-22为单点采样界面。

注意:当 CO_2 含量大于6%时,表明汽车尾气已经达到尾气分析仪的分析过程,取样系统也无漏气。

图25-21　取样探头插入排气管

图25-22　单点采样界面

(7)按下F6,记录 CO、HC、CO_2、O_2、过量空气系数。图25-23为记录各参数数值。

(8)将取样探头从排气管中拔出,并清洁归位。图25-24为取样探头归位。

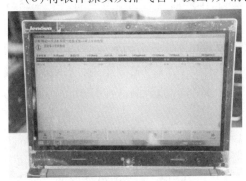

图25-23　记录各参数数值

图25-24　取样探头归位

22)释放驻车制动杆

学员打开左前车门,将发动机熄火并释放驻车制动杆,为后面复检工作做准备。图25-25为释放驻车制动杆。

23)拆除尾气管

用双手将尾气管从排气管中抽出。图25-26为拆除尾气管。

图25-25　释放驻车制动杆

图25-26　拆除尾气管

注意:尾气管内可能有水。

三 学习拓展

汽车尾气污染物主要包括:一氧化碳、碳氢化合物、氮氧化合物、二氧化硫、烟尘微粒(某些重金属化合物、铅化合物、黑烟及油雾)、臭气(甲醛等)。据统计,每千辆汽车每天排出一氧化碳约3000kg,碳氢化合物200~400kg,氮氧化合物50~150kg。美国洛杉矶市汽车等流动污染源排放的污染物已占大气污染物总量的90%。汽车尾气可谓大气污染的"元凶"。

汽车尾气最主要的危害是形成光化学烟雾。汽车尾气中的碳氢化合物和氮氧化合物在阳光作用下发生化学反应,生成臭氧,它和大气中的其他成分结合就形成光化学烟雾。其对健康的危害主要表现为刺激眼睛,引起红眼病;刺激鼻、咽喉、气管和肺部,引起慢性呼吸系统疾病。光化学烟雾能使树木枯死,农作物大量减产;能降低大气的能见度,妨碍交通。汽车尾气中一氧化碳的含量最高,它可经呼吸道进入肺泡,被血液吸收,与血红蛋白相结合,形成碳氧血红蛋白,降低血液的载氧能力,削弱血液对人体组织的供氧量,导致组织缺氧,从而引起头痛等症状,重者窒息死亡。

汽车尾气中的氮氧化合物含量较少,但毒性很大,其毒性是含硫氧化物的3倍。氮氧化合物进入肺泡后,能形成亚硝酸和硝酸,对肺组织产生剧烈的刺激作用,增加肺毛细管的通透性,最后造成肺气肿。亚硝酸盐则与血红蛋白结合,形成高铁血红蛋白,引起组织缺氧。

汽车尾气中的碳氢化合物有200多种,其中C_2H_4在大气中的浓度达0.5ppm(十万分之一)时,能使一些植物发育异常。汽车尾气中还发现有32种多环芳烃,包括3,4-苯并芘等致癌物质。当苯并芘在空气中的浓度达到$0.012ug/m^3$时,居民中得肺癌的人数会明显增加。离公路越近,公路上汽车流量越大,肺癌死亡率越高。

汽车尾气中的二氧化硫和悬浮颗粒物,会增加慢性呼吸道疾病的发病率,损害肺功能。二氧化硫在大气中含量过高时,会随降水形成"酸雨"。汽车尾气中的铅化合物可随呼吸进入血液,并迅速地蓄积到人体的骨骼和牙齿中,它们干扰血红素的合成、侵袭红细胞,引起贫血;还会损害神经系统,严重时损害脑细胞,引起脑损伤。当儿童血液中铅浓度达0.6~0.8ppm时,会影响儿童的生长和智力发育,甚至出现痴呆症状。铅还能透过母体进入胎盘,危及胎儿。

四 评价与反馈

❶ 自我评价

(1)通过本学习任务的学习你是否已经知道以下问题:
①车身玻璃升降器的检查方法?_____。
②汽车空调的检查包括哪些内容?_____。
③尾气排放检测的内容及方法?_____。

(2)实训过程完成情况如何?

_____。

(3)通过本学习任务的学习,你认为自己的知识和技能还有哪些欠缺?

_____。

签名:_____　　　_____年____月____日

❷ 小组评价

小组评价见表25-1。

小组评价表　　　　　　　　　　　　　　　　　　　　表25-1

序号	评价项目	评价情况
1	着装是否符合要求	
2	是否能合理规范地使用仪器和设备	
3	是否按照安全和规范的流程操作	
4	是否遵守学习、实训场地的规章制度	
5	是否能保持学习、实训场地清洁	
6	团结协作情况	

参与评价的同学签名:_____　　　_____年____月____日

❸ 教师评价

_____。

教师签名:_____　　　_____年____月____日

五　技能考核标准

技能考核标准见表25-2。

技能考核标准表　　　　　　　　　　　　　　　　　　表25-2

序号	操作内容	规定分	评分标准	得分
1	发动机暖机	4	起动安全未确认扣4分	
2	检查车外后视镜	8	上、下、左、右工作正常,无损坏;未按要求操作各扣2分	
3	玻璃升降主控制开关	12	左前玻璃一键上升下降,右前玻璃一键下降,四扇车窗玻璃能升能降;未按要求操作各扣4分	
4	检查玻璃升降分开关	12	用分开关检查三扇车窗玻璃能升能降;未按要求操作各扣4分	
5	充电系统测试	12	未正确规范使用设备扣4分;未正确测量扣4分;选择大负荷三项以上并正确操作,否则扣4分	
6	检查风速调节功能	12	1~6个挡未按要求检查,各扣2分	
7	检查风向切换和空调制冷功能	20	检查5个模式下的出风口制冷感觉,未按要求检查各扣4分	

续上表

序号	操作内容	规定分	评分标准	得分
8	测量怠速时尾气排放值	16	操作程序不正确扣4分,探头安装不到位扣4分,数据记录不正确(CO_2含量大于6%)扣4分,取样探头操作不规范扣4分	
9	发动机熄火并拆除尾气管	4	操作不正确扣4分	
	总　　分		100	

学习任务 26　顶起位置六　底盘复检
顶起位置七　发动机舱内复检、清洁整理

学习目标

⭐ **知识目标**

1. 了解7S内容;
2. 了解复检工作的重要性;
3. 掌握7S工作的必要性。

⭐ **技能目标**

1. 学会此任务中的各个复检和清洁整理项目;
2. 规范任务中的各个操作动作。

建议课时

4课时。

任务描述

此任务是整个汽车定期维护中复检和清洁整理项目。顶起位置六时车辆的位置处于最高位(过人的头顶),顶起位置七时举升机处于未升起的位置。通过实施定期维护以后,需要对车辆进行复查和清洁等收尾工作,确保顾客满意和放心。

此任务的内容包括:

(1)底盘复检。

(2)发动机舱内复检。

(3)清洁和整理。

本任务中底盘和发动机舱为检查项目,如有不符合要求需再次维护处理;清洁和整理为清洁操作项目。

一 理论知识准备

(1)7S 内容:整理、整顿、清扫、清洁、素养、安全和节约。

(2)复检工作的重要性:如果在定期维护工作中操作不规范或者错误,导致油液的泄漏,将会导致车辆安全或者不能起动的问题,所以再次确认工作是有必要的,能够确保让顾客满意和放心。

(3)7S 工作的必要性:整理工作是收集工作场地不必要的东西然后丢弃,并小心存放需要的物品;整顿工作是整顿工具和零件的过程,目的是为了方便使用;清扫工作是使工作场地内所有物品保持干净的过程,使设备处于完全正常的状态,以便随时可以使用;清洁工作是使工作环境变得清新明亮,给顾客带来良好的氛围;素养是使员工的素质提高,尊重他人,让他人感到舒心;安全和节约工作是关闭电源和气源以节省能源。

二 任务实施

❶ 准备工作

(1)将实训车辆平稳停放在实训区域。

(2)检查实训室的通风及防火系统设备工作是否正常。

(3)准备三件套、前格栅布和翼子板布、头灯、棉手套和抹布等教学用具。

❷ 技术标准与要求

(1)复检冷却液液位、机油液位、制动液液位、玻璃洗涤液液位都应该在最高和最低刻度之间。

(2)在该学习任务中要做好 7S 工作。

(3)废弃物要分类进行处理。

❸ 操作步骤

1)上升车辆

首先学员走到举升机操作台,经呼应确认周围无障碍后,就可以按下上升按钮,进行"升车"操作,将车辆的位置处于最高位(过人的头顶)并锁止。图 26-1 为车轮升至高位。

注意:操作两位学员必须前后呼应,检查举升机四周安全后才可以降车。

2)移开车轮挡块

请参考"学习任务 18"中的相关内容。

3)检查发动机机油泄漏

4)检查制动液泄漏

5)检查冷却液泄漏

请参考"学习任务 19"中的相关内容。

6）检查车轮转动状况

请参考"学习任务21"中的步骤5）至步骤8）。

7）下降车辆并安装车轮挡块

请参考"学习任务13"中的相关内容。

8）关闭尾气分析仪

按 ESC（退出键）及 F4（确认键）关闭测试程序退出尾气分析仪软件，最后关闭尾气分析仪并清洁。图 26-2 为关闭尾气分析仪。

图 26-1　车轮升至高位

图 26-2　关闭尾气分析仪

9）检查发动机机油液位

10）检查冷却液液位

11）检查玻璃洗涤液液位

请参考"学习任务13"中的预检工作内容。

注意：如果液位不符合要求需要添加。

12）安装车轮轮毂罩

用双手将车轮轮毂罩卡扣一个个地按顺序装入。图 26-3 为安装车轮轮毂罩。

注意：气门嘴位置和轮毂罩缺口要对准。

13）清洁发动机舱

用抹布清洁发动机舱内。图 26-4 为清洁发动机舱。

图 26-3　安装车轮轮毂罩

图 26-4　清洁发动机舱

14)拆除翼子板布和前格栅布

请参考"学习任务15"中的相关内容。

15)清洁车辆内部和烟灰缸

关闭后排座顶灯至OFF,清洁灯光拨叉、刮水拨叉、换挡杆、驻车制动杆、各开关旋钮等,并清理烟灰缸。图26-5为清洁车轮内部。

16)拆除三件套

将座椅套、地板垫、转向盘套拆除,并分类处理垃圾。图26-6为分类处理垃圾。

图26-5　清洁车轮内部

图26-6　分类处理垃圾

17)清洁车辆外表

从车头到车尾清洁车辆的外表面,特别是在操作过程中有触碰到的部位以及玻璃洗涤液喷射到的位置。图26-7为清洁车辆外表。

18)清洁工量具

清洁所有使用过的工量具,并在规定位置放好,以便下次使用能够方便找到。图26-8为清洁工量具。

图26-7　清洁车辆外表

图26-8　清洁工量具

19)清洁设备和地面

清洁工具车表面和举升机控制台,并把地面拖干净养成良好的工作习惯。图26-9为清洁地面。

汽车定期维护

图26-9 清洁地面

三 学习拓展

7S的具体内容：

1S(整理)定义——区分要与不要物品，将不要的物品处理。目的是腾出空间，提高生产效率。

2S(整顿)定义——要的物品依照规定，定位、定量的摆放整齐，明确标识。目的是节约寻找的时间，一目了然。

3S(清扫)定义——清除工作场所内的灰尘，避免脏乱的情况，并防止污染的发生。目的是使不足、缺点显现出来，这是品质的基础。

4S(清洁)定义——将3S实施制度化、规范化，并保持成果。目的是通过制度化维持所改善的成果，并显现"异常"之所在。

5S(素养)定义——人人依规定行事，从心态上养成好习惯。目的是养成遵章守纪的好习惯。

6S(安全)定义——全员能预知危险，零灾害。目的是人人都能预防危险，防患未然。

7S(节约)定义——养成成本意识，个个都会算账。目的是全员养成成本意识，有节约的习惯，懂得成本管理与成本控制。

四 评价与反馈

❶ 自我评价

(1)通过本学习任务的学习你是否已经知道以下问题：

①7S的具体内容是什么？_____。

②7S工作的必要性和实用价值？_____。

③复检工作的重要性？_____。

2)实训过程完成情况如何？

_____。

3)通过本学习任务的学习，你认为自己的知识和技能还有哪些欠缺？

_____。

签名：_____ _____年___月___日

❷ 小组评价

小组评价见表26-1。

小 组 评 价 表   表26-1

序号	评价项目	评价情况
1	着装是否符合要求	
2	是否能合理规范地使用仪器和设备	

续上表

序号	评价项目	评价情况
3	是否按照安全和规范的流程操作	
4	是否遵守学习、实训场地的规章制度	
5	是否能保持学习、实训场地清洁	
6	团结协作情况	

参与评价的同学签名：_____   _____年___月___日

❸ 教师评价

_____

_____。

教师签名：_____   _____年___月___日

五 技能考核标准

技能考核标准见表26-2。

技能考核标准表　　　　　　　　　　表26-2

序号	操作内容	规定分	评分标准	得分
1	上升车辆	4	未相互呼应扣4分	
2	检查发动机机油泄漏	4	未检查扣4分	
3	检查制动液泄漏	4	未检查扣4分	
4	检查冷却液泄漏	4	未检查扣4分	
5	检查车轮转动状况	8	未检查有无异响、转动平稳各扣2分(4个车轮,共8分)	
6	下降车辆	4	未相互呼应扣4分	
7	关闭尾气分析仪	8	关闭程序错误扣4分,方法错误扣4分	
8	检查发动机机油液位	8	未检查扣4分,检查方法不正确扣4分	
9	检查冷却液液位	8	未检查扣4分,检查方法不正确扣4分	
10	检查玻璃洗涤液液位	8	未检查扣4分,检查方法不正确扣4分	
11	安装车轮轮毂罩	8	安装方法错误扣4分,安装不正确扣4分	
12	清洁发动机舱	4	未清洁扣4分	
13	拆除翼子板布和前格栅布	8	未拆除扣4分,未整理扣4分	
14	清洁车辆内部和烟灰缸	4	未清洁扣4分	
15	拆除三件套	8	未拆除三件套扣4分,未做分类处理垃圾扣4分	
16	清洁工量具	4	未清洁扣4分	
17	清洁设备和地面	4	未清洁设备和地面扣4分	
总　分			100	

参考文献

[1] 王尚军. 汽车维护与保养[M]. 北京:人民邮电出版社,2010.

[2] 马伟森,桂长江. 汽车维护[M]. 北京:人民交通出版社,2011.

[3] 蒋红枫,邢亚林. 汽车维护理实一体化教材[M]. 北京:人民交通出版社,2011.

[4] 丰田公司. 汽车维护教程第一级(下)汽车维护操作[M]. 北京:高等教育出版社,2006.

[5] 谢柏南,李桂花. 汽车维护与保养[M]. 广州:华南理工大学出版社,2010.

[6] 朱军,汪胜国,王瑞军. 汽车维护实训教材[M]. 北京:人民交通出版社,2010.

[7] 覃维献. 汽车美容[M]. 北京:北京理工大学出版社,2009.

[8] 王之政,张建兴. 汽车美容[M]. 北京:人民交通出版社,2011.

[9] 王明辉. 汽车美容[M]. 北京:高等教育出版社,2008.